aruco

東京

Tokyo

aruco TOKYO

こんどの休日も、
みんなと同じ、お決まりコース？

「みんな行くみたいだから」
「なんだか人気ありそうだから」
とりあえず押さえとこ。
でも、ホントにそれだけで、いいのかな？

やっと取れたお休みだもん。
どうせなら、みんなとはちょっと違う、
とっておきの1日にしたくない？

『aruco』は、そんなあなたの
「プチぼうけん」ごころを応援します！

◆ 女子スタッフ内でヒミツにしておきたかったマル秘スポットや穴場のお店を、
　思い切って、もりもり紹介しちゃいます！

◆ 観ておかなきゃやっぱり後悔するテッパン観光名所 etc. は、
　みんなより一枚ウワテの楽しみ方を教えちゃいます！

◆ 「東京でこんなコトしてきたんだよ♪」
　トモダチに自慢できる体験がいっぱいです。

もっともっと、
新たな驚きや感動が
私たちを待っている！

さあ、"私だけの東京"を見つけに
プチぼうけんにでかけよう！

arucoには、あなたのプチぼうけんをサポートする ミニ情報をいっぱい散りばめてあります。

arucoスタッフの独自調査によるおすすめや本音コメントもたっぷり紹介しています。

もっとお得に快適に、限られた時間で旅を楽しみつくすテクニックや裏ワザを伝授!

知っておくと理解が深まる情報、アドバイス etc. をわかりやすくカンタンにまとめてあります。

右ページのはみだしには編集部から、左ページのはみだしには旅好き女子のみなさんからのクチコミネタを掲載しています。

プチぼうけんプランには、予算や所要時間の目安、アドバイスなどをわかりやすくまとめています。

■発行後の情報の更新と訂正について
発行後に変更された掲載情報は、『地球の歩き方』ホームページ「更新・訂正・情報」で可能な限り案内しています(ホテル、レストラン料金の変更などは除く)。旅行の前にお役立てください。
URL book.arukikata.co.jp/support/

物件データのマーク

🏠 ……住所	予 ……予約の必要性
☎ ……電話番号	交 ……交通アクセス
🕐 ……営業時間、開館時間	URL ……ウェブサイトアドレス
休 ……休館日、定休日	室 ……ホテルの部屋数
料 ……料金、予算	P ……駐車場

別冊MAPのおもなマーク

★ ……見どころ	S ……ショップ
R ……レストラン&バー	H ……ホテル
C ……カフェ	B ……ビューティ&スパ

本書は2021年1～4月の取材に基づいていますが、記載の営業時間と定休日は通常時のものです。特記がない限り、掲載料金は消費税込みの総額表示です。
新型コロナウイルス感染症対策の影響で、営業時間の短縮や臨時休業などが実施され、大きく変わることがありますので、最新情報は各施設のウェブサイトやSNS等でご確認ください。
また掲載情報による損失などの責任を弊社は負いかねますのでご了承ください。

Contents

aruco 東京

- 8 ざっくり知りたい！ 東京の基本情報
- 10 3分でわかる！ 東京かんたんエリアナビ
- 12 aruco 最旬 TOPICS
- 14 東京のランドマーク＆Photogenic スポット撮影テク
- 16 東京2泊3日 aruco 的究極プラン

19 エキサイティングなTOKYOを遊びつくす！ 最強プチぼうけん

- 20 ①今、いちばんホットな街をアップデート！　進化が止まらない渋谷〜原宿の歩き方
- 24 ②若い力で大変身！　再開発中の日本橋兜町に潜入
- 26 ③もはやテーマパーク!?　すてきすぎる「神スタバ」へGO！
- 28 ④カスタム＆手作りで好き♡を詰め込んだ　最愛メイドイントーキョーみやげ
- 32 ⑤お参りして運気上げちゃお！　御利益別パワスポめぐり
- 36 ⑥2大タワーどっちに上る？　東京タワー vs 東京スカイツリー®
- 38 ⑦パスポートなしで海外旅行!?　世界一周 1DAY トリップ
- 44 ⑧レディの品格が磨かれそう！　心ときめく「乙女建築」めぐり
- 48 ⑨物語や活字に誘われて　東京BOOKスポット巡礼
- 52 ⑩レトロとニューウェーブどちらが好み？　ローカルな湯でチルアウト
- 54 ⑪旅のハイライトを演出する乗り物対決　サンセットクルーズ vs ナイトバス
- 56 ⑫上から見るか？下から見るか？　無料で楽しめる極上夜景を探せ！
- 58 ⑬ひと足延ばして武蔵野エリアへ！　野外ミュージアムでノスタルジックさんぽ
- 62 ⑭都心から1時間でかなうゆる登山　高尾山の大自然でパワーチャージ

65 食べれば即シアワセ♥おいしすぎる東京のこだわり絶品グルメ

- 66 絶品＆ビジュアルクイーンの最強スイーツ♪
- 68 ネオトーキョーグルメのトリコです
- 70 オープンエアのカフェをCHECK！
- 72 絶対ハズさないひとりごはんスポット
- 74 大満足 至福の朝ごはん
- 76 aruco調査隊① 私たちの「推しパン」！
- 78 野菜が主役のごちそうレストランへ
- 80 今食べるべき本場インドカレー6
- 82 神楽坂＆麻布十番の商店街へ
- 84 3大市場で"おいしい"を食べつくそ！
- 86 歴史を召し上がれ「東京発祥」の一品
- 88 昭和レトロな純喫茶に夢中♪
- 90 トキメキのアフタヌーンティー
- 92 トレンドグルメはハイエンド横丁に集結
- 94 都市型ブルワリー＆ワイナリー
- 96 白洲次郎と正子夫妻の旧邸宅で　和モダンランチ

 グルメ　 おさんぽ　ショッピング　ビューティ　見どころ　泊まる　情報

99 人気の街をディープに楽しむ 東京乙女さんぽ♡

- 100 **東京駅〜丸の内** 歴史香る美建築に誘われて東京駅周辺をぐるり
- 102 **日本橋** 6つのキーワードで楽しむ新旧日本橋
- 106 **銀座** 銀ブラをarucoがアップデート★
- 110 **清澄白河** コーヒーの聖地はビールも進化中！
- 114 **蔵前〜浅草** こだわり雑貨とおしゃれカフェ／アンティーク着物で浅草レトロフォトさんぽ
- 122 **谷根千** 情緒あふれる下町をぶらりおさんぽ
- 126 **表参道〜青山** 流行発信エリアのマストバイコレクション
- 130 **代々木上原〜奥渋谷** クリエイターが集うハイセンスタウンでこだわりの一点モノに出合う
- 132 **ダガヤサンドウ** おしゃれさん必見！熱狂の中心地をてくてく
- 134 **中目黒〜代官山〜恵比寿** トレンド集まる三角地帯で食べて遊んでTOKYOガーリーさんぽ
- 138 **下北沢** シモキタ的・個性派ショップ探し
- 140 **自由が丘** 女子力アガるおしゃれ＆グルメスポット
- 144 **西荻窪** 日常が豊かになるすてきがいっぱい！こだわりショップめぐり
- 146 **吉祥寺** 緑の公園から飲み屋横丁まで理想の休日がここに！

149 喜ばれる贈り物も自分へのごほうびも♪ ショッピング＆ビューティ

- 150 キュン♡な**かわいい手みやげ**
- 152 すてきな**ステーショナリーみやげ**
- 154 **問屋街**で優秀グッズをお得にハント！
- 156 **羽田空港と東京駅** 喜ばれるおみやげはどれ？
- 158 (aruco調査隊②) **人気スーパーマーケット**で発見！
- 160 **ビューティ偏差値**アガる2大スポット
- 162 異国情緒たっぷりな**癒やしスパ**

165 見逃さないで！ 東京でしか体験できないアート＆エンタメ

- 166 お宝拝見！ aruco注目の**ミュージアム**
- 168 **岡本太郎記念館**＆**草間彌生美術館**
- 170 **チームラボ**の楽しみ方＆おすすめ**プラネタリウム**
- 172 (aruco調査隊③) **人気水族館**をチェック！
- 174 **天王洲アイル**でアートさんぽ
- 176 ミニマルな暮らしは江戸っ子から学ぶ!? **江戸東京博物館**でタイムトリップ
- 178 伝統文化の"沼"へようこそ♡
- 180 迷える旅人の**駆け込みBar**

- 182 1泊でも超リフレッシュ★ステイケーションのススメ
- 184 ポップなアート体験ホテル
- 185 高コスパなおしゃれホテル
- 186 もっとお得に快適に！東京を楽しみつくす旅のテクニック
- 188 インデックス

aruco column
- 64 人気のドラマ＆映画ロケ地MAP
- 98 行列グルメ攻略法Q&A
- 148 ほっこりメルヘン写真撮影大会♡
- 164 皇室ゆかりの由緒ある逸品

旅立つ前にCheck!

ざっくり知りたい！東京の基本情報

これだけ知っておけば安心だね♪

旅行期間

TOKYOを楽しも♪

2泊3日以上が望ましい

浅草や谷根千での下町散策、銀座や渋谷で買い物＆最旬グルメを楽しみ、清澄白河や代官山のカフェでホッとティーブレイク。東京を満喫するには2泊3日以上必要。

予算

約30,000円（2泊3日の場合）

宿泊は2泊1万8000円〜（ビジネスホテルなら1泊3000円〜）、そのほか食事代（カフェ含む）やおみやげ、観光費、移動にともなう交通費にあてる。

交通手段

JR・地下鉄・私鉄はマスト

路線図は→別冊P.2
交通ガイドは→別冊P.32

- **タクシー** 近い場所への移動ならタクシーもおすすめ。初乗りは420円（約1kmまで）。
- **バス** 都営バスは131系統運行していて、主要エリアをくまなく網羅。23区内は均一運賃で大人210円。
  コミュニティバスは→別冊P.32
- **シェアサイクル** エコで安くて便利なサービス。利用者急増中。→P.187

空港からのアクセス

主要駅へはこのルートが早い

東京の空の玄関口、羽田空港と成田空港から観光のメインステーションへはこのルートを選べばスピーディに移動できる。移動手段を賢くチョイスして旅をスタート！

羽田空港		
京急線（快特）→JR山手線 約30分 470円	→	東京駅
京急線（快特）→JR山手線 約30分 470円	→	渋谷駅
京急線 約35分 560円	→	浅草駅

成田空港		
京成特急スカイライナー 約40分 1270円＋指定席1250円	→	京成上野駅
JR成田エクスプレス 60〜80分 1340円＋特急料金1530〜1930円	→	東京駅

最安＆最ラクな移動方法

なんといっても高速バスが一番ラク。重い荷物を持って、電車の乗り換えに四苦八苦することもないし、大きな荷物は預けて楽々乗車。座席定員制なので必ず座れるのも◎。成田空港から東京駅への移動最安値は、エアポートバス東京・成田（TYO-NRT）で運賃1300円（早朝・深夜便2600円／車両によりトイレ完備）。羽田空港発着便ももちろん運行。ただし渋滞には注意。

🗼 TOKYO ☆ TIPS

エスカレーターは左側に立つ！
エスカレーターではステップの左側に立ち、歩く人のために右側を空けるのが東京スタイルだけれど、ステップ上に立ち止まって利用することが安全基準（日本エレベーター協会）で、鉄道各社は立ち止まることを推奨。

通勤時間帯はマナーに注意！
リモートワークの普及で緩和傾向にあるものの、ラッシュアワーの混雑は激しく、身の危険を感じるほど。朝夕の通勤時間帯には、キャリーバッグなど大きな荷物を持っての移動は避けたい。リュックは胸に抱えるか網棚に乗せて邪魔にならないように。

東京ではICカードを賢く利用！
SuicaやPASMO、PiTaPa、ICOCAほか交通系ICカードは全国どこでも相互利用が可能。駅の売店や自販機はもちろん、コンビニなど使える場所が多く、アトレやルミネといった駅ビルでも利用できて利便性が高い。

乗り換え時、便利な最強駅！
駅名は異なるがスピーディに乗り換えできるのが右記の駅。ほかにも千駄ヶ谷（JR）⇔国立競技場（地下鉄）、田町（JR）⇔三田（地下鉄）などが乗り換えに便利。

原宿（JR山手線）	徒歩すぐ→	明治神宮前（原宿）（地下鉄千代田線・副都心線）
浜松町（JR山手線）	徒歩すぐ→	大門（地下鉄 浅草線・大江戸線）
有楽町（JR山手線、東京メトロ有楽町線）	徒歩5分→	日比谷（地下鉄 日比谷線・千代田線）

乗り換え時、要注意な駅！
同じ駅名であっても乗り換えるのに時間がかかるのが浅草、早稲田、渋谷。渋谷駅の銀座線と副都心線の高低差は、なんとビル8階分！

浅草（つくばエクスプレス）	徒歩7〜8分→	浅草（地下鉄銀座線・浅草線、東武鉄道）
早稲田（地下鉄東西線）	徒歩10分→	早稲田（都電荒川線）
渋谷（地下鉄銀座線）	徒歩6分→	渋谷（地下鉄副都心線）

8

ベストシーズン

4〜5月、11月

町歩きに適しているのは春と秋。晴天の日が多く、春には目黒川沿いなど各所の桜が楽しめる。近年台風の多い10月を過ぎた頃からは、さわやかな日が続く。

真夏は注意！
ジメジメした梅雨時期と高温多湿な夏は観光シーズンとは言いがたい。7〜8月は真夏日が続き、最高気温35℃以上の猛暑日も珍しくない。日差しが強いので日傘や日焼け止めなどUV対策は万全に。ゲリラ豪雨も想定しておこう。

ビル風が強めなので、コートなどの防寒アイテムは必須

アスファルトの照り返しには、日よけグッズがお役立ち！

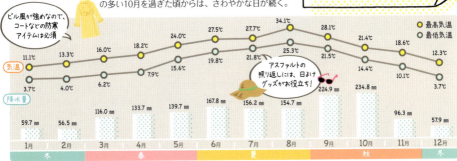

四季のスポット＆イベント

季節を彩る自然とイベントを楽しもう！

意外にも東京は公園が多く、自然が豊か。花々や紅葉などが四季折々、目を楽しませてくれる。歴史あるお祭りや花火大会など大都会ならではのイベントが楽しめるのも東京の魅力。

SPRING 目黒川の桜
見頃：3月下旬〜4月上旬
Map 別冊 P.28-C2

SUMMER 上野恩賜公園 不忍池のハス
見頃：7月中旬〜8月中旬
Map 別冊 P.29-B1

AUTUMN 浜離宮恩賜庭園のコスモス
見頃：9月中旬〜10月上旬
Map 別冊 P.11-A3

WINTER 丸の内イルミネーション
例年11月上旬〜2月中旬
Map 別冊 P.12-C1

三社祭
例年5月中旬
Map 別冊 P.16-B2

等々力渓谷
Map 別冊 P.6-C2
23区で唯一の渓谷！

神宮外苑のイチョウ並木
見頃：11月中旬〜12月上旬
Map 別冊 P.27-A4

Roppongi Hills Christmas けやき坂イルミネーション
例年11月中旬〜12月25日
Map 別冊 P.30-C2

旅プランで気をつけることは！？

博物館や美術館は月曜休館が多く、事前予約が必要な場合もある。公式サイトで最新情報をチェック。東京都は都立の全施設で電子決済の導入を進めている。最近は完全キャッシュレスで現金不可の店舗もあるので注意が必要。

時短観光に便利な乗り物は？

はとバス
1、2時間や半日、昼・夜ツアーなど多彩。ひとり参加も可能。
URL www.hatobus.co.jp

スカイバス東京
オープントップの2階建てバスに乗り、短時間で東京観光。
URL www.skybus.jp

TOKYO CRUISE
浅草からお台場まで往復できる水上バス。隅田川からの景色は格別。
URL www.suijobus.co.jp

チェックイン前後のお役立ちコインロッカー＆手荷物預かり所情報！

鉄道駅や町なかにはコインロッカーがある。ロッカーに入らない荷物は一時預かりサービスやクロークサービスを利用するとよい。

● 佐川急便手荷物一時預かりサービス
東京駅／バスタ新宿／浅草雷門サービスセンター／東京スカイツリータウン
スーツケースからおみやげなど小さな荷物まで預かってくれる。料金は1個500〜1000円。東京駅が7:00、バスタ新宿が8:00オープン。

● 東京駅グランスタ内クロークサービス 東京駅
東京駅の改札内、地下1階のグランスタ中央付近にある。8:30〜20:00（当日の預かりは20:30まで）☎03-5288-5911、料金は1個600円。宅配便も扱い、冷蔵・冷凍品もOK。

● To Locca 山手線内を中心に11か所
荷物を預かってくれる場所を紹介・予約できるサービス。公式サイトから近くの預かり場所を検索し、予約を入れる。料金は1個650円。

検索！ コインロッカーなび
位置情報サービス、GPS機能を利用し、東京駅ほか各駅や観光地などで近くのコインロッカーや荷物預かり所を検索可能。

URL www.coinlocker-nabi.com

気温は2020年、降水量は1991〜2020年の平均データ（気象庁）です。イベントの開催時期や内容はコロナ禍前の通常時の情報となります。中止・変更される場合がありますので事前にご確認ください。

3分でわかる！東京かんたんエリアナビ

エリアごとにガラリと雰囲気が変わる東京。まずはここでざっくりと位置関係と各エリアの特徴を把握して、旅のプランに役立てよう！

渋谷周辺 Shibuya

進化し続ける若者の街
渋谷・原宿・表参道～青山
P.20　P.23　P.126　P.128

再開発を経て大規模な施設が次々と誕生した渋谷を中心に、トレンドの発信地として常に注目を集める人気エリア。

1日中遊べちゃう！

東京屈指のおしゃれタウン
中目黒・代官山・恵比寿
P.134　P.135　P.136

上質なファッションやグルメが楽しめるエリア。デートや大切な日にぴったりな雰囲気のいいお店も多い。

ヘルシーなカフェ多し！

さんぽが楽しい個性派タウン

代々木上原・奥渋谷
感度の高いショップや海外発などのカフェが点在し、独自のカルチャーを形成している。 P.130

ダガヤサンドウ
北参道～千駄ヶ谷はセンスのいい個人店が多く、こぢんまりとした人気エリア。 P.132

下北沢
演劇や音楽、古着といったカルチャーの聖地。ゆったりとした時間が流れる。 P.138

自由が丘
生活を豊かにしてくれる雑貨店が立ち並び、女子好みのベーカリーやカフェも多い。 P.140

Area Navi

Welcome to Tokyo

池袋　高田馬場　新大久保　神楽坂 P.82　東西線　副都心線　有楽町線　丸ノ内線

吉祥寺 Kichijoji　西荻窪 Nishiogikubo　三鷹　←高尾　新宿　千駄ヶ谷　総武線　中央線

下北沢 Shimokitazawa　代々木上原　原宿 Harajuku　北参道　半蔵門線　丸ノ内線

ワン　渋谷 Shibuya　千代田線　表参道 Omotesando　六本木

渋谷周辺エリア　代官山　恵比寿　日比谷線　麻布十番 P.83　P.36

中目黒 Nakameguro　自由が丘 Jiyugaoka　目黒　山手線　内回り　外回り　品川

自然と都会が共存する
西荻窪 P.144 ・吉祥寺 P.146

自然あふれる井の頭恩賜公園や住宅街が広がる吉祥寺。お隣の西荻窪は下町感あふれる雰囲気ながら、古民家カフェなども多く新旧が入り混じる注目のエリア。

ピンクのゾウ探してね

中央線のさらに西へ！

ステイケーションでリラックス
東京にいながらにして非日常な旅気分が味わえる立川のSORANO HOTELでリフレッシュ！ P.182

武蔵野エリアさんぽ
レトロな建築が楽しめる江戸東京たてもの園など、ノスタルジックな雰囲気が人気。 P.58

高尾山をゆる登山
新宿から1時間で気軽に自然を満喫できる高尾山は都民にも人気のスポット。 P.62

便利なターミナル駅もCheck!

東京を代表する繁華街
新宿
たくさんの人でにぎわう歌舞伎町や老舗百貨店、エンタメ施設がある一方、自然豊かな新宿御苑などもあり、1日中楽しめる。

エンタメ施設がひしめく
池袋
水族館などが入るサンシャインシティをはじめ、映画館やエンタメ施設が充実。芝生が心地いい南池袋公園も人気。

ミュージアムめぐりも
上野
広々とした上野公園には、日本を代表する3つの美術館や博物館が点在。上野動物園へは、上野駅から徒歩10分ほど。

江戸の歴史が息づくエリア
東京駅 P.100・**日本橋** P.24, 102

東京の玄関口である東京駅はれんがが造りの建築も美しい。日本橋は再開発で注目を集める兜町をマストチェック！

獅子像を見逃さずに

大人のショッピングタウン
銀座 P.106

老舗百貨店はもちろん、スキンケアやメイクアップの話題店など買い物施設が充実。老舗のグルメも見逃せない。

リッチなスイーツも！

着物でおさんぽしたくなる
蔵前 P.114・**浅草** P.116

都内最古の寺院、浅草寺を中心ににぎわう浅草。蔵前にはものづくりにこだわる雑貨店やおしゃれなカフェも多い。

着物はレンタルしよう

フォトスポットもたくさん！
谷根千 P.122

昭和の建築が多く残るノスタルジックなエリア。古民家をリノベしたカフェやショップが多く、レトロな雰囲気で写真映えも◎。

湾岸エリア

チームラボ P.170
お台場と豊洲にはデジタルアートを手がけるチームラボの施設が。

豊洲市場 P.84
日本全国から集まる新鮮な食材を使ったグルメが楽しめる。

鮮魚揃ってます

カフェめぐりにぴったり
清澄白河 P.110

自然豊かな清澄庭園や現代美術館といったランドマークはもちろん、東京屈指のコーヒータウンとしても有名。

コーヒー好きはこちら

クラフトビールも人気♪

郊外

植物園のスタバ（稲城市） P.26
よみうりランド内の植物園ある緑に囲まれたスタバもチェック。

武相荘（町田市） P.96
戦後の実業家・白洲次郎・正子夫妻の邸宅で当時に思いを馳せよう。

aruco 最旬 TOPICS

知っておきたい東京情報がもりだくさん！

SIGHTSEEING

神田錦町に誕生した 神田ポートビル

あのサウナ専用施設も！

2021年4月オープン

大学発祥の地・神田錦町に誕生した複合施設。東京初出店の「サウナラボ神田」や「ほぼ日の學校」、「あかるい写真館」などがオープン。

1. 築56年の印刷会社旧社屋をリノベ 2. アプリで受講可能な「ほぼ日の學校」 3. 次世代サウナ施設「サウナラボ神田」

神田ポートビル カンダポートビル
Map 別冊P.23-C4 神田

🏠 千代田区神田錦町3-9 🕐 施設により異なる 🚇 地下鉄神保町駅A8出口から徒歩4分

村上春樹ライブラリーが早稲田大学内に開館予定

新たな文学交流の場に！

村上春樹小説の執筆関係資料、海外で翻訳された書籍、数万枚のレコードなどが寄託・寄贈され、順次公開される。ファン感涙！

提供＝隈研吾建築都市設計事務所
上：館内には学生が運営するカフェも 下：開かれた空間で、多様な芸術と文学交流の場になりそう

早稲田大学国際文学館 ワセダダイガクコクサイブンガクカン
Map 別冊P.8-C2 早稲田

🏠 新宿区西早稲田1-6-1 早稲田大学早稲田キャンパス内 🕐 未定 💴 無料 🚇 地下鉄早稲田駅3a出口から徒歩7分

2021年10月1日オープン予定

建築家の隈研吾氏が改装。トンネルを表した外観が特徴

渋谷区のトイレに注目！

クリエイティブ過ぎる

個性豊かなトイレ

坂茂氏がデザインした代々木深町小公園トイレ。鍵をかけると見えなくなる仕様

こちらも坂茂氏がデザイン。写真映えしそう

誰もが快適に使用できるトイレをテーマに、16人のクリエイターがデザインした個性的なトイレを渋谷区内17ヵ所に設置。

「THE TOKYO TOILET」
代々木深町小公園トイレ ヨヨギフカマチショウコウエントイレ
Map 別冊P.26-B2 代々木公園

🏠 渋谷区富ヶ谷1-54-1 🚇 地下鉄代々木公園駅3番出口から徒歩1分

はるのおがわコミュニティパークトイレ
Map 別冊P.26-B2 代々木公園

🏠 渋谷区代々木5-68-1 🚇 地下鉄代々木公園駅3番出口から徒歩5分

高尾山口駅前に体験型ホテルがオープン予定

高尾山の新しい楽しみ方を提案するホテル。宿泊はもちろん、アクティビティや食事など日帰りでは体験できない高尾山の魅力を発見しよう。

1. 宿泊しているからこそ体験できる早朝や夜など新たな高尾山の一面を楽しめるアクティビティも 2. 清潔感のある客室 3. ワーケーションにも最適な拠点

タカオネ
Map 別冊P.31-C4 高尾

🏠 八王子市高尾町2264 🕐 IN15:00 OUT10:00 💴 朝食付5000円〜 🛏 28 🚇 京王線高尾山口駅から徒歩1分 🔗 takaone.jp/hotel

2021年7月17日オープン予定

東京で今一番ホットな最新情報をお届け！
新たに誕生する施設や注目のトレンドグルメを押さえよう！

G GOURMET

ヘルシーでおいしい！

見た目と味に加えて東京グルメはサスティナブルに進化中！

人々の健康や地球環境に優しいサスティナブルなフードを提供するレストランがじわりと増加中。体や自然に配慮しつつ、おいしい食事が満足に楽しめるカフェやレストランが注目を集めています。

味も大満足！

1. メインとデザートもつくテーブルブッフェ7139円
2. テラス席もある

Sincere Blue シンシア ブルー

ミシュランで星を獲得するフレンチの新業態。認証付きの魚介類などを使った絶品料理を、テーブルビュッフェ形式でカジュアルに楽しめる。

Map 別冊 P.27-B3 原宿

🏠 渋谷区神宮前1-23-26 JINGUMAE COMICHI 2F ☎なし ⏰ランチ12:00～14:00、ディナー17:30～23:00（ディナーは2時間制）休月 🚇JR原宿駅竹下口から徒歩3分

IKEA渋谷で世界初のベジドッグ専門ビストロをCheck！

限定商品や広大な売り場を誇る都心型店舗。注目は世界初の、お肉を使わないベジドッグ専門ビストロ。限定メニューはなんと10種も用意！

IKEA渋谷 イケアシブヤ
Map 別冊 P.28-A1 渋谷

1. ストックホルムセット500円
2. ベジドッグ単品80円～
3. 7階にスウェーデンレストランもオープン

🏠 渋谷区宇田川町24-1 髙木ビルディング1～7F ☎ ⏰10:00～20:00 休無休 🚇JR渋谷駅ハチ公口から徒歩2分

Ballon バロン

サスティナブルなファストフードをコンセプトに、100%ビーガンのファラフェルサンドを提供するカフェ。

3. 揚げナスやまいたけなど、和の具材たっぷりのファラフェルサンド(R)930円
4. 優しい甘さのバナナジュースベリー550円

Map 別冊 P.28-C1 中目黒

🏠 目黒区中目黒3-2-19 ラミアール中目黒104 ☎03-3712-0087 ⏰12:00～17:00 休無休 🚇地下鉄中目黒駅正面改札口から徒歩6分

小ぶりサイズがうれしい！

低価格×高品質の新バーガーチェーンがスゴイ！

1. 牛肉100%のハンバーガーはなんと184円～
2. 店舗へは取りに行くだけでOK

注文から受け取りまで、非接触を実現。完全キャッシュレスでテイクアウトに特化した新しい形のハンバーガーストア。

BLUE STAR BURGER ブルースターバーガー
Map 別冊 P.28-C1 中目黒

🏠 目黒区上目黒3-1-4 グリーンプラザビル1F ☎03-6712-2529（電話での注文は不可）⏰10:00～22:00（パティがなくなり次第終了）休無休 🚇地下鉄中目黒駅南改札口から徒歩2分

お花のような激カワフルーツサンド店がオープン

腕利きバイヤーから仕入れた旬のフルーツをふんだんに使用した、フルーツサンドのお店。お花のような盛り付けはもちろん、フルーツが引き立つように計算された絶妙な甘さのクリームにもこだわる。

BLOOM244 ブルームニヨンヨン
Map 別冊 P.30-B1 新大久保

🏠 新宿区百人町2-11-2 ☎03-6304-0898 ⏰12:00～19:00 休無休 🚇JR新大久保駅北口から徒歩1分

2021年2月OPEN

1. 左からパイナップル、ストロベリー、チョコバナナ、ダブルキウイ各350円
2. スムージーは各400円。＋200円でスムージーアートも追加可能

13

東京のランドマーク&
Photogenic スポット撮影テク

東京には写真映えするスポットがたくさん。定番観光スポットからフォトジェニックなスイーツまで、いいね！がたくさんもらえる撮影テクをご紹介！

ホテル雅叙園東京　P.35
都の指定有形文化財でもある百段階段の天井絵。画面いっぱいに絵が入るように撮ろう。
#1935年建造 #昭和の竜宮城 #美の世界 #ミュージアムホテル

東京タワー　P.36
真下からあおるように緑も入れて撮るとインパクト大！ 芝公園周辺から撮るのもおすすめ。
#ド迫力 #実は建物の色は赤ではなく、インターナショナルオレンジ

L'atelier à ma façon　P.66
けむりが出ている間を狙ってパチリ。自然光が横から当たるようにするとキレイに撮れます！
#店内はどの席もフォトジェニック #グラスデザート #上野毛まで行く価値あり

teamLab★Borderless　P.170
照明が暗めなので、ブレないように注意。自分もアートの一部になったような気分で撮って。
#デジタルアート #モデルになりきろう #最高の没入感

日本橋の麒麟像　P.102
首都高速の間ににょっきと立つ麒麟像を中心に、反対の通りから日本橋を撮影。東京らしい一枚です。
#橋の真上に首都高速が通る #首都高速地下化で見られなくなる景色かも？

上野桜木あたり　P.124
谷中ビアホール（P.124）の前のベンチからパチリ。午後の優しい光がノスタルジックな雰囲気に！
#昭和にタイムスリップ？ #築80年以上の古民家 #休日谷根千さんぽ

浅草寺　P.116
夜にはライトアップされる。仲見世を抜けたところから五重塔と宝蔵門を一緒にフレームイン。
#ライトアップ #異空間を感じる夜の浅草寺 #浴衣や着物で歩きたい

💬 境内のいたるところにあるよ！

◎ 明治神宮の猪目　　P.33
明治神宮で幸運のハートを発見！ 建築の装飾で魔除けとして神社などで見かけます。
#待ち受け画面にすると恋が叶うというウワサ
#本殿周辺にあるので探してみてね

◎ 渋谷スクランブル交差点
渋谷スクランブルスクエアのSHIBUYA SKY（P.20）から撮影。信号が青のときに撮ろう。
#SHIBUYA SKY #交差点を真上から眺められます #望遠レンズで撮りたい

◎ 東京スカイツリー®　　P.37
世界一の高さを誇るタワーを撮るなら東京ミズマチ®（P.120）が絶好のスポット。
#隅田公園でテイクアウト #ピントはドリンクに合わせよう

💬 癒やし効果たっぷりで気持ちいい♡

◎ HANA・BIYORI　　P.26
よみうりランドに隣接したフラワーパーク。広角でたくさんのグリーンが入るように撮影しよう。
#グリーンたっぷり #どこで撮っても絵になる
#東京のスペシャルなスタバめぐり

◎ 東京駅丸の内駅舎　　P.100
ライトアップされた東京駅丸の内駅舎。水たまりができたら写真のような鏡面写真が撮れるかも。
#国重要文化財 #日本を代表するれんが建築
#夜景 #雨が降ったときしか見られない

💬 1月1日から12月31日まである

◎ よろし化粧堂 仲見世店　　P.116
365種類のデザインされたLIP BALM。さまざまな柄がフレームいっぱいに入るように撮影しよう。
#自分の誕生日のリップバームを見つけよう
#デザインは365とおりあります

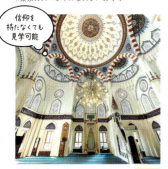
💬 信仰を持たなくても見学可能

◎ 東京ジャーミイ　　P.39
ドーム型の天井にも細部まで美しい装飾が。カメラをなるべく床に近づけて広角で撮ろう。
#都内で感じられる異国情緒 #東京で海外トリップ #背筋が伸びる荘厳な礼拝堂

◎ 東京ゲートブリッジ　　P.56
"恐竜橋"の愛称で知られる東京ゲートブリッジ。シンフォニークルーズ（P.54）は真下を通過！
#シンフォニークルーズでサンセット #夕日と橋の共演 #若洲海浜公園からも見られる

◎ 千駄ヶ谷のデザインマンホール　　P.132
将棋漫画のキャラクターがデザインされたマンホール。千駄ヶ谷散歩の際は足元にも注目！
#3月のライオン #他のデザインも探してみて
#羽海野チカ

15

東京2泊3日 aruco的 究極プラン

トレンドも押さえておきたいけれど、穴場スポットを探検したり、
地元の人とおしゃべりしたり、私だけのとっておきの東京を見つけたい！
そんなワガママをかなえる究極プランをご紹介♪

Day 1 午前中に東京駅到着！初日は下町をとことん満喫

ホテルに荷物を置いたらさっそくお出かけ。
まずは下町を攻めちゃいましょう♪

- **10:00** 東京駅に到着 （電車2分）
- **10:30** MUJI HOTEL GINZAに到着。P.183 荷物を預けてレッツゴー！（徒歩すぐ）
- **11:00** 大人の街 銀座をぶらり P.106 （穴場のバナナジュースも！）
  【協力：松竹（株）・（株）歌舞伎座】（電車18分）
- **12:30** 蔵前と浅草でレトロ散歩 P.114,116 ランチは老舗のヨシカミ P.118（徒歩20分）
- **15:00** 東京ミズマチ®を歩いて東京スカイツリー®へ！ P.120 かわいい文具店もチェック！ P.152（電車16分）
- **17:00** 清澄白河でコーヒーブレイク P.111（電車8分）
- **19:00** 東京発祥グルメのもんじゃ焼をいただきます！ P.86（電車30分）
- **20:30** 体力があればレインボーブリッジの夜景鑑賞 P.56

Day 2 東京の"今"が詰まった渋谷へ パワスポにも行っちゃう♪

ハイライトは渋谷の最新スポット。
歩いて原宿や奥渋谷にも行ってみよう！

- **8:00** 早起きして築地本願寺カフェ Tsumugiで朝ごはん P.74 （築地本願寺参拝も！）（電車20分）
- **10:00** SHIBUYA SKYで絶景をひとり占め！ P.20（徒歩8分）
- **11:00** CÉ LA VI TOKYO BAO by CÉ LA VIで渋谷ビューランチ P.71（徒歩7分）
- **12:00** 新しい渋谷の顔 MIYASHITA PARKをチェック！ P.22（電車1分）
- **13:30** Vivel Patisserieでアラビアンスイーツ探し P.42（徒歩15分）

テーマでめぐる 1dayアレンジプラン

欲張りさんにオススメ！

写真映え、ひとり旅、東京の日常。
テーマでめぐるおすすめの3プランをご紹介。
欲張りさんも、こだわり派も納得すること間違いなし！

アレンジPlan 1 写真撮影が楽しすぎる！フォトジェニックな東京めぐり

10:00 花と緑に囲まれた **STARBUCKS**へ P.26

花とスタバ♪映えるね♪

電車26分

12:00 東京ジャーミイのアラベスク模様にうっとり P.39

電車5分

13:00 珈琲西武で昭和レトロなランチタイム P.89

電車16分

14:30 谷根千をのんびり散策 P.122

電車10分

16:00 東京駅周辺で古きよき建築めぐり P.100

赤れんががクラシック〜

徒歩すぐ

17:00 東京レストランバスで美食と夜景を楽しむ P.55

徒歩18分

20:30 BnA_WALLでホテルもとことんフォトジェニックに P.184

アレンジPlan 2 旅もソロ活！自由気ままに東京を歩く

10:00 東洋文庫ミュージアムで本の世界へ P.48

電車6分

11:30 日暮里繊維街で手芸用品ハント！ P.155

電車13分

13:00 BISTRO J_Oでひとりごはん♪ P.72

電車11分

15:00 麻布十番でグルメ散歩 P.83,158

あんこがぎっしり！

電車8分

19:00 坊主バーで人生相談 P.180

お悩み聞きます！

電車15分

20:00 小杉湯で1日の疲れを癒やす P.52

アレンジPlan 3 普段着の東京がここに。暮らすように旅する1日

11:00 懐かしさを感じる江戸東京たてもの園へ P.58

バス＋電車16分

13:00 吉祥寺で緑の公園散歩 P.146

電車2分

15:00 西荻窪でほっこり雑貨店めぐり P.144

楽しみ方は無限大！

エキサイティングなTOKYOを遊びつくす！最強プチぼうけん

広〜い東京どう楽しむ？　話題のスポットはもちろん
オリジナルのおみやげ作りや運気アップのパワスポめぐり、
ノスタルジックな街歩きだって、なんでも楽しめるメガシティ☆
aruco厳選のプチぼうけんで、自分だけの"東京"を見つけてみて！

©TOKYO-SKYTREE

今、いちばんホットな街をアップデート！
進化が止まらない渋谷〜原宿の歩き方

プチぼうけん①

再開発が進む渋谷〜原宿エリアに続々とオープンする新しいランドマーク。都会に現れた大自然と大パノラマに癒やされながらてくてく散歩！

渋谷〜原宿の歩き方
TOTAL 6〜7時間
オススメ時間 10:00〜18:00
予算 5000円〜

昼&夜どちらも味わいたい眺望
ロマンティックな夜景を楽しむなら原宿スタートで渋谷方面に歩こう。日の入り前にSHIBUYA SKYに到着すれば、サンセットやマジックアワーを堪能できる。

富士山が遠くに！
開放感あふれるSKY EDGEは気持ちいい！

話題の新スポットを効率よくめぐろう

Shibuya シブヤ

オープン直後のSHIBUYA SKYでたっぷり撮影して早めのランチへ。混雑する時間帯を避けて予定を組もう！

☆ SHIBUYA SKYで 10:00
絶景をひとり占め

高さ約230mに広がるのは、圧倒的な開放感を味わえる屋上展望空間「SKY STAGE」。天気のよい日には富士山や房総半島の方まで見える！

©渋谷スクランブルスクエア

夜の渋谷も迫力満点!!

視界良好で遠くの景色まで見えるのが最高♡

屋上のソファ席からは東京タワーや六本木など都会の景色を望める

東京スカイツリー
ヘリポートの人工芝でゆったりリラックス

事前に知っとこ！

服装に気をつけて
飛ばされる危険がある帽子やマフラー、スカーフは避けて。風対策でパンツがおすすめ。

持ち込み制限アリ
手荷物は持ち込み不可。スマホやカメラでの撮影はできるが、セルカ棒や三脚はNG！

1 2019年11月オープン
SHIBUYA SKY シブヤ スカイ

渋谷スクランブルスクエアの展望施設。14階から45階に移動中の映像演出や、46階の屋内展望回廊「SKY GALLERY」も見どころ。ショップやミュージックバーもある。

Map 別冊 P.28-A1　渋谷

📍渋谷区渋谷2-24-12渋谷スクランブルスクエア14・45・46F、屋上
📞03-4221-0229
🕐10:00〜22:30（最終入場21:20）
💴WEBチケット1800円（要事前予約）、当日券2000円
施設に準じる
🚇地下鉄渋谷駅B6出口直結

ショップで買える渋谷みやげ

カップにつかる姿がかわいいハチ紅茶各540円

中川政七商店とのコラボの渋谷犬てぬぐい1650円

丸缶入りチョコクランチ1080円はおみやげに◎

MIYASHITA PARK をぐるっと探検！

14:00

徒歩すぐ

ラグジュアリーブランドから横丁までミックスされた巨大モールで渋谷みやげをハント！ 撮ったら即シェアしたくなるカラフルな映えグルメも押さえておきたいところ。

5 2020年7月オープン
RAYARD MIYASHITA PARK
レイヤード ミヤシタ パーク

南北の建物にラグジュアリーブランドやカルチャーショップ、カフェ、レストランなど約90ものテナントが入り、吹き抜けや外に面した通路など開放的な空間が広がる。

Map 別冊 P.28-A1 渋谷

🏠 渋谷区神宮前6-20-10 ☎03-6712-5630（受付時間11:00～18:00） ⏰11:00～21:00、レストラン・フードホール～23:00（一部店舗によって異なる） 休不定休 🚃JR渋谷駅ハチ公口から徒歩3分

MIYASHITA CAFE
ミヤシタカフェ

ソフトクリーム専門店の新業態カフェ。いちおしは濃厚な生クリームミルクソフト550円で、サイフォンコーヒー693円〜もある。

🏠MIYASHITA PARK South 2F
☎03-6712-5650

クリームソーダ 各693円

SWEET♡

メロン、ブルーハワイ、ストロベリーの3種類

飲みたい気分なら
渋谷横丁 ▶P.93
渋谷ワイナリー東京 ▶P.94

GRAN SOL TOKYO
グランソル トウキョウ

数々のコンクールでNo.1を獲得したスペインバスクのピンチョスバルが世界初進出。現地で修業したシェフによる本場の味を堪能して。

🏠MIYASHITA PARK North 3F ☎03-5468-3378 ⏰11:00～23:00（L.O.22:00、ドリンク22:30）

ピンチョスチャンピオンシップで金賞を受賞したピンチョは3品

チェリーペパー 930円
MIKA 850円

TASTY♡

1. 「366」のバースデーフレグランス 各2200円
2. 「RIVERET」のビアマグ4730円は食洗機にも対応
3. 「LIVRER」のマスクスプレー1320円も売れ筋商品

The Editorial
ザ エディトリアル

雑誌を編集するように、季節やテーマでアイテムをセレクトするコンセプトストア。1日ごとに香りの異なるフレグランスが爆売れ中。

🏠MIYASHITA PARK South 2F ☎03-6427-3260

推しの誕生日を調べて香水をゲット！

アイロンワッペン GBL 880円

風の谷のナウシカ 抜染デニムポーチ 王蟲レッド 3080円

風の谷のナウシカ コンチョヘアゴム 王蟲レッド 990円

GBL MIYASHITA PARK店
ジービーエル ミヤシタパークテン

オトナのジブリファンのためのアメカジブランドで、店舗限定や新商品も多数。店内や試着室にあるさまざまな仕掛けも見逃さないで！

🏠MIYASHITA PARK South 3F ☎03-6434-1140

スカジャンやTシャツなど品揃え豊富

MIYASHITA PARK店限定！ ハチ公ならぬ、もののけ姫 山犬像 2640円

©Studio Ghibli

THE SHIBUYA SOUVENIR STORE
ザ シブヤ スーベニア ストア

渋谷にゆかりのある文化人とのコラボ商品や新たなご当地名品など、とことん渋谷にまつわるみやげものを掘り下げたショップ。

🏠MIYASHITA PARK South 2F ☎03-6450-6322

1. 渋谷区エリア限定「渋生」ビール 429円
2. 発泡日本酒「SHIBUYA SPARK」880円
3. レモンライス東京とチロリアンのコラボ「渋谷レモンロール」918円

ユニークな体験も！

① 流し込んで
② トッピングして完成！

キットカット ショコラトリー

オリジナルキットカットの手作り体験ができる世界初のストア。併設のカフェでは、キットカットを使ったワッフルスイーツが楽しめる。

🏠MIYASHITA PARK South 2F ☎03-6427-6811

プチぼうけん ②

若い力で大変身！
再開発中の日本橋兜町に潜入

NIHONBASHI KABUTOCHO SENNYU REPORT

日本の証券街・金融街として発展してきた日本橋兜町。ビジネスのイメージが強いけれど、カジュアルに楽しめるおしゃれな街に変中中。

再活性化のきっかけを作る マイクロ複合施設

1. フィルターコーヒーは好きな豆から選べる。700～1000円
2. 緑に囲まれた空間にコーヒーの香りが漂う

豆の販売もしています

バリスタの河原佑哉さん

1F SWITCH COFFEE
スイッチ コーヒー

目黒や代々木八幡に店舗をもつコーヒーショップが出店。質の高さにこだわり世界中の産地から選び抜いたコーヒー豆は、それぞれの特徴に合わせてローストしている。

⏰8:00～17:00 休無休

なぜ、今、日本橋兜町がアツイの？

若い世代で未来の東京を作ろうと再活性プロジェクトが始動。「K5」を皮切りに、独創的でこだわりを突き詰めた店が誕生し、人が集まることでさらなる出店も増えてきた。日本橋兜町は今まさに、新たな街に進化をしている。

日本橋兜町をハシゴ
TOTAL 3～4時間
オススメ時間：ランチ、またはディナー
予算：5000円～

1軒だけじゃつまらない！
コンパクトにまとまっているので、1杯飲んでから食事、食後のデザートやコーヒーになど、何軒か回って個性的な味を楽しんでみて。

ホテルの朝食も提供している。レストランスペースの隣にはワインバーも

1F caveman
ケイヴマン

ジャンルにとらわれない独創的な高さが特徴の「K5」のメインダイニング。日本の食材を生かしながら発酵や燻製に着目し、楽しい食体験を提供している。

☎03-5847-1112 朝食8:30～11:00（L.O.10:00）、ランチ土・日12:00～15:00（L.O.13:30）、ディナー18:30/19:00/19:30、ワインバー18:00～23:00（フードL.O.21:30、ドリンクL.O.22:30）休水
※ディナーは要予約

渋沢栄一が設立した元第一銀行の別館です！

2-4F HOTEL K5
ホテル ケーファイブ

マネージャーの本多克行さん

(K5 Room Loft Floor) ベッドを藍染めのカーテンが囲む

「都市における自然との共存」がテーマのハイエンドブティックホテル。北欧と和のテイストをミックスした客室には、オリジナルの家具やグリーンが配されている。

⏰IN15:00 OUT12:00 Studio 2万2000円～ 20 Pなし

1F Ao (青淵)
アオ

渋沢栄一の書斎をイメージしたバーでは、アジアのお茶や漢方をベースにしたカクテルを提供。渋沢の人生から着想を得たものもある。

⏰17:00～翌1:00、土・祝15:00～、日・連休最終日15:00～23:00 休無休

タコスとペアリングを

B1F B ビー

ニューヨーク発のクラフトビールメーカー「ブルックリンブルワリー」のビアホール。現地から直送された20種類のビールを揃える。本店とここでしか味わえないビールを楽しんで。

☎03-6661-0616 ⏰16:00～23:00（フードL.O.22:00、ドリンクL.O.22:30）、土・日・祝13:00～21:00（フードL.O.20:00、ドリンクL.O.20:30）休無休

1. DJブースがありライブイベントも行われる
2. ブルックリンラガーなど人気3種の飲み比べ1000円

K5 ケーファイブ

1923年竣工の歴史的建造物をリノベーションした小規模複合施設。建築、空間デザインはスウェーデンのチームが担当。外観の重厚感や躯体はそのまま生かし、中はモダンな空間に仕上げている。

Map 別冊 P.13-B3 日本橋
📍中央区日本橋兜町3-5 ☎03-5962-3485
休施設により異なる
🚇地下鉄茅場町駅11番出口から徒歩3分

建物の心臓部という意味もありインテリアは赤に

プチぼうけん2

再開発中の日本橋兜町に潜入

1. レストランのデザートみたいなケーキを

シェフ パティシエの大山恵介さん

「パンも焼いています」

B / Pâtisserie ease
パティスリー イーズ

1. ティラミス820円（手前）、ブルーベリータルト730円（奥）
2. オープンキッチンがある店内

「シュークリームも絶品！」

大山さんのスイーツは食材の組み合わせが独特。ヤギのチーズやワサビなど、レストランでの経験から選択肢が広がったそう。人気のティラミスにはアマゾンカカオのガナッシュが入っている。

Map 別冊 P.13-B3　日本橋

🏠 中央区日本橋兜町9-1　☎ 03-6231-1681
🕐 11:00～19:00　休 水　🚇 地下鉄茅場町駅11番出口から徒歩2分

C / Neki
ネキ

1. ディナーコース7150円よりの鰆のロースト
2. モダンで温かみのあるインテリア

シェフの経験を詰め込んだビストロ

「自然派ワインと合わせて」

シェフの西恭平さん

フランスのアルザス地方で修業、星付きレストランでも経験を積んだ西さんは、フレンチをベースに和の食材も積極的に取り入れる。コース料理のほか、ワイワイと楽しめるようにとアラカルトも用意。

Map 別冊 P.13-B3　日本橋

🏠 中央区日本橋兜町8-1　☎ 03-6231-1988
🕐 11:30～15:00（L.O.14:00）、18:00～23:00（L.O.22:00）　休 水、ほか2日不定休　🚇 地下鉄茅場町駅11番出口から徒歩2分

歩いて回れるね

銀行発祥の地

茅場町駅

歴史と新しさの融合です

マネージャーの伊藤暢洋さん

老舗うなぎ屋が北欧ブルワリーに！

D / OMNIPOLLOS TOKYO
オムニポヨス トウキョウ

1. 逆転した天地をイメージした店内
2. ピアンカ1800円（左）、ベリクレス1200円（右）

スウェーデンのクラフトビールがアジア初出店。オーソドックスなビールのほか、フルーツとチョコなどユニークな組み合わせやフローズンマシーンを使うなど、ビールの概念を覆すものもある。

Map 別冊 P.13-B3　日本橋

🏠 中央区日本橋兜町9-5
🕐 15:00～23:00、土13:00～、日・祝13:00～21:00　🚇 地下鉄茅場町駅11番出口から徒歩1分

元うなぎ屋の焼き場をふたつの店でシェア

ドリップコーヒー540円（18時～600円）

「人気はブラジル」

E / SR
エスアール

代表の加藤渉さん

スウェーデン発のコーヒーショップ。常時5～6種あるコーヒーは、少し深みがあり、後味のクリアさが特徴で、本国と同じ味を楽しめる。

Map 別冊 P.13-B3　日本橋

🏠 中央区日本橋兜町9-5　☎ 03-6434-0353　🕐 8:30～23:00、土・祝13:00～、日・祝13:00～18:00　休 不定休　🚇 地下鉄茅場町駅11番出口から徒歩1分

1. 扱うワインは300種以上
2. コー・ヴィニフィエ・バー・ジュンコ1100円／グラス

「ボトルは2640円～」

F / Human Nature
ヒューマン ネイチャー

イタリアやフランスをはじめ、世界各国のナチュラルワイン専門のショップ。角打ちをイメージしているので、店内で気軽にワインを飲むことができる。

代表の髙橋心一さん

Map 別冊 P.13-B3　日本橋

🏠 中央区日本橋兜町9-5　☎ 03-6434-0353　🕐 15:00～、土・日・祝13:00～　※閉店時間は不定　休 無休　🚇 地下鉄茅場町駅11番出口から徒歩1分

プチぼうけん③

もはやテーマパーク!?
すてきすぎる「神スタバ」へGO!

特別感のある東京にしかないスタバをめぐる1日ツアーにご案内♪
花や緑豊かなスタバでまったりした後は夜スタバも満喫♡

「神スタバ」めぐり

TOTAL 10時間

オススメ時間 10:00〜20:00
予算 4000円〜

個性派スタバをめぐっちゃおう
東京都内のスターバックスは380店ほど。その中でもひときわ個性的なスペシャルスタバ3店をめぐる1日ツアーに出かけましょ。植物園→公園→大人気の「ロースタリーTOKYO」へとおさんぽ♪

TOKYOならではのスペシャルなスタバをはしご

公園など都会のオアシスに誕生したスタバと2019年のオープン以来、人気沸騰中のスタバをめぐり、スタバLOVEな一日を過ごそう。

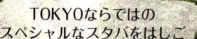

1. HANA・BIYORI店はサイネージも植物で表現 2. 1日数回開催される花とデジタルのアートショーも必見

1 花と緑に癒やされる植物園初のスタバ

2020年にオープンした、四季折々の植物にふれあえる「HANA・BIYORI」にスタバが出店。フラワーシャンデリアを見上げつつ、コーヒーブレイクを。

カラフルな花と記念撮影

STARBUCKS COFFEE よみうりランドHANA・BIYORI店
スターバックス コーヒー ヨミウリランドハナビヨリテン
Map 別冊P.4-B2 稲城
🏠稲城市矢野口4015-1 よみうりランド隣接 HANA・BIYORI 📞044-455-6352 ⏰10:00〜20:00 ※HANA・BIYORIに準じる 💴HANA・BIYORI入園料1200円 🚃京王線京王よみうりランド駅からHANA・BIYORIの無料シャトルバスで5分

桜の季節は見事な美しさ

森下店長がオススメする HANA・BIYORI店の楽しみ方
広い園内を楽しんでね♪

「スターバックス ラテにエスプレッソショットをプラスするのがおすすめ。好みを教えていただければカスタマイズをアドバイスします」と森下さん。「館内は晴れた日のお昼前後の時間帯の雰囲気が素敵ですが、園内は広いのでドリンクを外に持ち出してみて」と楽しみ方を伝授。

HANA・BIYORI館のなかには熱帯魚が泳ぐ水槽や愛らしいコツメカワウソも

② 公園の緑に溶け込む スタバでのんびり過ごそっ♪

新宿御苑の自然と調和し、シームレスにつながる店舗デザインがコンセプト。外壁や天井などあちこちに国産木材を使っている。店内は、ガラス張りで開放感いっぱい。

STARBUCKS COFFEE 新宿御苑店
スターバックス コーヒー シンジュクギョエンテン

Map 別冊 P.30-C1　新宿

🏠 新宿区内藤11 新宿御苑
☎ 03-6384-2185　⏰ 9:00～16:30 (L.O.16:00)　※新宿御苑の開園時間に準じる　休 月
💰 新宿御苑入園料500円
🚃 JR千駄ヶ谷駅から徒歩9分

自然豊かなスタバです♪

1. 桜の季節は絶好のお花見スポット　2. ガラス張りの店舗から園内と新宿のビル群を見渡せる　3. 店舗面積168㎡、座席数50。テイクアウトして園内で楽しむのもおすすめ

移動 約7時間

プチぼうけん3

すてきすぎる「神スタバ」へGO!

3階のバーでカクテルを

1階では焙煎したてのコーヒー豆を購入できる

③ コーヒー、ティー、カクテル…… ココにしかないメニューも♪

リザーブロースタリーの世界5店舗目として2019年にオープン。1階から4階までフロアごとに異なるテーマでスターバックスの世界観を展開。

STARBUCKS RESERVE® ROASTERY TOKYO
スターバックス リザーブ ロースタリー トーキョー

Map 別冊 P.28-B1　中目黒

🏠 目黒区青葉台2-19-23
☎ 03-6417-0202　⏰ 7:00～23:00 (L.O. 22:30)　休 不定休
🚃 地下鉄・東急東横線中目黒駅から徒歩14分

移動 約50分

1. 銅板をあしらった大型焙煎機で生豆を焙煎　2. ロースタリー東京限定ドリンク、クレームブリュレラテ1100円　3. 2階はTEAVANA　4. 1階のイタリアンベーカリー「プリンチ」

「手話」が共通言語 日本初のスターバックス サイニングストア

●多様な人が活躍できる居場所の実現

東京にはたくさんのスタバがあるけれど、2020年6月国立市に日本初のスターバックス サイニングストアがオープン。聴覚に障がいのあるパートナー（従業員）を中心に、主なコミュニケーション手段として手話を使っている。聴者と聴覚に障がいがあるパートナーが共に働き、多様な人々が自分らしく過ごし、活躍できる居場所の実現を目指した、スターバックスのダイバーシティ＆インクルージョンを象徴する存在。

●手話の世界に楽しく触れよう

店内にはSTARBUCKSを指文字で表現したサインをシンボル的にデザイン。パートナーはこのサインが刺繍されたエプロンを身に着けている。手話に加え、音声や指差し、筆談などでも注文が可能。

STARBUCKS COFFEE nonowa国立店
スターバックス コーヒー ノノワクニタチテン

Map 別冊 P.4-B2　国立

🏠 国立市北1-14-1 nonowa国立
☎ 042-505-9223　⏰ 7:00～22:00　休 不定休
🚃 JR国立駅北口から徒歩1分

1. 手話と笑顔でコミュニケーション　2. 指差しで注文可能なメニューシート　3. 手話を学べるデジタルサイネージ。商品の受け取り番号も表示

プチぼうけん 4

カスタム&手作りで好き♡を詰め込んだ
最愛メイドイントーキョーみやげ

職人ワザにほれぼれする大江戸文化体験から自分流にカスタマイズできるオリジナルアイテムまで、世界にひとつのおみやげ作りに出発〜！

file.1

伝統工芸の奥深き世界を知る

Edo Kiriko
江戸切子

江戸時代から伝わる技法は、東京都の指定伝統工芸品に認定されるほど。都内には初心者でも体験できる工房や老舗が点在している。

What's edo kiriko?

江戸切子のキホンをサクッと解説！

ヨーロッパのガラス製品に職人が切子加工を施し広まったのが発祥とされている。繊細な花鳥風月モチーフや曲線を使ったデザインが特徴で、深さや彫り方を変えながら削ってできあがる。

均等に力を入れてね！

オリジナルみやげ作り

TOTAL 1〜2時間

| オススメ時間 | 10:30〜 / 13:00〜 / 15:00〜 | 予算 | 4400円（要予約） |

事前に必要な準備をチェック
江戸切子体験は機械を使って作業するので、腕まくりできる服装や髪の長い人は束ねるのがベター。イチからオリジナルアイテムを作るので、事前にHPやSNSで気になるアイデアをストックしておこう。

ハイレベルな切子職人が勢揃い
すみだ江戸切子館　スミダエドキリコカン

墨田区内の優秀な技術者に与えられる「すみだマイスター」を含む3名の職人が在籍する江戸切子工房。スタッフに教わる切子体験のほか、職人手作りのオリジナル商品が並ぶショップも併設されている。

Map 別冊P.19-A4　錦糸町

🏠墨田区太平2-10-9　☎03-3623-4148　🕙10:00〜18:00（体験は火〜土10:30〜、13:00〜、15:00〜でHPから要予約）　休日・祝・月　🚇地下鉄錦糸町駅4番出口から徒歩5分

江戸切子の代表的な紋様

出典：すみだ江戸切子館

霰紋（アラレモン）
降ってくるアラレを図面に起こしたもの

矢来紋
矢のように降る雨が由来とされる紋様

底菊紋
名前のとおりグラス底に彫られる菊紋様

菊繋ぎ紋
不老長寿の意味がある菊花をイメージ

六角籠目紋
魔除けの意味がある竹籠の六角網目紋様

糸麻の葉紋
幼児の着物にも使われる縁起がよい紋様

蜘蛛の巣紋
幸福をもたらす柄として古来から伝わる

市松紋
江戸時代の歌舞伎役者が愛用した紋様

七宝紋
「円満」の意味で使用される吉祥紋様

28

初心者でもOKな本格マイグラス作り

材料費込みなので手ぶらでOK。機械の扱い方からていねいに教えてくれるので、学んで作れば愛着もひとしお♪

step 1 ガラスと紋様を決める
自分好みの色とデザインのグラスを選び、彫る紋様を選ぼう

Point
彫るときに刃を視覚的に捉えやすいので、薄い色のグラスがおすすめ。

ショップも併設
伝統紋様だけでなく、現代的なモチーフの商品も並ぶ。温かい飲み物に対応しているグラスも。

スカイツリー紋様の「一口ビール」各6974円

step 2 輪郭を彫り込む
下描きしてもらったデザインをもとにして、タテヨコナナメと輪郭を彫り込んでいく

思ったより力が必要！

完成！
線の入れ方を変え、立体感を出すのに格闘したけれど、集中して1時間ほどでできあがりました〜！

やった〜！

Point
ナナメに彫っていくのがイチバン難しい！下描きを確かめながら慎重に。

step 3 細かく削っていく
太さや深さに変化を加えながら、細かいニュアンスで削っていく

手早く家で使いたい〜♥

紋様を使ったアイテム

華硝オリジナル 槍様扇子 2500円
創業400年の扇子専門店、伊場仙とのコラボ

華硝オリジナル 槍様風呂敷 2200円
切子紋様がスタイリッシュなアイテムに変身！

オリジナル紋様や新しい取り組みも
新しい紋様の開発や他ブランドとのコラボを積極的に行う硝子ブランド。ワイングラスが国際サミットの贈呈品として採用されたことも。日本橋店では体験型ワークショップを開催。

子孫繁栄や事業拡大など縁起のよいオリジナル紋様グラス

多目的グラス 玉市松 各1万9250円

ぐい呑み 日本橋店限定デザイン 各1万1000円
手のひらサイズのかわいらしいグラスは、贈り物にもぴったり

1946年に亀戸で創業した老舗
華硝 日本橋店
ハナショウ ニホンバシテン

Map 別冊 P.13-A3　日本橋

📍中央区日本橋本町3-6-5　☎03-6661-2781　🕙10:30〜17:00、土・祝11:00〜　休日　JR新日本橋駅5番出口から徒歩2分

最愛メイドイントーキョーみやげ

トーキョーらしい おしゃれアイテムを作ろう！

自分で選んで、カスタマイズしておしゃれアイテムを作っちゃおう！
じっくり選んで完成したものは大切に使いたい。

file.2 Fragrance
フレグランス

好みの香りを選ぶと、その場で調合からボトリングまで手作業で行ってくれる。ラボラトリーにありそうなボトルデザインもすてき。

調合からボトリングまで！

step 1 香りとボトルサイズを決める

香りはローズ、ネロリなど全17種、ボトルサイズは15ml、50ml、100mlの3種

Point 香りがわからなくなったら、外に出て空気を吸ってリセットして。

予算 1万230円〜（予約不要）　TOTAL 10分〜

NY発のフレグランス
LE LABO 代官山
ル ラボ ダイカンヤマ

2006年にニューヨークで誕生したスローパフューマリー。オーダーを受けてからソウル（店舗スタッフ）が調合・ボトリングを手作業で行う。ユニセックスな香りは幅広い層に人気。

Map 別冊P.28-B1 代官山
渋谷区恵比寿西1-35-2　☎03-5459-2770　⏰11:00〜20:00　無休　東急東横線代官山駅中央口から徒歩1分

step 2 その場でブレンド

香りを決めるとソウル（店舗スタッフ）がラボで作業。香料、水、アルコールをブランド独自の配分で調合

完成！

ラベルを貼って完成。こちらは東京限定「GAIAC 10」。100ml 5万7200円。スモーキーな大人の香り

---

file.3 Order Note
オーダーノート

自分好みのノートを作ろう

表紙から中紙、リング、留め具まですべて自由に組み合わせて作るオリジナルノート。中紙の交換が可能なので長く使える。

予算 1500円〜（予約不要）　TOTAL 15分〜

step 1 サイズを選ぶ

B5（大学ノートサイズ）・B6（B5の半分）、タテ・ヨコの4種類から選ぶ

Point 店内にはサイズがわかるようにサンプルが置いてあるので参考にして。

書くことが楽しくなる！
カキモリ

"たのしく、書く人"をテーマにノートや万年筆、インクなど書き物系を多く取り揃える文房具専門店。広々とした店内ではオーダーノート作りのほか、オーダーメイドインクも作れる。

Map 別冊P.16-C1 蔵前
台東区三筋1-6-2　☎050-1744-8458　⏰11:00〜18:00　月休　地下鉄蔵前駅A3出口から徒歩8分

step 2 表紙と裏表紙、中紙を選ぶ

表紙・裏表紙は60種から、中紙は約30種から選ぶ。中紙は試し書きもできる

せっかくだからノートに合うペンも探そう

あっという間に完成。オプションで名前入れ（箔押し）も可能

step 3 リングや留め具を選ぶ

リングは5色、留め具にはゴムやボタン、封かんを用意

手作業で製本します

完成！

file.4 Dry Flower ドライフラワー

オーダーメイドで花束を

好みのドライフラワーを選んで花束にしたあと、パッケージに入れて密閉する、これまでにない保存方法が話題。プレゼントにもおすすめ。

予算 3300円～（予約不要）　TOTAL 10分～

step1 お花の数を決める
5種セレクト3300円と10種セレクト5500円から選ぶ

Point スタッフがアレンジしたレディメイド（セット）販売もあり。

5本セレクトで完成。目の前で形になっていくのが楽しい！

完成！

ローナス／ナズナ／ヘリクリサム／アンモビューム／アスパラガス ブルーモーサス

step2 カルテをもとにお花を選ぶ
ショーケースには常時20種類のドライフラワーが並び、2ヵ月ごと入れ替わる

カルテには花言葉も

なんでも相談してください！

生花のように鮮やかな色合い

Ew.Pharmacy イーダブリュー ファーマシー
Map 別冊P.26-B2　奥渋谷

フラワークリエーターの篠崎恵美さんが手がける"調剤薬局の調合"がコンセプトのドライフラワー専門店。植物由来の染料で色付けするなど、植物ごとに染色するこだわり。

🏠 渋谷区富ヶ谷1-14-11
☎ 03-6407-0701
🕐 13:00～20:00
無休　地下鉄代々木公園駅4番出口から徒歩4分

真空パックでお渡しします

こんなアレンジも！
1. シャーレーアレンジメント3850円
2. ドームアレンジメント6600円
3. 10種類のオーダーメイドで作るスワッグ（壁飾り）6600円

---

file.5 Sneakers スニーカー

好みのデザインにカスタマイズ

世界中で愛されているコンバース オールスターは、デザインを選んでカスタマイズできるんです！ 世界で一足のマイコンバースを作ってみよう。

予算 9900円～（予約不要）　TOTAL 1.5時間～

不朽の名品をカスタマイズ！
white atelier BY CONVERSE 原宿店
ホワイト アトリエ バイ コンバース ハラジュクテン

誰もが知るブランド「コンバース」のシューズ直営店。店舗地下のアトリエでは永遠の定番と呼ばれる「オールスター」に、見本帳のなかから選んだデザインをプリントしてくれる。

Map 別冊P.27-B3　原宿
🏠 渋谷区神宮前6-16-5
☎ 03-5778-4110
🕐 11:00～20:00
無休　JR原宿駅東口から徒歩10分

いらっしゃいませ！

step1 ベースモデルを決める
ベースモデルは店舗限定のオールホワイトのオールスター。ハイカットかローカットをセレクト

カラフルな靴ヒモも選べる！

step2 デザインを選ぶ
デザインは約65種類。カラバリを含めると100種類以上！ 期間限定デザインにも注目

Point プリントは外側のアッパー（足の甲）とタン（甲の中央）。

アルファベットのモチーフなどのチャーム1個186円～でアレンジも！

step3 その場でプリント
オーダーシートを記入し、会計後、プリンターやプレス機を使って作業が進む

デザインの組み合わせは無限。数字やアルファベットもプリント可

完成！
CONVERSEロゴと星の組み合わせ。タンにもプリントして合計1万3200円

最愛メイドイントーキョーみやげ

プチぼうけん 5

お参りして運気上げちゃお！
御利益別パワスポめぐり

神社をはじめ、東京にはパワーあふれるスポットがたくさん！心を鎮めてめぐろう。

運気最強！国民のための鎮守の杜

人々の祈りを包む緑豊かな人工林と澄んだ空気が思わず背筋をピンとさせてくれる明治神宮。浄化や長寿など総合的によい気が流れるスポット。

START!
南参道鳥居からスタート
東京ドーム約15個分という広大な境内への入り口。鳥居の前で一礼を

行ってきます！

Power Spot!
手を合わせましょ

総合運

明治神宮 メイジジングウ

国民の熱い願いで創建

創建1920年、明治天皇と昭憲皇太后を祀る神社。初詣には毎年日本一の参拝者数を誇る。夫婦楠や清正井はもちろん、神気が流れる境内全体がパワースポット。

Map 別冊P.27-A3　原宿
渋谷区代々木神園町1-1　03-3379-5511(代表)　日の出から日の入りまで(月により異なる)　JR原宿駅西口から徒歩1分

パワスポめぐりの注意点
TOTAL 約1〜2時間

オススメ時間 9:00〜12:00、14:00〜16:00
予算 お志

穏やかな気持ちで訪れよう

神社に参拝する際は、二拝二拍一礼など作法を忘れずに。なるべく人が少ない時間帯に訪れるとよりパワーをいただけます。各スポットに訪れるときは騒いだりせず、穏やかな心持ちでいることが大切。

清酒菰樽（こもだる）や葡萄酒樽がずらり！
日本全国の蔵元やフランスから奉納されたもの。撮影スポットとしても◎

御利益別おすすめ神社

良縁を願う女子必見！

種類豊富な縁結び御守各800円

東京大神宮 トウキョウダイジングウ
恋愛運

東京のお伊勢さまと称される

縁結びの鈴蘭守各800円

三重県の伊勢神宮を東京から拝むための遥拝殿として創建。日本で最初の神前結婚式を行った神社であることから、縁結びの御利益を求める人々に人気。

Map 別冊P.22-B2　飯田橋
千代田区富士見2-4-1　03-3262-3566　参拝自由(授与所8:00〜19:00)　JR飯田橋駅西口から徒歩5分

招き猫の恋愛成就を応援♪

今戸神社 イマドジンジャ
恋愛運

本殿には今戸焼の招き猫が

浅草を代表する縁結びの神社。境内には招き猫のモチーフであふれ、恋愛運を招いてくれる猫が描かれた授与品はどれもキュートなものばかり。

Map 別冊P.17-A3　浅草
台東区今戸1-5-22　03-3872-2703　参拝自由(授与所9:00〜15:00)　地下鉄浅草駅7番出口から徒歩15分

4 都内屈指の名湧水、清正井で身を清める
加藤清正が掘ったといわれる井戸。心の乱れや迷いを正してくれるという

プチぼうけん 5 御利益別パワスポめぐり

3 日本一の大鳥居
木造の明神鳥居としては日本一の大きさ。高さ12mと圧巻の迫力！

すごい大きいっ！

5 夫婦楠で恋愛運UP！
2本の楠が寄り添い1本に見えることから夫婦楠といわれる。縁結びの御利益アリ

生命力溢れる緑豊かな庭園
明治神宮御苑
メイジジングウギョエン
清正井をはじめ、花が咲き誇る菖蒲田など見どころたっぷり。
⏰ 3～5月、7～10月9:00～16:30、11～2月9:00～16:00、6月8:00～17:00（土・日・祝）18:00 ¥500円

8 人気のパワスポ亀石からもパワーをいただく
亀の形に似た石で、長寿のご利益があるとか

GOAL!

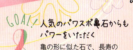

7 おみくじも引いてみる
御祭神の和歌から人生の教訓が解説されたおみくじ

6 本殿へお参り
現在の社殿は昭和33年に再建されたもの。感謝の気持ちを神様に伝え祈願を

幸せが訪れますように

猪目もチェック

こちらもチェック！
明治神宮ミュージアム
2020年、明治神宮鎮座100年祭を記念して開館。御祭神ゆかりの展示が楽しめる。設計は隈研吾氏。
Map 別冊 P.27-B3
📞 03-3379-5875
⏰ 10:00～16:30（最終入館16:00）休木（祝日の場合は開館）¥1000円（小・中・高校生900円、未就学児無料、小学生以下は保護者の同伴が必要）

100年の歴史を誇る江戸総鎮守

仕事運

神田明神
カンダミョウジン

左：PCなどに付けられるIT守護1000円
右：福きたらす福馬守守護800円

朱色の建物がよく映える境内

神田、日本橋、秋葉原など108町会の氏神として信仰を集める。心願成就や仕事運アップの御利益に定評があり、仕事始めなどにはビジネスマンでにぎわう。

Map 別冊 P.29-C1　御茶ノ水
📍 千代田区外神田2-16-2
📞 03-3254-0753
⏰ 参拝自由（授与所9:00～17:00）
🚇 JR御茶ノ水駅聖橋口から徒歩5分

東京銭洗弁天で金運UP!

金運

小網神社
コアミジンジャ

左：小判が入った金運みくじ300円
右：本物のまゆを使ったまゆ玉みくじ300円

弁財天に財運アップを祈願しよう

境内にある銭洗い井戸で小銭を洗い、お財布に入れておけば財運アップが期待できる。七福神の福禄寿も祀っていて健康長寿の御利益も。

Map 別冊 P.13-B4　日本橋
📍 中央区日本橋小網町16-23
📞 03-3668-1080
⏰ 参拝自由（授与所9:00～17:00）
🚇 地下鉄人形町駅A2出口から徒歩5分

神社のほかにも行くべきパワスポ

東京のパワースポットは神社だけにあらず！神聖な気が流れる場所や不思議な縁を導いてくれる身近なモノで運気アップが期待できるかも。

アプリもチェック！
散策には自然や歴史建造物の紹介をはじめMAP機能もある皇居・皇居外苑散策アプリが便利。Google PlayまたはApp Storeからダウンロード可能。

1 大手門
荘厳な江戸城の正門。エネルギーが集中する場所！

ココが散策の起点！

2 中之門
巨石を隙間なく積み上げた高さ6mの石垣。向かいには約50mの百人番所も

天守台
江戸時代初期には日本最大の天守がそびえていた場所

3 本丸跡
1863年の火災で焼失した江戸城跡地。江戸に思いを馳せたくなる

良い気をいただきましょう♪

総合運UP！ 万能パワースポット

歴史的遺産も残る庭園
皇居東御苑
コウキョヒガシギョエン

大きなエネルギーが流れるように造られたという江戸城の面影を残す濠や城門が美しい日本を代表する公園。それぞれの運を増幅してくれる効果もあるのだとか。

Map 別冊 P.11-A3 丸の内
- 千代田区千代田1-1
- 03-3213-1111（宮内庁代表）
- 9:00〜16:00（季節により異なる。皇居一般参観の詳細は宮内庁HP参照）
- 月・金（月曜日が祝日の場合は公開、翌火曜休、天皇誕生日以外の国民の祝日等は公開）
- 地下鉄大手町駅C13a出口から徒歩5分

5 二の丸庭園
もとは上皇や親王の御所があった場所で、四季折々の草花が咲く豊かな庭園

6 桜田二重櫓
城郭の角を守る隅櫓のひとつで、現存するのはここを含めた3ヵ所のみ

7 二重橋
人気のフォトスポット。一般参観に参加すると渡るチャンスも！

青空によく映える！

皇居ランで人も多く通ります

8 桜田門
小田原に続く門として多くの大名が使用した。井伊直弼の暗殺で知られる「桜田門外の変」が起きた場所

ホテル雅叙園東京
ホテルガジョエントウキョウ

日本美を感じられる

装飾が見事！

御利益別パワスポめぐり

プチぼうけん♪

2500点もの絢爛豪華な日本画や美術工芸品に彩られたミュージアムホテル。癒やし効果たっぷりの滝や東京都指定有形文化財の百段階段など静謐で落ち着く空間も魅力。

良い気が流れリラックスできる

お姫様気分が楽しめる♪

滝の裏にも行ける♪

Map 別冊P.10-C1 目黒

🏠目黒区下目黒1-8-1 ☎03-3491-4111（代表） 🕐百段階段12:30～18:00（最終入場17:30）※企画展開催時のみ一般公開 💴百段階段券1000円～、小学生～大学生500円～（企画展により異なる）🚉JR目黒駅西口から徒歩3分

カフェ利用も！

New American Grill "KANADE TERRACE"ではアフタヌーンティーが人気

1. 純金泊、純金泥で仕上げられた、息を呑むほど美しい「漁樵の間」 2. 滝の流れる音に心が浄化されていくよう 3. 結び切りのモチーフが施された招きの大門 4. 旧目黒雅叙園を再現したという美麗すぎる化粧室 5. 建物に入ると浮世絵をモチーフにした極彩色の木彫板がお出迎え 6. 実は99段の階段廊下。縁起担ぎや未完の美学とも

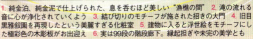

中村活字
ナカムラカツジ

クリエイターに人気！

文字間隔も手作業で

出世する!?

活版印刷の名刺

銀座で100年以上続く活版印刷店。店主の中村さんが1字ずつ心を込めて活字を組んだ名刺を使用してから、不思議と仕事の縁が繋がったという声も。

Map 別冊P.15-B4 銀座

🏠中央区銀座2-13-7 ☎03-3541-6563 🕐8:30～17:00 休土・日 🚉地下鉄新富町駅1番出口から徒歩4分

1. たくさんの活字がジャンルごとに分けられて並ぶ 2. 選んだ活字を組版するのもすべて手作業 3. まずはお店に来て相談してね、と中村さん 4. TVドラマで使用される名刺の受注もしているそう 5. 片面100枚でおよそ1万円～

35

プチぼうけん 6

2大タワーどっちに上る？
東京タワーvs東京スカイツリー®

外から眺めてもよし、上ってパノラマを楽しんでもよしの、東京の2大ランドマークを楽しみつくそう！

東京を代表する2大タワーを徹底解剖！

青空に映える東京タワーは外から撮ってもよし、体験型ツアーを楽しむのも◎。浮遊感や圧倒的高さを感じたいなら東京スカイツリーへ。1日満喫できる施設も充実。さぁ、どっちに上る？

333m

333mのタワーは昭和33年に誕生！

不動の人気を誇る電波塔
東京タワー
トウキョウタワー

250mのトップデッキまで上がるツアーはウェルカムドリンクや音声ガイドといったサービスも充実。メインデッキ150mまでは外階段を使うのも楽しい。

COLUMN
東京タワーの正式名称は日本電波塔！？
日本電波塔株式会社（当時）が建設を手がけ、1958年に東京を代表する電波塔として完成。建物の正式名称として「日本電波塔」と名付けた。東京タワーはその愛称！

Map 別冊P.10-B2 芝公園
港区芝公園4-2-8　03-3433-5111　9:00〜23:00（一部店舗により異なる）無休　地下鉄赤羽橋駅赤羽橋口から徒歩5分

料金表

券種	メインデッキ [150m]	トップデッキツアー [150m&250m] 当日窓口購入	WEB事前予約
大人	1200円	3000円	2800円
高校生	1000円	2800円	2600円
子供（小中学生）	700円	2000円	1800円
幼児（4才以上）	500円	1400円	1200円

スカイウォークウィンドウ
145mの高さから車や歩いている人まで見えて足がすくみそう！

©TOKYO TOWER

おみやげはココで！
フットタウン TOKYO TOWER OFFICIAL SHOP
トウキョウタワーオフィシャルショップ

東京タワーを楽しんだ後はオフィシャルグッズをチェック！

1. 東京タワーのオリジナルのTokyo Tower Beer 770円　2. 東京タワー形のブックマーク1080円

下まで見える！

ライティングもチェック
通常のランドマークライト以外にも、毎週月曜夜に点灯するインフィニティ・ダイヤモンドヴェール（写真右）も必見。

ドリンクやフォトサービスも

250m トップデッキ
体験型ツアー「トップデッキツアー」でのみ上れる。ジオメトリックミラーに反射する景色やLED照明が美しい！

タワー大神宮
23区内で最も高い場所にある神社。御朱印授与も（有料）

150m メインデッキ
展望カフェやショップも併設。東京の景色をゆったり眺めるのに最適。夜になると光る床も！

おすすめの撮影スポットはココ！

Terrace Dining TANGO
テラスダイニングタンゴ

東京タワーのそばのレストランからはマグに写るタワーが撮れる！

Map 別冊P.10-B2
港区芝公園3-5-4

タワー下から自撮りができるフォトスポットを設置。場所は東京タワー構内の駐車場入口横

TOKYO TOWER

36

2大タワーを楽しむ

TOTAL 2時間

- オススメ時間 17:00〜18:00
- 予算 1200〜3400円

タワーを楽しむコツ
旅程にどちらかのタワーを訪れる予定があるなら、日時を決めて指定券を購入するとおトク。景色を楽しむならお昼に、雰囲気を堪能するならサンセットから夜景に変わっていく時間帯がベスト。

634mは旧国名の武蔵の語呂！

日替わりライティングもチェック
江戸の心意気を示す「粋」、美意識の「雅」、にぎわいの「幟」をイメージ。
粋　幟　雅

東京スカイツリー®
トウキョウスカイツリー
世界で最も高い自立式電波塔

地上350mと450mにある展望台から眺める東京のパノラマビューは圧巻。東京スカイツリーの足元に広がる東京ソラマチ®などエンタメ施設も充実！

Map 別冊P.17-B4　押上
- 墨田区押上1-1-2
- 0570-55-0634（東京スカイツリーコールセンター11:00〜19:00）
- 10:00〜21:00（最終入場20:00）
- 無休
- 東武スカイツリーラインとうきょうスカイツリー駅、または各線押上駅からすぐ

COLUMN

願いを書いて結ぼう
東京スカイツリーは最強のパワースポット？
ポジティブなエネルギーが集まるパワースポットとしても有名。願いを書いたリボンをモニュメント「WISH RIBBON」に結ぼう。

料金表

券種 ※5才以下無料	天望デッキ[350m] 日時指定券	当日券	天望回廊[450m] 当日券	天望デッキ+天望回廊セット券 日時指定券	当日券
大人(18才以上)	1800円(2000円)	2100円(2300円)	1000円(1100円)	2700円(3000円)	3100円(3400円)
中人(12〜17才)	1400円(1500円)	1550円(1650円)	800円(900円)	2150円(2350円)	2350円(2550円)
小人(6〜11才)	850円(900円)	950円(1000円)	500円(550円)	1300円(1400円)	1450円(1550円)

（ ）は休日料金

THE SKYTREE SHOP
ザ・スカイツリー ショップ
おみやげはココで！

タワー内に3店舗あるオフィシャルショップ。ここだけの限定グッズをチェックして。

1. スヌーピー ウォータードーム1815円
2. ソフトコースター各419円
3. 資生堂パーラーの東京スカイツリーショコラヴィオン1080円

東京タワー VS 東京スカイツリー

プチぼうけん

634m 大パノラマ
よく晴れた日には東西南北約75km先まで見渡せる大パノラマに、感動すること間違いなし！

450m 天望回廊
約110mのスロープ状の回廊をぐるりと空中散歩気分で歩いて、最高到達点451.2mへ！

浮いてるみたい！

350m 天望デッキ
東京をひとり占めできる地上350mの展望台。3層に分かれた各フロアには、レストランやショップなどがある

望遠鏡で遠くまで見渡そう！
2020年12月に設置された高精細望遠鏡で景色をより遠くまで楽しめるように

おすすめの撮影スポットはココ！

小さな橘です！

十間橋 ジュッケンバシ
夜には川面に映る逆さスカイツリーが！
Map 別冊P.17-C4
- 墨田区業平5-13〜文花1-1

東四つ木避難橋 ヒガシヨツギヒナンバシ
イエローのユニークな鉄橘がスカイツリーを彩る。
Map 別冊P.7-A4
- 葛飾区東四つ木3丁目

©TOKYO-SKYTREE

ステキ！

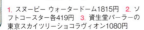

パリの書店「シェイクスピア&カンパニー」をイメージした外観

直輸入のおしゃれなカードも!

電車25分

no. 4 time 12:30 from フランス purpose ■ transportation ✓✓

気分はパリ留学？
フランスの文化にふれる

FRANCE

欧明社リヴ・ゴーシュ店
オウメイシャリヴゴーシュテン

1952年に東京日仏学院として開校したアンスティチュ・フランセ東京構内にある、フランス語書籍の専門店。大学のあるパリ左岸（リヴ・ゴーシュ）の町角を思わせるたたずまい。

Map 別冊P.22-B1　飯田橋

🏠新宿区市ヶ谷船河原町15 アンスティチュ・フランセ東京内 ☎03-3267-1280 ⏰火〜金10:30〜19:30、土〜18:00、日12:00〜18:00 休月、休校期間 🚇JR飯田橋駅西口から徒歩7分

『ガスパールとリサ』の絵本は大人気

徒歩10分

no. 5 time 13:00 from フランス purpose 🍴 transportation 🚶

"東京のプチパリ"神楽坂で
本格フレンチのランチ♪

FRANCE

フランスから取り寄せる脂で仕上げた鴨のコンフィ

柚子でマリネした野菜のグリルは香り高くさわやか

Map 別冊P.22-B1　神楽坂

🏠新宿区岩戸町19 高野ビル1F ☎03-5579-2866 ⏰11:30〜14:30（L.O.14:00）、17:30〜23:00（L.O.22:30）休不定休 🚇地下鉄牛込神楽坂駅A3出口から徒歩1分

Le Parisien
ル パリジャン

フランス語が飛び交う店内は、パリのビストロの雰囲気そのもの。定番料理はもちろん、オーナーのナビルさんが考案した肉料理も。160種類以上揃えたワインはすべてフランス産。

ビールサーバーにエッフェル塔が!

ナビルさん（右から2番目）とスタッフのみなさん

本場パリの雰囲気を楽しんで!

電車15分

no. 6 time 14:30 from 台湾 purpose ☕🛍 transportation ✓

台湾カルチャーの
発信地でショッピング

TAIWAN

expo
刺繍ブローチ各848円（マンゴーかき氷は990円）

誠品生活日本橋
セイヒンセイカツニホンバシ

書籍を中心に、クラフトや飲食を通して、台湾と日本の文化をつなぐ。台湾茶の「王德傳」、老舗菓子店「郭元益」、漢方の「DAYLILY」をはじめ、50を超える台湾ブランドが集結。

Map 別冊P.12-A2　日本橋

🏠中央区日本橋室町3-2-1 COREDO室町テラス2F ☎03-6225-2871 ⏰10:00〜21:00（宮鶴樓台菜香檳11:30〜23:00）休館に準じる 🚇地下鉄三越前駅A10出口から徒歩1分

DAYLILY
白木耳美肌ジュース
825円（夏季限定）

王德傳
梨山烏龍茶4104円（30g）、9504円（100g）

郭元益
100%オリジナルパイナップルケーキ4個入り1620円

誠品生活市集
ドライ愛文マンゴー1026円とパイナップルビール396円

40

世界一周1DAYトリップ プチぼうけん

no.11 GOAL! MEXICO
time 19:30 from メキシコ
陽気なマリアッチで メキシカンナイトを楽しむ！

カラフルなタイルで飾られた壁や床にも注目

Fonda de la Madrugada
フォンダ デラ マドゥルガーダ

エントランスから地下へ下るとそこはまるで別世界！ パティオをイメージした店内で、本格メキシコ料理が楽しめる。マリアッチの演奏は17:30～23:00頃。

Map 別冊P.27-A3 原宿

🏠渋谷区神宮前2-33-12 ピラ・ビアンカB1F ☎03-5410-6288 🕐16:00～翌2:00、金・土・祝5:00（要確認） 無休 🚇JR原宿駅竹下口から徒歩10分

テキーラをベースにしたオリジナルマルガリータ1000円

メキシコの文化が体験できる場所だよ！

カマロネス・アル・テキーラ（エビのテキーラソース）2300円など、料理はボリューム満点

マリアッチとは？
ハリスコ州コクラ発祥の音楽で、正式には歌、弦楽器、トランペットで構成される。メキシコではレストランやバー、広場、お祭りなどで演奏され、ユネスコの無形文化遺産にも登録されている。

📷Point 吹き抜けのおしゃれな空間が絵になる。マリアッチも一緒に撮影すると臨場感がアップ！

More 海外気分♪ **地球の歩き方編集者いちおしの本場の味を公開！**

ドイツ担当 鈴木眞弓

日本在住ドイツ人御用達
「ドイツパンの店タンネ」

ドイツを思い出させる味と種類の多さで一番のお気に入り。価格も手頃なのがうれしい。朝食の定番カイザーゼンメルやブレッツェルは多めに買って冷凍保存してます。

Map 別冊P.20-A1 日本橋

🏠中央区日本橋浜町2-1-5 ☎03-3667-0426 🕐月8:00～12:30、火～金8:00～16:00、土8:30～15:00 日・祝休 🚇地下鉄浜町駅1番出口から徒歩5分

ブレッツェルとけしの実付きカイザーゼンメル

中欧担当 大和田聡子

本格的ハンガリーレストラン
「アズ・フィノム」

パプリカの風味豊かなグヤーシュは現地そのものの味。ハンガリー政府から依頼され開店しただけあって、高級感を引き立てるジョルナイのテーブルウェアもすてき。

Map 別冊P.27-B4 神宮前

🏠渋谷区神宮前2-19-5 AZUMAビルB1F ☎03-5913-8073 🕐12:00～15:00(L.O.14:00)、18:00～22:00(L.O.21:30) 日・祝休 🚇地下鉄外苑前駅3番出口から徒歩10分

パプリカーシュチルケ

ベトナム担当 大久保民

ハノイの名店が日本上陸！
「フォーティン トーキョー」

ハノイの本店と同様、ネギがどっさり載った牛肉のフォーは本場の味。コクのあるスープがとっても美味です。チリソースやニンニク酢などで味変を楽しむのがおすすめ。

Map 別冊P.8-B1 池袋

🏠豊島区東池袋1-12-14 ハヤカワビルB1F ☎03-5927-1115 🕐11:00～15:00 無休 🚇JR池袋駅西武口から徒歩4分

メニューは牛肉のフォー1品のみ

中田瑞穂 ネパール担当

ネパール民族料理の味
「アーガン」

多民族国家ネパールのなかでも、特においしいと評判のネワール族とタカリ族の料理が味わえる。豆スープ、カレー、ご飯を盛り合わせたダルバートは550円と格安！

Map 別冊P.30-B1 新大久保

🏠新宿区新大久保2-32-3 リスボンビル4F ☎03-6233-9610 🕐11:00～24:00 無休 🚇JR新大久保駅から徒歩3分

ネパール定食ダルバート

プチ
ぼうけん
2

レディの品格が磨かれそう！
心ときめく「乙女建築」めぐり

一度は訪れてみたい、東京にいくつか残るクラシックな洋館。
細やかな装飾に彩られたエレガントな空間を歩けば、
まるで宮殿の中をさんぽしているかのよう。

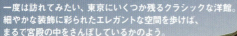

ロマンティックな
4つの洋風建築さんぽ

東京に残る洋風建築のなかでも、宮殿の建築様式を採用するなど、壮麗で見応えのある場所を4つご紹介。

ヨーロッパに
いるみたい！

大規模改修の後、
2009年に国宝に
指定された

西洋建築の美に触れる

TOTAL
1〜2時間

オススメ時間 10:00〜16:00　予算 400〜1500円

建築ガイドが聞ける施設も
施設によっては、スタッフによる建物の解説が行われることも。歴史や見るべきポイントをわかりやすく解説してくれ、見学の際に聞けば、より深く楽しめるはず。

世界のVIPを迎えてきた

1 迎賓館赤坂離宮
ゲイヒンカンアカサカリキュウ

ヴェルサイユ宮殿を思わせるネオ・バロック様式を採り入れた、日本で唯一の宮殿建築物で、細部に日本のテイストが組み込まれているのが特徴。国王、大統領など、世界のリーダーたちを迎えるにふさわしい豪華な内装や装飾は必見。

Map 別冊P.10-A2　赤坂

港区元赤坂2-1-1　03-5728-7788　10:00〜17:00（本館の最終受付16:00）　原則水曜　1500円　JR四ツ谷駅赤坂口から徒歩7分

左右
対称！

1. 金箔で彩られたアーチ状の天井と中央階段　2. 紫斑紋をまとった大理石の円柱が並ぶ大ホール　3. 装飾が施された壮麗な正門　4. フランスで流行した様式で建てられた本館

History
外交史の舞台となった宮殿
1909年、皇太子嘉仁親王（後の大正天皇）のお住まい、東宮御所として建設。第2次世界大戦後は2度にわたり大規模な改修工事が行われ、国を代表する建築物として海外からの賓客を迎えている。

4つの広間の見どころチェック!

迎賓館のなかでも特に見どころとなっている4つの部屋をご紹介。

華麗な姿がよみがえった 朝日の間

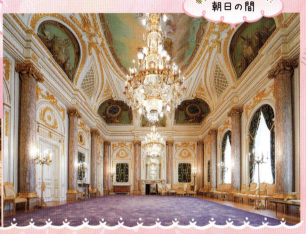

必見ポイント!
楕円形の隅に描かれている小さな花は実は桜!

朝日を背にした女神オーロラが描かれた天井画。100年以上前にフランスで描かれたものを約50年ぶり、25ヵ月かけて修復した

プチぼうけん ❽

心ときめく「乙女建築」めぐり

首脳会談にも使用される 彩鸞の間

必見ポイント!
石膏金箔張りのレリーフの中には、鎧武者の姿が描かれているものも

名前の由来は、鳳凰の一種である架空の鳥「鸞(らん)」の彫刻が飾られていることから。内装はフランスで流行った「アンピール様式」

華やかな舞踏の間 羽衣の間

必見ポイント!
シャンデリアの装飾には、仮面や楽器など舞踏に関するモチーフが

ションルーム。天井画は、謡曲「羽衣」の情景をフランス人画家が描いたもの

迎賓館内で最大のシャンデリアに照らされた、華やかなレセプ

「饗宴の間」とも呼ばれた 花鳥の間

花や鳥を題材とした天井画や七宝焼が名の由来。公式晩餐会が催される部屋で、スピーカーが組み込まれたシャンデリアもチェック!

必見ポイント!
板壁に飾られた七宝焼は、日本画の技法が生かされた傑作

和風の別館も!

和の意匠とおもてなしで諸外国の賓客を迎える「和風別館游心亭」も

見学のあとは Tea break!

見学後は前庭に設置されたカフェでお茶を。キッチンカーで提供されるアフタヌーンティー(1日限定20食)も楽しめる。

1. 2人分の紅茶が付くアフタヌーンティーセットは4800円 2. 迎賓館の前にも休憩所が

ショップもあります

パリが香るアール・デコの館

東京都庭園美術館
トウキョウテイエンビジュツカン

パリに滞在された朝香宮夫妻の邸宅として建てられたもので、後に都立美術館として公開。ルネ・ラリックなど一流の美術家が装飾を担当。夫妻がパリで虜となったアールデコ様式の美が凝縮された空間を観ることができる。

Map 別冊 P.10-B2　白金台

🏠 港区白金台5-21-9　☎ 050-5541-8600　🕐 10:00〜18:00（展示替え期間中は庭園のみ入場可）　休 月　料 展覧会によって異なる。庭園200円　🚇 地下鉄白金台駅1番出口から徒歩6分

必見ポイント！
照明の熱で香りを漂わせた香水塔はアンリ・ラパンがデザイン

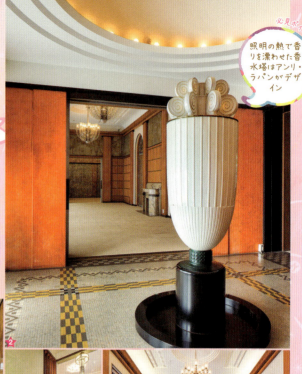

1. 内部は展覧会開催時のみ見学可能　2. 香水塔が置かれた「次室（つぎのま）」　3. 庭園を望む大食堂　4. ジグザグの手すりが特徴的な第一階段　5. ラリック作のシャンデリアが設置された大客室

ディテールに注目！
家具や照明、暖炉などのデザインにも注目！

各室異なるデザイン

ステンドグラスをあしらった若宮居間のペンダント照明

マックス・アングランがエッチングガラスの扉を手がけた

繊細なデザイン！

ラリックがデザインしたガラスレリーフ扉が美しい正面玄関

「アール・デコ」って何？
20世紀初頭、アールヌーヴォーに続き、フランスを中心に流行した装飾様式。幾何学的な形を基本としたものが多いが、そのスタイルはさまざま。

なるほど〜

プチぼうけん⑧

心ときめく「乙女建築」めぐり

3 旧古河邸
キュウフルカワテイ
バラ園にたたずむ邸宅

旧財閥古河家の本邸として建てられたもので、1917年に完成した。設計したのはジョサイア・コンドル。2階は主寝室とゲストルームを除き和室で、和洋空間を巧みに調和させている。洋風庭園はバラの名所としても知られる。

Map 別冊P.8-A2 駒込
🏠北区西ヶ原1-27-39旧古河庭園内 ☎03-3910-8440（大谷美術館）⏰10:30〜16:30（最終入館16:00）※庭園の入場には整理券が必要（要ウェブ予約）🗓不定休 💴400円 🚃JR駒込駅北口から徒歩12分、地下鉄西ヶ原駅1番出口から徒歩7分

必見ポイント！
洋風庭園もコンドルが設計。春と秋にはバラが見頃に

ケーキセットもあります

1. 応接室の漆喰に施されたバラのレリーフ 2,3. 大食堂やテラスではケーキセットもいただける
4. バラが咲き誇る洋風庭園を見下ろすように立つ邸宅
5. 洋館内部に和室が取り込まれた珍しい設計 6. 広々としたビリヤード室

画像提供：（公財）大谷美術館／公益財団法人東京都公園協会

4 自由学園明日館
ジユウガクエンミョウニチカン
フランク・ロイド・ライトが設計

羽仁もと子、吉一夫妻が創立した自由学園。その教育理念に共鳴したフランク・ロイド・ライトが設計、1921年に建設された。幾何学模様を基調とした空間は、シンプルながら深い精神性を感じさせる。

Map 別冊P.8-B1 池袋
🏠豊島区西池袋2-31-3 ☎03-3971-7535 ⏰10:00〜16:00（最終入館15:30）、第3金曜は夜間開館、月に1回休日見学あり。見学カレンダーはウェブサイトで要確認 🗓月（祝日の場合は翌日休）、年末年始ほか不定休あり 💴500円（喫茶付き800円）🚃JR池袋駅メトロポリタン口から徒歩5分

クッキーも買えます

必見ポイント
幾何学模様が施された中央棟ホールの窓は建物の象徴的存在

1. 建物の形と調和した六角椅子
2. 食堂での喫茶付き見学も
3. ステンドグラスを使わず、幾何学模様でまとめた
4. 使いながら保存する「動態保存」のモデル

画像提供：自由学園明日館

プチぼうけん 9
物語や活字に誘われて 東京BOOKスポット巡礼

東京には本にまつわるスポットがたくさんある！ 個性派書店はもちろん、映える書棚やブックホテルなど定番から最新までarucoが厳選。めくるめく物語の世界へ没入しちゃおう♪

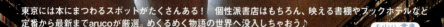

モリソン書庫
国別に約2万4000書が並ぶ書棚は、壮観で誰もが息をのむ。フラッシュNGだが撮影OK！

書店をめぐって宝物の本を探す
TOTAL 10時間
- オススメ時間 10:00～20:00
- 予算 550円～5000円

行きたい店を決めて出かけよう！
東京には多くの書店があるので、行きたい店を絞り込んでルートを組んでみよう。ランチやお茶の時間にカフェ併設店を狙うのがおすすめ。

写真映え間違いなしの書棚を見に行こう

本好きのなかには、本がぎっしり並ぶ姿がたまらなく好き！という人も多いはず。そんな欲望を満たしてくれるのがここ！

日本最古・最大の研究図書館
東洋文庫ミュージアム
トウヨウブンコミュージアム

三菱第3代当主、岩崎久彌氏が1924年に設立。東洋学関連の図書が揃う。ミュージアムとして一般公開され、カフェや中庭もあり。ショップではオリジナル商品の販売も。

Map 別冊 P.8-B2 駒込
- 文京区本駒込2-28-21
- 03-3942-0280
- 10:00～17:00（最終入館16:30）
- 火（祝日の場合は翌平日休）
- 900円
- JR・地下鉄駒込駅2番出口から徒歩6分

知恵の小径

ミュージアムとカフェを結ぶ小径には、アジア各地の名言が日本語訳併記で書かれている

オリエント・カフェ

東洋文庫と小岩井農場がプロデュースするカフェ。都会の喧噪を忘れ、美食に癒やされよう
- 03-3942-0400
- 11:30～21:00 (L.O. 19:00)

小岩井チーズケーキセット 1120円

オリエント・ホール

入ってすぐのホールには、国内最長の展示ケースが。施設について映像で説明してくれる

東洋文庫オリジナルトートバッグ 580円（小）

ポストカード 100円

モリソン蔵書票しおり 380円

ちょっと足を延ばして！

知の館で1日を過ごそう！
角川武蔵野ミュージアム
カドカワムサシノミュージアム

2020年に開館した複合文化ミュージアム。紅白でも話題になった高さ約8mの本棚劇場のほか、荒俣宏監修の博物館、アートの企画展など知的な出合いが盛りだくさん。隈研吾建築も見どころ。

Map 別冊 P.4-A2 所沢
- 埼玉県所沢市東所沢和田3-31-3 ところざわサクラタウン内
- 0570-017-396（受付時間：平日10:00～17:00）
- 10:00～18:00（最終入館17:30）、金・土～21:00（最終入館20:30）
- 第1・3・5火曜（祝日の場合は翌日休）
- JR東所沢駅から徒歩10分

1 図書・美術・博物が融合するエディットタウン 2 石の塊のような建築

©角川武蔵野ミュージアム

BOOK 世界最大級の本の街 神田古書店街にハマる

東京で本といえば、神田は外せない！ 古書店街を牽引する人気の6店舗をご紹介。疲れたら名店グルメでほっとひと息。

プチぼうけん 9
東京BOOKスポット巡礼

A 猫本だらけの猫好きの聖地
猫本専門神保町にゃんこ堂
ネコボンセンモンジンボウチョウニャンコドウ

店主 姉川三日夫さん
「猫関連グッズも人気ですよ」

元は一般書店だったが、猫本コーナーが予想以上の反響で猫本だけの書店にシフト。オリジナルトートバッグなどを求めて、遠方から足を運ぶ人も多いとか。

おすすめ本
『わたしのげぼく』上野そら／アルファポリス
げぼく（飼い主）と暮らすわたし（猫）の視点がおもしろいと話題の1冊

Map 別冊P.23-B3 神保町
🏠千代田区神田神保町2-2 姉川書店内
☎03-3263-5755 🕙10:00～18:00、土・祝11:00～ 休日 🚇地下鉄神保町駅A4出口から徒歩すぐ

B 江戸時代の古書がたくさん！
大屋書房 オオヤショボウ

店主 棚橋ゆりさん
「複製の浮世絵販売もやってます」

1882年開店の和本・浮世絵・古地図の専門店。美術館級の書物や浮世絵が手にとって見られることあり、外国人にも人気。猫や楽器などテーマで浮世絵を探す人も。

おすすめ本
『妖怪画本』鍋田玉英
明治の浮世絵師、鍋田玉英の描く妖怪はどこかかわいい。特に猫の妖怪絵は人気がある

Map 別冊P.23-C4 神保町
🏠千代田区神田神保町1-1
☎03-3291-0062 🕙10:00～18:00 休日・祝 🚇地下鉄神保町駅A7出口から徒歩3分

C 古書店街で唯一の豆本専門店
呂古書房 ロコショボウ

店主 西尾浩子さん
「ギネス認定の極小豆本も！」

豆本とは、文庫本半分以下の小さな本のこと。店内には西尾さんが惚れ込んだ、まるで工芸品のような豆本が並ぶ。贅沢な時代の趣味の世界を満喫しよう。

おすすめ本
『地図のない旅』五木寛之／未来工房
ちっちゃ！
有名作家の名作豆本も人気。単行本、文庫本、豆本と買い揃えるファンもいるのだそう！

Map 別冊P.23-C4 神保町
🏠千代田区神田神保町1-1 倉田ビル4F
☎03-3292-6500 🕙10:30～18:30 休日・祝 🚇地下鉄神保町駅A7出口から徒歩3分

D 映画や演劇ファン必訪の古書店
矢口書店 ヤグチショテン

店主 矢口哲也さん
「落語や相撲関連グッズもあるよ」

1918年開店の矢口書店には、映画や演劇の書籍などがあり、シナリオライターが通う店としても有名。絵になる建物で、建築ファンにも人気。

おすすめ本
『ヒッチコック完全読破』
映画監督にまつわる本も多数。ネット検索では探せない情報を探しに！

Map 別冊P.23-C3 神町
🏠千代田区神田神保町2-5-1
☎03-3261-5708 🕙10:30～18:30、日・祝11:30～17:30 休無休 🚇地下鉄神保町駅A1出口から徒歩2分

E カフェ併設のアメコミの殿堂
＠ワンダー アットワンダー

アメコミや海外コミック、SF＆ミステリ小説、映画関連商品など年々ジャンルを増やしている。なかでもアメコミが充実。2階のカフェで注文すれば書庫のアメコミが読める！

おすすめ本
『熱い太陽、深海魚』ミシェル・ジュリ／サンリオSF文庫
昔のSF＆ミステリ小説は、表紙もまるでアート作品。ジャケ買いも楽しい

Map 別冊P.23-C3 神町
🏠千代田区神田神保町2-5-4 開拓社ビル1F ☎03-3238-7415 🕙11:00～19:00、日・祝～18:00 休無休 🚇地下鉄神保町駅A1出口から徒歩1分

副店主 宇中雅子さん
「名作映画のポスターも豊富です」

F 懐かしの漫画やキャラが勢揃い
夢野書店 ユメノショテン

店主 西川友和さん
「子供の頃の思い出を探しに来てね！」

古書漫画や雑誌、昭和漫画関連グッズを扱う専門店。壁一面に週刊・月刊漫画が並ぶ書棚は夢のよう。子供の頃に読んだ号に再会できるかも。

おすすめ本
『マーガレット』集英社
週刊・月刊漫画は、当時の雑誌広告も見られるので時代考察のために買う人も

Map 別冊P.23-C3 神町
🏠千代田区神田神保町2-3 神田古書センター2F ☎03-6256-8993 🕙10:00～18:30、土・日・祝11:00～17:30 休第1・3・5日曜 🚇地下鉄神保町駅A6出口から徒歩1分

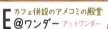

神保町の名店に立ち寄ろう♪

G ミシュランガイド東京にも掲載
スマトラカレー共栄堂 スマトラカレーキョウエイドウ

戦前の探検家で東南アジアに詳しい伊藤友次郎氏に教えてもらい、アレンジしたカレーを提供。

Map 別冊P.23-B4 神保町
🏠千代田区神田神保町1-6 サンビルB1F ☎03-3291-1475 🕙11:00～20:00 休日・祝（不定休） 🚇地下鉄神保町駅A5出口から徒歩1分

H 山小屋風の店内でゆっくりと
さぼうる

古書店街を語るときに欠かせない喫茶店。クリームソーダは6色もあり、ピザトーストも欠かせない。

Map 別冊P.23-C4 神保町
🏠千代田区神田神保町1-11 ☎03-3291-8404 🕙9:30～23:00 休日・祝（不定休） 🚇地下鉄神保町駅A7出口から徒歩3分

I 神保町ラドリオ
→P.88
104年創業の老舗喫茶店

BOOK

御書印帳を片手に 御書印ガール★デビュー

神社やお寺を参拝した証としていただく御朱印のように、書店からいただくのが御書印。御書印帳を持って書店へGO！

現壁画は谷内六郎氏による1975年作の2作目

3F・喫茶

萬納さんがいれるコーヒーや、コーヒーゼリーがいただける喫茶

2F・ギャラリー

本を探したあとは、ギャラリーでさらに刺激をもらおう。開催情報はウェブで

1F・書店

コンパクトな空間に、店のおすすめ本とお客さんのリクエスト本が仲よく並ぶ

御書印とは？

御書印は、書店と人を結ぶ印。訪問した日付と書店の印のほか、お気に入りの一節など書店ごとに特徴あり。

山陽堂書店では、2代目店主かイラストレーター安西水丸氏の言葉を選べる

御書印帳 200円

オリジナルグッズも必見！

ポストカード各165円
マグカップ1980円

和田誠さんが描いたブックカバーも人気

5世代目 萬納 領さん

表参道で愛される老舗書店
山陽堂書店
サンヨウドウショテン

明治神宮の創設より古い1891年に創業し、4度目の移転で現在の場所に。向田邦子や安西水丸など著名人との縁も多く、表参道の生き字引的な存在でもある。

Map 別冊 P.27-B4
表参道
▲ 港区北青山3-5-22 ☎03-3401-1309 ⊙11:00～19:00、土～17:00（喫茶営業時間はウェブで確認）⊘日・祝 地下鉄表参道駅A3出口から徒歩1分

おすすめ本
『大坊珈琲店のマニュアル』大坊勝次 誠文堂新光社

ご近所にあり、惜しまれつつ閉店してしまった名店「大坊珈琲店」を知る1冊

旅好きはマストビジット！
旅の本屋のまど
タビノホンヤノマド

1996年、吉祥寺で創業した書店。北米やヨーロッパなど地域別に本が並ぶ。新刊旧刊が一緒に並ぶのも珍しく、食や民芸などのテーマ別に本を探せる。

Map 別冊 P.30-A2
西荻窪
▲ 杉並区西荻北3-12-10 司ビル1F ☎03-5310-2627 ⊙12:00～21:00、日・祝～20:00 ⊘水 JR西荻窪駅から徒歩5分

『中くらいの友だち vol.8』
中くらいの友だち編集部
皓星社

年2回ほど発行する定期刊行本。韓国在住日本人の複数の視点で書かれ、リアルな韓国がわかる

おすすめ本
『はじめて旅するジョージア』
Sanna/辰巳出版

店主も旅して気に入ったというジョージア旅行の指南書。読むだけで旅した気分になれる

旅と道がテーマの古書喫茶店
KAIDO books & coffee
カイドウ ブックス アンド コーヒー

旅好き店主が選んだ約5万冊の蔵書から、常時1万冊を販売。本はもちろん、カフェで提供される生スコーンを求めて遠方から来る人も！ 旅好きが集まる空間でくつろごう。

Map 別冊 P.10-C2
品川
▲ 品川区北品川2-3-7 丸屋ビル103 ☎03-6433-0906 ⊙10:00～18:00 ⊘火 京急本線新馬場駅北口から徒歩5分

カフェも人気！

人気のカフェメニューはこの3品

KAIDOdog600円（上）、1日30食限定の生スコーン360円（左）、自家製レモネード550円（右）

店主 佐藤来太さん

aruco的には

aruco としては、旅にまつわる本を揃える書店も外せない。旅の本を買い込んで、without moving な空想旅行へ。

旅心を満たしてくれる 旅好きのための書店へ

BOOK

洋書絵本の世界をトリップ
Frobergue
フローベルグ

オンラインからスタートした古書店。ヨーロッパ各国で買い付けた洋書絵本を中心に、約5000冊が並ぶ。名作絵本も書いた詩人・片山令子のエッセイ集。絵本のほか、小説や詩、芸術書、料理本、手芸本など幅広い。

おすすめ本
『惑星』片山今子
湊の人

Map 別冊 P.16-C1
蔵前
▲ 台東区蔵前4-14-11 ウイシビル101 ☎03-5829-3793 ⊙12:00～18:00 ⊘月～水 地下鉄蔵前駅A0出口から徒歩2分

アンティークの書棚にも注目！

洋書絵本で海外旅行へ出かけよう♪

中村晴佳さん　店主 中村啓太さん

BOOK

心ゆくまで最高の読書時間を

本とじっくり向き合いたい人におすすめのスポットをご紹介。ラウンジからホテルまで、時間を忘れて本の世界へ。

プチぼうけん 9 東京BOOKスポット巡礼

紙系コーヒーは入場料に含まれる♪

カフェでは読書しながら飲食OK。プリンは人気過ぎて雑誌に載るほど！

入場料があるラウンジ系書店
文喫 ブンキツ

1日中いる人も多い有料エリアには飲食やワークスペースのほか、靴を脱いでリラックスできる空間も。スタッフの目利きで本を仕入れる店は珍しく、本好きの琴線に触れる本が多い。

Map 別冊P.30-B2 六本木
🏠 港区六本木6-1-20 六本木電気ビル1F
📞 03-6438-9120 ⏰ 9:00〜21:00 休 無休 料 1650円、土・日・祝1980円 🚇 地下鉄六本木駅3・1A出口より徒歩1分

入ってすぐの無料エリア。ここで入場料を払う

無料スペース

牛ほほ肉のハヤシライス 1188円

とろけるカスタードプリン 638円

有料スペース

有料スペース
六本木という場所柄、アートや料理、建築関連の本が目立つ

おすすめ本

『10年後、ともに会いに』
寺井暁子/クルミド出版

かつての同級生たちに会いに行くストーリー。読むとなんだか旅した気持ちになる

『LESS』アンドリュー・ショーン・グリア/早川書房

「後ろ向きな理由で旅するのもいいなあと思わせてくれた1冊」と店長の伊藤さん

元恋人の結婚式になんて出たくない！

ピュリッツァー賞受賞作

Wi-Fiや電源のある席も用意

江國香織の小説『きらきらひかる』に出てきたチーズトーストをイメージ。770円

スタッフ 米谷厚志さん

隠れ家的大人の図書室へ
森の図書室 モリノトショシツ

本好きが楽しめる空間をつくりたいとクラウドファンディングで2014年に開館。夜も開館、適度なおしゃべりと飲食OKと一般的な図書室ではできないことがここではできる！

Map 別冊P.28-A1 渋谷
🏠 渋谷区円山町5-3 萩原ビル3F
📞 03-6455-0629
⏰ 12:00〜17:00、18:00〜24:00、土・日・祝12:00〜24:00 休 不定休 料 550円（別途ドリンク注文必須） 🚇 京王井の頭線神泉駅から徒歩3分

ここが入口！

本好き酒好きが集まる名店
コクテイル書房 コクテイルショボウ

古書店として開店したが酒好きな客が多く、いつしか古本酒場に。蔵書約1000冊から好きな本を選び、作家にちなんだ酒とつまみで本の世界に酔う。大正時代の建物も味わい深い。

Map 別冊P.31-A4 高円寺
🏠 杉並区高円寺北3-8-13 📞 03-3310-8130
⏰ 18:00〜21:00 休 無休 🚇 JR高円寺駅北口から徒歩12分

外の本棚は1冊無料で交換OK！

『東京発 半日徒歩旅行 調子に乗ってもう一周！』佐藤徹也/山と溪谷社

「著者が常連だからサイン本もあるよ」と店主の狩野さん。隣の客が著者だった！なんてことも

店主 狩野俊さん

店オリジナルのカレーです

レトルト文学カレー漱石 770円（イートイン990円）
日本酒合 650円
夏目漱石をイメージしたカレーに、漱石が愛した日本酒を合わせて

おすすめ本

宿泊
ラウンジ

書棚とベッドが融合した宿泊スペース。書棚に囲まれたフロアが共有部分

こぼれるカフェラテ 611円
フルーツサンド 900円
カフェ

"泊まれる本屋"がコンセプト
BOOK AND BED TOKYO 新宿
ブックアンドベッドトウキョウ シンジュク

約4000冊に囲まれた最高の寝落ち体験ができるホテル。書棚の本は利用者が自分の本と交換することも可能で、代画が激しいのもいい。デイユース利用もOK！

カフェは宿泊客以外も12:00〜20:00は利用可能。映えるスイーツやフード、ドリンクが揃う

SNS映えアップ♪

『家族だから愛したんじゃなくて、愛したのが家族だった』岸田奈美/小学館

noteやTwitterで話題のエッセイスト、岸田奈美さんが綴る家族の物語

Map 別冊P.30-C1 新宿
🏠 新宿区歌舞伎町1-27-5 APMビル8F 📞 03-6233-9511 IN 16:00 OUT11:00、カフェ11:00〜21:00、デイタイム利用13:00〜20:00 休 無休 料 宿泊S5000円〜、デイタイム利用：ラウンジ平日1時間500円（フリータイム最大4時間1500円）、ベッド平日のみ1時間777円 🚇 JR新宿駅A9出口から徒歩6分

漫画好きはこちらもチェック♪
MANGA ART HOTEL, TOKYO → P.184

おすすめ本

51

プチぼうけん 10

レトロとニューウェーブどちらが好み？
ローカルな湯でチルアウト

東京には昔ながらの銭湯が残る一方、若者に人気な進化系銭湯や温泉施設が増加中！観光の疲れをさっぱり流して、チルしちゃお〜♪

Retro

映画のロケ地でも有名な歴史的価値のある銭湯でリラックス

レトロポイント
日本に3人しかいないペンキ絵師が手がける背景画も必見

国の登録有形文化財でもある
滝野川稲荷湯
タキノガワイナリユ

趣のある番台や入母屋造の玄関など、建物そのものが魅力的な銭湯。映画『テルマエ・ロマエ』のロケ地としても有名（→P.64）。

Map 別冊 P.8-A2 西巣鴨
🏠 北区滝野川6-27-14 ☎03-3916-0523
⏰ 15:00〜24:30 休水 JR板橋駅東口、地下鉄西巣鴨駅A3出口から7分

入浴料金表	
大人（12才以上）	470円
中人（小学生:6才以上〜12才未満）	180円
小人（未就学児:6才未満）	80円

懐かしさを感じるレトロかニューウェーブか

情緒あふれる昔懐かしい銭湯はもちろん、大都会にありながら温泉が楽しめる施設など近年は銭湯ブーム！ レトロとニューウェーブ、自分に合う銭湯を見つけよう。

1. ドラマ撮影などでもよく使用されるそう 2. 湯上りは縁側でフルーツ牛乳！

レトロポイント
別名キングオブ縁側と呼ばれる美しく整えられた日本庭園を望む縁側

キングオブ縁側でまったり
タカラ湯
タカラユ

薬湯をはじめ、昔ながらのお風呂が楽しめる。男湯側には立派な錦鯉が泳ぐ日本庭園を望む縁側がある（毎週水曜は男女入れ替え）。

Map 別冊 P.9-A4 北千住
🏠 足立区千住元町27-1 ☎03-3881-2660 ⏰ 15:00〜23:00 休金 JR北千住駅西口からバスで10分

入浴料金表	
大人（12才以上）	470円
中・高校生	300円
中人（小学生:6才以上〜12才未満）	180円
小人（未就学児:6才未満）	80円

高円寺の町に根付く銭湯
小杉湯
コスギユ

広々とした浴室には、子供から大人まで楽しめるミルク風呂をはじめ4種を用意。銭湯内でアーティストを集めてフェスを開催することも。

Map 別冊 P.31-A4 高円寺
🏠 杉並区高円寺北3-32-2 ☎03-3337-6198 ⏰ 15:30〜翌1:45、土・日8:00〜 休木 JR高円寺駅北口から徒歩5分

入浴料金表	
大人	470円
中人（小学生）	180円
小人（0〜5才）	80円

1. 迫力のある富士山の壁画が特徴
2. 小杉湯フェスなどイベント開催も

レトロポイント
昭和8年の創業から変わらない唐破風屋根や明るく清潔感のある浴室

ローカルな湯めぐり

TOTAL 2時間
オススメ時間 15:00〜18:00　予算 470円〜

💡 **手ぶらで気軽に湯めぐり**
今回紹介している銭湯は、タオルやシャンプーなどのアメニティはもちろん完備。手ぶらでも気軽にお風呂に入れるのがうれしい。

長時間ゆっくりしたいならコチラもおすすめ

Spa LaQua
スパ ラクーア

Map 別冊 P.23-A3　水道橋

東京ドームシティ内に位置する天然温泉やサウナ、エステ、岩盤浴を完備した、キレイになれる温浴施設。

🏠 文京区春日1-1-1　☎03-3817-4173
⏰ 11:00〜翌9:00　💴 2900円（6〜17才2090円）　無休
🚇 地下鉄後楽園駅1・2番出口から徒歩1分

1. 人気のフィンランドサウナが楽しめるヤルヴィ　2. 館内着でリラックスできるラクーアリビング　3. 地下1700mから湧き出る天然温泉が楽しめる

ローカルな湯でチルアウト

Newwave

下北沢で箱根・芦ノ湖温泉の源泉を堪能する

写真：Nacasa & Partners

ココが新しい！
都会にありながら箱根の天然温泉が楽しめる癒やしの空間が広がる

1. 露天風呂は肌にいいアルカリ性単純温泉
2. 入浴料込みの日帰りおつまみセット3200円

由縁別邸 代田
ユエンベッテイ ダイタ

都会の喧騒を逃れる旅館

下北沢の複合エリア「下北線路街」に誕生した温泉旅館。客室は全35室で、日本文化を感じられる作り。日帰りプランもある。

Map 別冊 P.31-A3　下北沢

🏠 世田谷区代田2-31-26　☎03-5431-3101
⏰ IN15:00 OUT11:00、日帰り温泉プラン（前日までの予約制）9:00〜13:00、土・日・祝〜14:00、16:00〜22:00（最終入場は各30分前）　無休
💴 スタンダードダブルルーム1万7000円
🚇 小田急線世田谷代田駅東口からすぐ

日帰り温泉プラン
甘味セットプラン……2700円
おつまみセットプラン……3200円
食事プラン ランチ 4900円〜
　　　　　　 ディナー 1万1000円

BathHaus
バスハウス

風呂上りはビールで乾杯♪

ヒノキやリラックス効果のあるアロマ風呂など週替わりで楽しめる。風呂上りには国産にこだわる豊富なクラフトビールでチルタイム！

ココが新しい！
入浴しながら音楽をかけたり、照明を調整できたり自分好みの空間に

1. 音と光の調整は譲りあって
2. ノンアルドリンクはクリームソーダ650円などを用意
3. カレーなど食事だけの利用も可

Map 別冊 P.26-A1　代々木上原

🏠 渋谷区西原1-50-8グランドストーリー代々木上原1F　☎080-6694-6529　⏰ 9:00〜22:00（変更の可能性あり。最新情報はHP：https://bathhaus.tokyoで確認）　不定休
🚇 地下鉄代々木上原駅東口、小田急線代々木八幡駅西口から徒歩10分

料金表
大人………………700円
学割(中学生〜大学生)…500円
小学生……………400円
未就学児…………無料

2020年8月にリニューアル

黄金湯
コガネユ

下町で戦前から続く老舗銭湯。古きよき雰囲気はそのままに、本格サウナや外気浴ができるテラスも完備するなど流行を捉えた空間です。

Map 別冊 P.19-A4　錦糸町

🏠 墨田区太平4-14-6 金澤マンション
☎03-3622-5009　⏰10:00〜翌0:30、土15:00〜　第2・4月曜
🚇 JR錦糸町駅北口から徒歩6分

1. 黄金湯ビール600円は華やかな香りが特徴のペールエール　2. シンプルで開放的な空間　3. 浴室内の背景絵はほしよりこ氏のイラストが

ココが新しい！
入り口にはオリジナルのビールが楽しめるビアバーやDJブースを完備

料金表
大人…470円（1時間30分）
中学生…370円　小学生…180円
幼児…80円　※サウナ女性300円、男性500円（土・日は女性350円、男性550円）＋1時間

プチぼうけん 11

旅のハイライトを演出する乗り物対決
サンセットクルーズ vs ナイトバス

東京のランドマークを効率よくディープに楽しめるクルーズ＆レストランバス。ちょっぴりおしゃれしてコース料理とフォトジェニックな景色を堪能しよう！

幻想的な写真撮影なら船の旅を！

ひと味違う東京観光をしよう

TOTAL 2～3時間

オススメ時間：17:00～21:00
予算：船：3200円～、バス：9800円

暑さ＆寒さ対策を入念に
どちらも冬の防寒対策はマスト。海辺は特に冷えるので、クルーズ利用者はひざ掛けなどを持って行くのがおすすめ。レストランバスはオープントップなので、夏は帽子や日焼け止めなどを忘れずに。

成厳あるクラシカ号！

東京湾の美しい眺望にうっとり

水面に映り込む光の帯や抜け感ある夕焼けなど、船旅ならではのアングルで撮影できるのがクルージングの魅力。飛行機とクルーズ船が交差する瞬間も見逃せない！

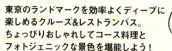

2 レインボーブリッジ
遠くに見えるレインボーブリッジも最高だけど、間近で見上げる橋は大迫力で夕日に映える

日の出ふ頭から出発！

海下から見る橋は格別！

CRUISE

1 スカイツリー
出発後すぐ左側に東京スカイツリーや晴海ふ頭、豊洲市場を見ることができる

3 コンテナふ頭
青海＆大井コンテナふ頭のガントリークレーン越しには絶景富士山！

4 トワイライトタイム
日没は季節によって変わるので事前に確認。空のコントラストがムード満点♡

空の色にうっとり～！

船内の過ごし方

ディナーコース
フレンチのコース「ラ・メール」
1万800円、土・日・祝1万1300円（乗船料込）

オリジナルみやげも！

船体のバケが目印のシンフォニーボックス1100円

5 お台場越しの東京タワー
ライトアップ後のお台場とタワーをいつもと違う角度から撮影！

GOAL!

上質な空間のスペシャルタイム
シンフォニークルーズ

東京湾沿いの見どころを1周できるレストランクルーズ。1日4便で異なる景色や食事を楽しむことができ、プランによっては窓際の指定も可能。乗船のみもOKなので気軽に利用に。

Map 別冊P.11-B3 日の出ふ頭

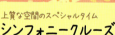
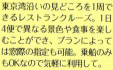

🏠 港区海岸2-7-104（乗り場）
☎ 03-3798-8101 ⏰ 10:00～18:30 休 無休 ￥ サンセットクルーズ3200円～ 🚃 ゆりかもめ日の出駅1A出口から徒歩1分

START/GOAL 日の出ふ頭
東京ゲートブリッジ
東京湾
羽田空港

ドラマティックな大都会のネオン

2階建てのオープントップバスからは、異なるアングルから都内の景色を撮影できる。信号や交通標識が間近で見られ、高速道路やトンネルをくぐる体験はまるでアトラクション！

① 国会議事堂
最初の見どころは、真正面に見えてくる国会議事堂。ギリギリまで近くに寄って撮るのがおすすめ

迫力あるライトアップ

赤い車体が目印です！

車内の過ごし方

ディナーコース
全7品のフレンチ「ディナーコース洋食」はプラン料金に含まれる

ガイドさんの解説も！
各スポットの小ネタやおすすめの撮影アングルを教えてくれる

プチぼうけん 11

サンセットクルーズ vs ナイトバス

シャンパンに映えるタワー

追加料金で頼めるドリンクの種類も豊富

キラキラ映える写真はバス旅へ！

交通標識が近すぎる！

② 外苑前〜表参道
外苑前の並木道を通ってから、新国立競技場や原宿・表参道をぐるりと一周

③ 東京タワー
バス車内から見上げる東京タワーは、グラスを高く上げ一緒に写りこませるように撮影

開放感あふれる東京の夜を満喫
東京レストランバス
トウキョウレストランバス

1階はキッチン、2階は開閉式オープントップの天井と対面式テーブル席を備え、食事と夜景が同時に堪能できるバス。最も景色がよく撮影しやすい4番テーブル席の座席指定予約がおすすめ。

📍 **Map 別冊P.12-C1** 丸の内
🏠 千代田区丸の内2-4-1丸の内ビルディング（集合場所）　☎ 0570-200-770
🕐 18:00〜21:00　📅 月〜木
🍴 ヨーロピアンディナーコース9800円〜
🚶 JR東京駅丸の内南口から徒歩1分

色とりどりの大観覧車

④ お台場
アクアシティお台場で降車し、約30分の散策タイム。遠くに見えるレインボーブリッジやフジテレビなどお台場のアイコンを撮影しながらの散策も楽しめる

START/GOAL 東京駅
① ② ③ レインボーブリッジ ④ ⑤

⑤ 銀座〜丸の内
高い目線で見ることができる高層ビルのネオン街は、360度の大パノラマビュー

GOAL!

高さ制限スレスレ！
思わず目をつぶりそうな低い高架下をくぐるのもおもしろい

ギリギリセーフです

55

眺める場所でガラリと雰囲気が変わる

今回紹介するのは0円で楽しめる夜景スポット。夜景といっても展望台から眺めるのか、地上から見上げるのかで印象が変わるので参考にしてみて。

プチぼうけん 12

無料で夜景を楽しむ

TOTAL 1時間

オススメ時間 18:00〜19:00　予算 無料

日没よりも少し前がベスト
季節によっても異なるが、日が沈む時間帯17〜18時の30分ほど前に訪れると、沈んでいく様子が見られる。太陽が沈んだあとのマジックアワーも美しい。

無料で楽しめる極上夜景を探せ！

新宿NSビル / 東京都庁展望室 / 都庁前駅

新宿の摩天楼を見下ろす
東京都庁展望室
トウキョウトチョウテンボウシツ

東京都第一本庁舎45階にある、南北ふたつの無料開放されている展望室。天気がよければ富士山まで見渡せることも。

ロマンティック度 ★★★★★
映え度 ★★★★☆
穴場度 ★★☆☆☆

Map 別冊P.8-C1 新宿

🏠 新宿区西新宿2-8-1 東京都庁第一本庁舎45F ☎03-5320-7890 🕐9:30〜23:00(最終入室22:30) ※現在、新型コロナウイルス感染症の影響により、開室時間等が変更となっている可能性あり。最新情報は、公式HPまたはTwitterを要確認 🗓第2・4月曜(北)、第1・3火曜(南)、都庁舎点検日 🚉地下鉄都庁前駅E1出口から徒歩1分

NIGHT VIEW

上から

とうきょうスカイツリー駅 / 東京スカイツリー / 押上駅 / Solamachi Dining SKYTREE VIEW
©TOKYO-SKYTREETOWN

ロマンティック度 ★★★★☆
映え度 ★★★☆☆
穴場度 ★★★☆☆

高さ150mの夜景にうっとり
Solamachi Dining SKYTREE VIEW
ソラマチダイニング スカイツリービュー

東京ソラマチ®30・31階のダイニングエリア。間近でライティングされた東京スカイツリー®を眺めることができる。

Map 別冊P.17-B4 押上

🏠 墨田区押上1-1-2 東京スカイツリータウン・ソラマチ30・31F ☎0570-55-0102(東京ソラマチコールセンター) 🕐11:00〜23:00 ※変更の可能性あり 🗓施設に準ずる 🚉東武スカイツリーラインとうきょうスカイツリー駅または、各線押上駅すぐ

フロア9店の料理をテイクアウトして楽しめる

大手町駅 / 新丸ビル 丸の内ハウステラス / 東京駅

ロマンティック度 ★★★★★
映え度 ★★★★☆
穴場度 ★★★★☆

東京駅丸の内駅舎の特等席！
新丸ビル 丸の内ハウステラス
シンマルビル マルノウチハウステラス

新丸ビル7階レストランフロア 丸の内ハウスを囲むテラス席は東京駅丸の内駅舎や皇居側のサンセットを一望できる。

Map 別冊P.12-B1 丸の内

🏠 千代田区丸の内1-5-1 新丸ビル7F ☎03-5218-5100 🕐11:00〜23:00 ※天候や状況により変更あり 🗓施設に準ずる 🚉JR東京駅丸の内中央口から徒歩1分

羽田空港第1・2ターミナル駅 / 羽田空港第1ターミナル展望デッキ

Map 別冊P.5-C4 羽田

ロマンティック度 ★★★★★
映え度 ★★★★☆
穴場度 ★★☆☆☆

飛行機の離発着シーンに興奮
羽田空港第1ターミナル展望デッキ
ハネダクウコウダイイチターミナルテンボウデッキ

出発前の飛行機や、滑空する様子など空港らしい光景が楽しめる。ベンチやテーブルも設置されていて雰囲気もバツグン！

🏠 大田区羽田空港3-3-2 第1ターミナル展望デッキ 屋上 ☎03-5757-8111(羽田空港総合案内) 🕐6:30〜22:00 🗓施設に準ずる 🚉京急空港線羽田空港第1ターミナル駅直結

57

プチぼうけん 13

ひと足延ばして武蔵野エリアへ！
野外ミュージアムでノスタルジックさんぽ

都内から少し離れた、小金井市に位置する江戸東京たてもの園。歴史ある建物が並ぶフォトジェニックな風景に魅了される女子が増加中！

Nostalgic walk!

名建築を見学！

江戸〜昭和中期に
タイムスリップ！

"えどまる"です！

江戸・東京の歴史的建造物を移築・保存した野外博物館。園内の東ゾーンにある「下町中通り」は、昭和初期を中心とした商家が立ち並び、レトロな雰囲気に。

マスコットキャラクターはアニメーション映画監督の宮崎駿さんが制作

江戸東京たてもの園
EDO-TOKYO OPEN AIR ARCHITECTURAL MUSEUM

東京唯一の建物博物館

江戸東京たてもの園
エドトウキョウタテモノエン

震災や空襲で多くの建物が失われた東京。ここは江戸時代から昭和中期の歴史的建造物を移築、復元して展示する貴重なミュージアム。園内には30の建物と29の屋外展示物がある。

Map 別冊 P.4-B2 小金井

📍小金井市桜町3-7-1 ☎042-388-3300 ⏰4〜9月 9:30〜17:30、10〜3月9:30〜16:30（入園は閉園の30分前）❌月（祝日の場合は翌日休）💴400円 🚉JR武蔵小金井駅北口から西武バスで5分、小金井公園西口下車徒歩5分

レトロ建築を見て撮って満喫！

TOTAL 1〜2時間

オススメ時間：開園と同時
予算：400円

映え写真狙いは早めに入園

レトロ写真が撮れると人気。お目当ての建築で撮影したければ開園と同時に訪れよう。小金井公園の中にあるので、時間があれば広大な園内で遊ぶのも◎。

敬礼！

明治後期築、神田の万世橋のたもとにあった万世橋交番（須田町派出所）。れんが造りで内側は木造。

武蔵野エリアって？

明確な定義はないが東京都の多摩川から埼玉県川越市まで広がる台地。明治初期までは埼玉県、東京都、神奈川県の一部は「武蔵國（むさしのくに）」と呼ばれ、いまでも地名に武蔵野が使われている場所が多くある。※本誌ではJR国分寺駅から吉祥寺駅周辺を紹介。

\ 紹介するのはココ！/

国分寺	東小金井	三鷹
武蔵小金井	武蔵境	吉祥寺

🟩 武蔵野エリア
― JR中央線
東京駅

園内MAP

西ゾーン → P.60
センターゾーン → P.60
東ゾーン → P.59

デ・ラランデ邸
カフェ「武蔵野茶房」
山の手通り
前川國男邸
高橋是清邸
入園口
上野消防署（旧下谷消防署）望楼上部
大和屋本店
万世橋交番
子宝湯
鍵屋
下町中通り
たべもの処「蔵」
武居三省堂
都電7500形

58

東ゾーン

East zone

下町中通りを中心に、東京にあった商家や銭湯などの建物を復元。当時の商売道具や商品も展示している。

1. 下町の商店街に訪れたような気分
2. レトロな商品に囲まれてパチリ
3. 東ゾーンはスタジオジブリ作品『千と千尋の神隠し』で主人公・千尋が迷い込んだ不思議な街のモデルになっている

千と千尋の神隠し©2001 Studio Ghibli・NDDTM

プチぼうけん B

野外ミュージアムでノスタルジックさんぽ

子宝湯 コダカラユ 1929年築

足立区千住元町にあった、神社仏閣のような風格ある銭湯。脱衣所は格式の高い部屋に用いた、折り上げ格天井になっている。

タイルの浴槽と職人による富士山のペンキ絵はレトロの極み！

1. 広告看板も再現
2. 女湯には赤ちゃん用の体重計（右）も
3. 関東大震災後の復興期に多く見られた造りで、東京型銭湯と言われる

鍵屋（居酒屋） カギヤ 1856年築

ごちそうさま〜♪

暖簾をくぐって居酒屋帰りをパチリ！

酒問屋として創業。当時は平屋で大正期に増築。戦後から居酒屋として営業していた。現在も鶯谷に店舗を構える。

1. 湯煎式の酒燗器
2. 外観と店内は1970年頃の姿を復元
3. 台東区下谷にあった居酒屋。名物はうなぎのくりからで当時は1本50円

Check!

千と千尋の神隠し©2001 Studio Ghibli・NDDTM

大和屋本店（乾物屋） ヤマトヤホンテン 1928年築

港区白金台の木造3階建て商店。お茶屋だった建物を当時の資料を元に戦前の乾物屋とタバコ屋として再現。商品も詳細に展示。

店番してます〜

タイルとショーケースがレトロでおしゃれ！

1. 当時は商家の一部をタバコ屋に利用していた
2. 干し鮑や数の子など品数も豊富
3. 明治時代に誕生した大和煮の缶詰

1. 『千と千尋の神隠し』に登場する、釜爺のボイラー室の薬草棚はここの箪笥を納めた棚を参考に！
2. 両壁と天井にも収納棚が
3. 看板建築はタイルや銅板などで洋風に装飾された店舗兼住宅

武居三省堂（文具店） タケイサンショウドウ 1927年築

関東大震災後に多く建てられた看板建築のひとつ。書道用品の店舗で、壁には筆の種類ごとに収納された桐箱が並ぶ。

Center zone

1. 2階は是清の寝室や書斎として使われていた 2. 二・二六事件ののち一部を移築・復元

センターゾーン

入園口のビジターセンター（1940年築の旧光華殿）をはじめ、6つの歴史的建造物が移築・復元して展示されている。

高橋是清邸 1902年築
タカハシコレキヨテイ

ツガ材で建てられた政治家・高橋是清の自邸。歪みのあるガラス窓は明治期のものを使用。是清は建物2階で暗殺された。

木枠の窓ガラスが美しい和室で1枚♪

西ゾーン

山の手通りに面して明治から昭和の名建築が並ぶ。西側は茅葺き屋根の農家が展示されている。

前川國男邸 1942年築
マエカワクニオテイ

近代建築の巨匠、ル・コルビュジエの弟子、前川國男の自邸。外観は切妻屋根の和風、内部は吹き抜けの居間を中心に書斎や寝室を配置した造り。戦時下で資材不足のなか建ったと思えないほどモダン！

1. 居間は格子窓から光が差し込む。照明はイサム・ノグチ
2. 品川区上大崎に建造。1973年に解体され1996年復元

West zone

屋外展示物

郵便差出箱にボンネットバス、穀倉や午砲などが園内に点在する屋外展示物。歩いて探してみよう。

1970年まで使用されていた

上野消防署（旧下谷消防署）望楼上部 1925年
ウエノショウボウショ（キュウシタヤショウボウショ）ボウロウジョウブ

台東区上野5丁目にあった上野消防署の望楼（火の見櫓）。当時の高さは約23.6mで、移築復元した望楼上部は高さ約7m。

Outdoor exhibit

都電7500形 1962年
トデンナナセンゴヒャクガタ

昭和37年から42年まで渋谷駅前から新橋の間を走っていた都電（トラム）。現在運行する都電は荒川線のみ。

停留所も復元している

デ・ラランデ邸 1910年頃

建築家のゲオルグ・デ・ラランデによって平屋建てから3階建てに増築。1956年以降はカルピスの発明者、三島海雲の住居となった。

休憩SPOT

東ゾーン

たべもの処「蔵」
タベモノドコロ クラ

店蔵型休憩棟2階にある手打ちうどんの店。栃木県産の小麦粉を使った手打ちうどんは、温・冷合わせて11種類用意する。

🕐 11:00～15:30、土・日・祝は4～9月11:00～16:30、10～3月11:00～16:00

1. 武蔵野うどん650円で手打ちならではのコシを堪能しよう
2. 宮崎駿監督のサインを発見！

西ゾーン

カフェ「武蔵野茶房」
カフェ ムサシノサボウ

デ・ラランデ邸を利用したカフェ。シャンデリアや暖炉を配した洋館ならではのクラシックな雰囲気がすてき。

🕐 4～9月10:30～17:00（L.O.16:30)、10～3月10:30～16:30（L.O.16:00)

1. おいもパフェ880円はスイートポテトの上にあんことソフトクリーム 2. カルピスの発明者、三島海雲が住んでいたことからミルクカルピス627円も

渋谷駅前までGO！

黄色×オレンジ色のレトロな車体が映える♪

都電に乗ってノスタルジックな雰囲気を楽しもう

60

野外ミュージアムでノスタルジックさんぽ

プチぼうけん 13

地下1階に行こう！

左：映像展示室「土星座」ではジブリのオリジナル短編アニメーションなどを公開　右：映画に出てくるネコバスも！ 遊べるのは小学生以下限定なのであしからず

ジブリアニメの世界へ！
三鷹の森ジブリ美術館
ミタカノモリジブリビジュツカン

宮崎駿監督が名誉館主を務めるスタジオジブリの美術館。自由に回れる造りで、螺旋階段や空中廊下が備わるホールにネコバス、屋上庭園など好奇心を刺激する見どころがたくさん。

Map 別冊P.30-B1　三鷹
- 三鷹市下連雀1-1-83
- 0570-055777
- 10:00〜17:30
- 火（長期休館あり）
- 1000円（日時指定の予約制）
- JR三鷹駅南口から徒歩15分

屋上庭園に立つ、高さ約5mのロボット兵。美術館の守り神なんだとか

©Museo d'Arte Ghibli

かもが暮らしているよ

武蔵野エリアでココも行ってみよう！

ジブリの美術館や名水百選の湧水など、武蔵野市から国分寺市に点在する一度は訪れてみたいお楽しみスポットをピックアップ。

水路に沿う緑豊かな遊歩道
はけの小路
ハケノコミチ

国分寺崖線下から湧き出た水が流れる、全長約80mの遊歩道。スタジオジブリ作品『借りぐらしのアリエッティ』の舞台として大いに参考にした場所。

Map 別冊P.4-B2　小金井
- 小金井市中町1-5
- 042-383-1111（小金井市役所代表）
- 散策自由
- 無休
- 無料
- JR武蔵小金井駅南口から徒歩15分

上：江戸時代に尾張徳川家のお鷹場だった
下：真姿の池には弁財天が祀られている

歴史ある道と名水百選
お鷹の道・真姿の池湧水群
オタカノミチ　マスガタノイケユウスイグン

国分寺崖線下から湧き出る「真姿の池湧水群」と、湧水が川へそそぐ清流沿いの遊歩道「お鷹の道」は環境省選定名水百選のひとつ。歩道には四季折々の野花が咲く。

Map 別冊P.4-B2　国分寺
- 国分寺市東元町3/西元町1
- 042-325-0111（国分寺市観光協会）
- 散策自由
- 無休
- 無料
- JR国分寺駅南口から徒歩15分

上：はけの小路のはけとはこの地域で呼ばれる国分寺崖線のこと　下：近くには武蔵野公園もある

超絶かわいいシュークリーム
白髭のシュークリーム工房 吉祥寺店
シロヒゲノシュークリームコウボウ キチジョウジテン

トトロのシュークリームを作るスタジオジブリ公認のスイーツ店。有機栽培の小麦粉や北海道産バターなど、国産原料にこだわるシュークリーム420円〜は4種類。テイクアウトのみ。

Map 別冊P.30-A1
吉祥寺
- 武蔵野市吉祥寺南町2-7-5
- 0422-26-6550
- 11:00〜17:00
- 火
- JR吉祥寺駅南口から徒歩4分

1. トトロのクッキーBOX（小）500円、左からラズベリー、プレーン、コーヒー＆ヘーゼル、ココア
2. シュークリームの中身は季節限定もある
3. 吉祥寺店限定の猫バスサンド600円（数量限定）

バターサンドだよ！

左：ストロベリークリーム
右：チョコレートクリーム

©Studio Ghibli

プチぼうけん 14

都心から1時間でかなうゆる登山
高尾山の大自然でパワーチャージ

新宿から電車に揺られて高尾山口駅に降り立つと、東京とは思えない澄んだ空気に大コーフン！
都会の喧騒に疲れたら、山登りでサクッとパワーをもらってココロもカラダもスッキリ♡

高尾山ゆるハイキング

TOTAL 3〜4時間

- オススメの時間：午前中、15:00〜日没
- 予算：2000円〜

服装&持ち物アドバイス
標高は599mと低いが、歩き慣れているスニーカーと防寒&虫対策で長袖の上着はマストで持っていこう。荷物は地図とタオル、水分補給のドリンクを忘れずにリュックにまとめて。

紅葉がきれい！

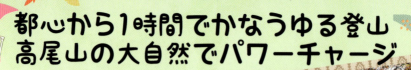

HOW TO 高尾山ハイキング

▲コースはどうやって決める？
主な登山道は1〜6号路。初心者なら道がきれいに舗装された1号路が歩きやすく、リピーターや経験者にはトレッキング要素強めの6号路もおすすめ。今回は見どころが多い1号路→4号路→いろはの森コースで頂上までGO！

▲ルール&マナー
道幅が狭い登山道ですれ違うときは登り優先。植物を荒らさないよう、コースから外れるのもNG。

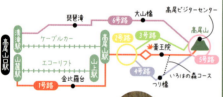

花見&紅葉の時期はサンセット狙いで！

年間約300万人、世界一の登山者数を誇る高尾山。特に春と秋は平日でも大混雑。朝イチは人が多いので、午後から登り始めて頂上でサンセットを眺めるのがツウの楽しみ方！

Map 別冊P.31-C3
高尾
◉京王線高尾山口駅かケーブルカー清滝駅まで徒歩5分

START 1
ルートを確認して1号路へ

道中の見どころや休憩ポイントなど、大まかなコースをアタマに入れてから出発しよう。高尾山スミカまでは約1時間。

初心者もOKルート

ケーブルカー清滝駅
15分間隔で運行し清滝駅から高尾山駅まで約6分。片道490円、往復950円。始発は8:00。

2 金毘羅台園地に到着

麓から徒歩30分ほどで到着する展望台。晴れた日には、八王子市街や新宿の高層ビル群がよく見える隠れ穴場スポット。

1号路は階段多め

見晴らし最高！

ふもとの寄り道スポット

カフェやショップも充実の施設
TAKAO 599 MUSEUM
タカオ ゴーキューキュー ミュージアム

プロジェクションマッピングやアクリル樹脂標本で高尾の動植物を学べるミュージアム。

Map 別冊P.31-C4
- 八王子市高尾町2435-3
- 042-665-6688
- 4〜11月11:00〜17:00（最終入館16:30）、12〜3月〜16:00（最終入館15:30）
- 無休
- 京王線高尾山口駅から徒歩5分

地元の人気洋菓子店がオープン
TAKAO COFFEE ROASTERY & CREAM
タカオコーヒー ロースタリーアンドクリーム

贅沢なコーヒーとケーキが味わえるカフェ。テイクアウトもあり、本日のコーヒーは440円。

Map 別冊P.31-C4
- 八王子市高尾町2400-1
- 042-662-1030
- 10:00〜18:00
- 無休
- 京王線高尾山口駅から徒歩5分

62

人気のドラマ&映画ロケ地MAP

テルマエ・ロマエ
古代ローマ人が時空を超え現代日本の銭湯へ迷い込む、異色のコメディ映画。続編も公開された。

主人公ルシウスが一番初めにタイムスリップした銭湯がココ

滝野川稲荷湯 タキノガワイナリユ
創業は明治末期。現在の建物は1930年築。映画では浴室の富士山のペンキ絵、脱衣所ではフルーツ牛乳を飲むシーンが登場した。

Map 別冊P.8-A2 西巣鴨 →P.52

ドラマ第4話 ヒロイン佐倉と天堂先生のキスシーン

小名木川クローバー橋 オナギガワクローバーキョウ
東西を流れる小名木川と南北に流れる横十間川の合流点に架かる十字型の珍しい橋。東京スカイツリー®も眺められる。

Map 別冊P.11-A4 大島

恋は続くよどこまでも
超ドSドクターにひと目惚れした、新米ナースの恋愛を描く胸キュンラブストーリー。

あのシーンがよみがえる！

大ヒットドラマや映画の舞台になった東京都内のロケ地をご紹介。あのシーンはここだったの！？ワクワクが止まらない！

半沢直樹
東京中央銀行のバンカー・半沢直樹が数々の困難に立ち向かう大ヒットドラマ。

東京中央銀行本店の大階段。金融庁を迎え入れるなど度々登場

東京国立博物館 トウキョウコクリツハクブツカン
本館エントランスがロケ地。帝冠様式の建物は国の重要文化財に指定されている。日本の美術、工芸などを展示。

Map 別冊P.29-A2 上野 →P.166

東京国立博物館

café 1894

おっさんずラブ
モテない独身男・春田創一が男性上司や後輩から愛される、ピュアなおっさんたちの恋愛ドラマ。

俺と結婚してください〜！

有明北緑道公園/富士見橋 アリアケキタリョクドウコウエン/フジミバシ
有明西運河沿いの緑道公園。東京タワーやお台場の観覧車も見えるビュースポット。公園横に富士見橋が架かる。

公園は部長が春田に告白。富士見橋では春田が牧にプロポーズ

Map 別冊P.11-B3 有明

2013年版で半沢と渡真利、油山の同期3人が会合したカフェ

café 1894 カフェ イチハチキュウヨン
明治期の銀行営業室を復元したカフェ。二層吹き抜けの開放的な空間で、クラシカルな雰囲気が魅力的。

Map 別冊P.12-C1 丸の内 →P.101

逃げるは恥だが役に立つ
プロの独身・津崎平匡と家事代行の森山みくりが契約結婚から本当の夫婦になっていく。

ピクニックで訪れたふたりがハグした場所

品川シーズンテラス
オフィスとバラエティに富んだ飲食店を備える複合施設。隣接する芝浦中央公園には緑の芝生が広がり、噴水や湿生花園などがある。

Map 別冊P.10-C2 品川

▲港区港南1-2-70 ☎03-6811-6443 ⑲店舗により異なる ㊡無休 ㊅JR品川駅港南口から徒歩6分

平匡のひとりランチシーンでも登場

アルバムジャケットの撮影地！

乃木坂46『それぞれの椅子』

国立新美術館 コクリツシンビジュツカン
設計は黒川紀章。コレクションを持たず、国内最大級の展示スペースで多彩な展覧会を開催している。

Map 別冊P.10-A2 六本木

▲港区六本木7-22-2 ☎050-5541-8600（ハローダイヤル）⑲10:00～18:00（展覧会により異なる、入場は閉館の30分前まで）㊡火（祝日の場合は翌平日休）㊅展覧会によって異なる ㊅地下鉄乃木坂駅6番出口直結

©国立新美術館

美しい曲線を描く独創的な建物にも注目

ダイエットは
ちょっとお休み

食べれば即シアワセ♥
おいしすぎる東京の
こだわり絶品グルメ

話題のスイーツはマストでしょ、老舗の味も気になるし、
アフタヌーンティーや横丁グルメも楽しみたい……。
あ〜、食べたいものがありすぎて困っちゃう!!
そんな迷える腹ペコちゃんの救世主、aruco編集部の
食いしん坊たちが東京で食べるべきいちおしグルメをご紹介！

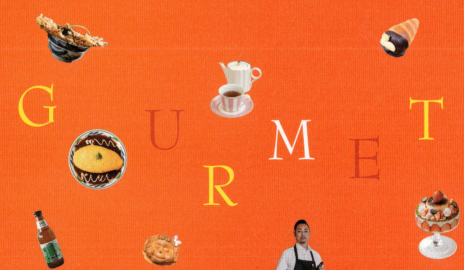

GOURMET

金柑と苺のアンサンブル ピスタチオのアイス3200円。桂花茶のパンナコッタがグラスの下段に

けむりがむくむくと♪

Shaved Ice

Lumière特製焼き氷 1200円。氷を燃やすという斬新なメニュー

メレンゲとイチゴの共演♪

アートなグラスデザート
L'atelier à ma façon

ラトリエ アマ ファソン

スプーンを入れるのが惜しくなる芸術的なデザート。森シェフは「グラスの中に文化を詰めている」と語る。器も特注。やわらかな自然光が入り込む店内は、どこで撮影しても絵になる。

Map 別冊P.6-C1　上野毛

- 世田谷区上野毛1-26-14
- 非公表
- 10:15～15:00頃
- インスタグラムで告知
- 東急大井町線上野毛駅正面口改札から徒歩1分

ショコラパルフェ
1200円

チョコクリームやシロップ、ソースなどチョコ尽くし。濃厚テイスト

燃えるかき氷が大人気

カフェルミエール

一年を通してかき氷を提供。一番人気はメレンゲの上からラム酒をかけて燃やすLumière特製焼き氷。シーズンごとにメニューは異なるが、常時8～10種ほどのかき氷をラインアップ。

Map 別冊P.30-A1　吉祥寺

- 武蔵野市吉祥寺南町1-2-2 東山ビル4F
- 050-5570-2071
- 12:00～20:00 (L.O.19:30)
- 不定休
- 予約可
- JR吉祥寺駅南口から徒歩2分

ビュイダムール オ フレーズ2021
3100円

ビュイダムールとは"愛の泉"という意味。フランスの伝統菓子がモチーフ

Glass Dessert

I love
絶品
ビジュアル
最強スイ

SNSで話題の東京ビジ
見た目のインパクトだ
GOOD。最強スイーツ

Parfait

ピスタチオとプラリネ
1600円

定番かつ人気No.1。グラスの中には悪夢を食べるバクのクッキーが

Princess belle 1800円。オレンジリキュールとデコポンを使用

オトナなシメパフェ
From 札幌
夜パフェ専門店
Parfaiteria beL 渋谷

パフェテリアベル シブヤ

札幌からやってきた夜パフェ専門店。「1日のシメにおいしいパフェでよい夢を」がテーマ。ひとつひとつの素材に妥協せず、バランスを計算し、大人が楽しめるパフェを6種類ほど提供している。

Map 別冊P.28-A1　渋谷

- 渋谷区道玄坂1-7-10 新大宗ソシアルビル3F
- 03-6427-8538
- 17:00～24:00、金・祝前日～翌1:00、土15:00～翌1:00、日・祝～24:00 (L.O.閉店の30分前)
- 無休
- 予約可 (～20:00)
- JR渋谷駅南口から徒歩3分

「ISHIYA NIHONBASHI」のソフトクリームは、北海道産生乳と白い恋人のチョコを使っているとか。極旨だった。(千葉県・咲羽)

花に囲まれて ティータイム
青山フラワーマーケット ティーハウス 赤坂Bizタワー店

 別冊 P.10-A2　赤坂

🏠 港区赤坂5-3-1 赤坂Bizタワー1F　☎03-3586-0687　⏰月・火10:00〜19:00、水〜土〜20:00、日・祝〜18:00（L.O.閉店の各30分前）　休無休　🚇地下鉄赤坂駅から徒歩1分

おしゃれなフラワーショップに併設。卵やハーブなど食材は安心・安全な農家から仕入れている。花に彩られたフレンチトーストがSNSで大人気。

ローズゼリー770円。ダマスクローズのエキスを使用

花かんむりの フレンチトースト 1320円
"終わりのない幸せ"を意味する花かんむり。フォトジェニック！

フラワーパフェ 935円。ブルガリアのバラを使用

French Toast

最強スイーツ♪

Sweets! & クイーンの 〜ツ♪

ュアルスイーツたち。けでなく、テイストもをarucoがチェック！

日本茶と和菓子のセット1200円〜。季節により変わる

Japanese Sweets

日本茶を楽しんでね♪

カネ十農園 表参道
カネジュウノウエン オモテサンドウ

日本茶+和スイーツでほっこり

1888年創業の静岡県の茶農園が運営するティーサロン。香り高いお茶とスイーツのマリアージュでお茶の可能性を広げ、新しい楽しみ方を提案している。

春香るお茶とあんみつ 桜煎茶付き1400円

ほうじ茶モンブラン お茶付き 1250円
栗餡・クリームチーズなどのクリームでプリンを包む。秋限定

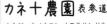 別冊 P.27-B4　表参道

🏠 渋谷区神宮前4-1-22　☎03-6812-9637　⏰11:00〜18:00（L.O.17:00）　休月、第1・3火曜　予約可 kaneju-farm.reserven.jp/reserve　🚇地下鉄表参道駅A2出口から徒歩6分

新メニュー イシヤパンケーキショコラ 1500円

北海道の美味をどうぞ

ふわっふわの 幸せパンケーキ
ISHIYA NIHONBASHI
イシヤ ニホンバシ

 別冊 P.12-A2　日本橋

🏠 中央区日本橋室町3-2-1 コレド室町テラス1F　☎03-6265-1143　⏰11:00〜23:00（L.O.22:00、パンケーキL.O.15:30）　休コレド室町テラスに準じる　🚇地下鉄三越前駅A8番出口からすぐ、またはJR新日本橋駅直結

銘菓「白い恋人」でおなじみのISHIYAが運営する北海道外初の直営カフェ。大好評のイシヤパンケーキはクリームチーズと生クリームを使い、ふわふわなのに弾力もあり絶妙な味わい。

Pancake

イシヤパンケーキ ストロベリー 1500円
フィルムを外すと花が開くように広がる。動画撮影必須です！

「L'atelier à ma façon」は3名以上での入店はNG（2名と1名で入店）。定休日はインスタで告知されるので訪れる前に要チェック。

67

こんなの初めて♡ ネオトーキョーグルメ のトリコです

今までありそうでなかった新感覚の"ネオグルメ"をご紹介。五感を刺激される、未体験の絶品グルメや非日常空間を堪能しちゃおう！

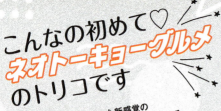

喫茶店×不純!?

サブカルの聖地に立つネオ喫茶
不純喫茶ドープ
フジュンキッサドープ

ココが新感覚
30年以上純喫茶として営業していた空間。レトロなのにスタイリッシュという異質な空間がたまらない！

「切ない気持ちのゴミ捨て場」をコンセプトに、昼はクリームソーダやプリンを、夜はアルコールも提供する喫茶店。支払いはキャッシュレス決済のみ。

Map 別冊 P.6-B2 中野
- 中野区新井1-9-3 2F
- なし
- 12:00～23:00
- 無休
- JR中野駅北口から徒歩5分

ナポリタン 968円
もっちりの太麺に、ピリッとスパイシーな黒胡椒がアクセント

昭和プリン 638円
昔懐かしいプリンはカラメルのほどよいビターさとクリームの相性がバツグン

クリームソーダ 各638円
フレーバーは写真のソーダとメロンほか2種。クリームソーダハイ638円も人気

無国籍料理 煎餅もんじゃ!?

レモンじゃ 1320円
広島県産レモンの酸味がたまらない、さっぱりいただけるもんじゃ

ニラの香りとトマトの酸味がクセになるアゼルバイジャンニラ玉もんじゃ 2200円

ココが新感覚
唯一無二ともいえる無国籍なもんじゃはもちろん、生地をパリッと焼き上げる煎餅も美味！

もんじゃの概念が覆る？
お惣菜と煎餅もんじゃさとう
オソウザイトセンベイモンジャサトウ

ヨーロッパやアジアのエッセンスを取り入れた新感覚の煎餅もんじゃが楽しめる。もんじゃに合うポルトガル産ワインや、優しい味わいのお惣菜も絶品。

Map 別冊 P.26-B2 奥渋谷
- 渋谷区富ケ谷1-9-22 富ヶ谷AIUビル1F
- 03-6804-9703
- お惣菜10:00～21:00、拉麺ともんじゃ12:00～14:00、17:00～22:00
- 不定休
- 予約可
- 地下鉄代々木公園駅1番出口から徒歩1分 ※奥座敷は別途座敷料3%

焼肉ならぬ"焼うお"専門店
築地 焼うお いし川
ツキジ ヤキウオ イシカワ

築地の人気寿司店、築地青空三代目が「炙りたての刺身を堪能してほしい」と考案した焼うおが楽しめる。赤酢の酢飯との相性抜群！

Map 別冊 P.15-C4 築地
- 中央区築地4-13-5
- 03-3541-3804
- 11:00～15:00(L.O.14:30)、17:30～22:30(L.O.22:00)
- 予約可
- 地下鉄築地市場駅A2出口から徒歩5分

焼うお定食 "最強" 3456円
特上カルビにあたる大トロなど7種の極上刺身の定食

焼肉スタイル×刺身!?

ココが新感覚
肉厚な刺身は絶妙な焼き加減により、まるでお肉のようなジューシーさと、うまみがあふれ出す！

1. 大トロはニンニクの醤油漬けと一緒に召し上がれ
2. 刺身を一番おいしく食べられるタイミングでスタッフが火入れをしてくれる

「お惣菜と煎餅もんじゃさとう」の生地の粉は、同系列店の「ナタ・デ・クリスチアノ」(→P.131)のエッグタルトと同じ配合だそう。(東京都・ポンタ)

ゼロ (0) になる
A Real Pleasure 1650円
数種類のフルーツで毎日仕込むアップルベースのフルーティな1杯

アイスランドバブル
Iceland Bubble 1320円
香りを閉じ込めた食用シャボン玉を割ってから飲む、香り高いノンアルカクテル

ノンアルコール専門 × バー!?

大人のためのノンアルコールバー
0% NON-ALCOHOL EXPERIENCE
ゼロパーセント ノン アルコール エクスペリエンス

非日常を演出した空間で、完全ノンアルコールのカクテルを堪能できる日本初のバー。香りを楽しんだりBGMを聴きながら飲むドリンクなど、五感が刺激されるものばかり。

ココが新感覚
カウンターの後ろの歪んだ鏡や、宇宙空間をイメージした内装の効果で、「飲まなくても酔える」感覚に。

Map 別冊P.30-B2　六本木
港区六本木5-2-4　なし
10:00～22:00　無休　地下鉄六本木駅3番出口から徒歩3分

ココが新感覚
天ぷらの油とシャンパンやスパークリングワインの炭酸が絶妙にマッチ！天ぷらの種類はバラエティ豊富。

おすすめ盛り合わせ
3種 1200円
カマンベールチーズ、明太子湯葉包み、味玉の3種（内容は変更あり）

天ぷらの新定番・天シャン！
天ぷら 天寅
テンプラ テントラ

肩肘張らずカジュアルに利用できる天ぷら専門店。揚げたての天ぷらとシャンパンの組み合わせが絶品。天ぷらは1品からオーダー可能。0次会利用などにもおすすめ。

シャンパンはグラス1705円、スパークリングワインはグラス660円～

天ぷら × シャンパン!

左から一番人気の大根297円、海老407円、紅生姜275円

Map 別冊P.14-A2　日比谷
千代田区有楽町1-1-2 東京ミッドタウン日比谷2F
03-6268-8177　11:00～23:00　施設に準ずる　予約可　地下鉄日比谷駅A11出口直結

Produced by 銀だこ

ネオたこセレクション 968円
タイはガパオ、中国は麻婆豆腐など、限定のたこ焼5種を食べ比べできるセット（内容は変更あり）

ココが新感覚
試行錯誤を重ねて完成した限定たこ焼は、どれもありそうでなかったワクワクするマリアージュ！

築地銀だこ × 世界各国のたこ焼!?

ネオたこ焼で海外旅行気分！
築地金だこ
ツキジキンダコ

築地銀だこが手がける、新感覚のたこ焼が楽しめる。世界各国のグルメのテイストが加わったネオたこ焼をワインと一緒に味わおう。焼そばなどおつまみメニューも用意。

Map 別冊P.14-B1　虎ノ門
港区虎ノ門1-17-1 虎ノ門ヒルズ ビジネスタワー3F 虎ノ門横丁
03-6205-4234　11:30～22:00（変更あり）　施設に準じる　地下鉄虎ノ門ヒルズ駅直結

たこ焼に合わせて2種の異なる出汁を使用

作っているところも見られる！

「0% NON-ALCOHOL EXPERIENCE」は妊娠中や子連れでも楽しめる。

テラス席で上質な時間を楽しんで

1. 緑に彩られたテラス席 2. 美しいキツネ色にうっとり。1枚1650円、2枚2420円。ティーなどドリンク付 3. アツアツで濃厚なフォンダンショコラ1045円は青山店限定 4. 生ケーキは20種ほど。席でサンプルから選べる。飲み物+330円とお得

青山ガーデン限定

ホットケーキに癒やされる♪

ウエスト青山ガーデン

1947年開業の名店・銀座ウエストの青山店。一枚ずつていねいに焼き上げるホットケーキは絶品！直径18cm、厚さ約2cmの存在感あるホットケーキをテラス席で頬張ればハッピーに。

Map 別冊P.10-A2　南青山
🏠港区南青山1-22-10
☎03-3403-1818　⏰11:00〜20:00　休無休　🚇地下鉄乃木坂駅5番出口から徒歩3分

開放感いっぱい！

和めるテラス & ワクワクルーフトップ
オープンエアのカフェをCHECK！

Terrace

焙煎中はいい香りに包まれる♪

都会のオアシスでコーヒーブレイク

コーヒーソーダは爽やかな飲み口

Little Darling Coffee Roasters
リトル ダーリン コーヒー ロースターズ

倉庫をリノベーションした空間。自家焙煎のハンドブリューコーヒーをはじめ、ラテやコーヒーソーダなども提供。フードはボリュームあるハンバーガーが人気。芝生が広がる都会のオアシス。

Map 別冊P.10-A2　南青山
🏠港区南青山1-12-32
☎03-6438-9844
⏰10:00〜19:00（L.O.18:30）　休無休　🚇地下鉄乃木坂駅5番出口から徒歩6分

1. LDCRバーガー1150円。ボックスはフライドポテト380円 2. ハンドブリューコーヒーは670円 3. ヤシの木の影が映える芝生。海外の雰囲気が漂う

70　「CANAL CAFÉ」のテラスでランチタイム。水辺の風景に癒やされ、のんびりした時間を満喫しました。（埼玉県・舞香）

1. 桜の季節は特別メニューで要予約 2. 水上のテラス席 3. ピッツァソレンティーナ1650円+ランチスペシャル1320円 4. サンセットも必見 5. イタリアで修業したシェフ、原衛三郎さん

美味の数々テラス席でご賞味を♪

水辺でランチ＆ティータイム
CANAL CAFÉ
カナルカフェ

東京の中心にありながらリゾート気分を味わえる水上カフェ。四季の移ろいを感じられるテラス席はとっておき。ランチタイムは、お堀の風景を眺めながら窯焼きのピッツァを。セルフサービスのデッキ席もある。

オープンエアのカフェをCHECK!

Map 別冊P.22-B2 神楽坂
🏠 新宿区神楽坂1-9 ☎03-3260-8068
🕐 11:30〜22:00（L.O.20:30）、日・祝〜21:30（L.O.20:00） 休 第1・3月曜（祝日の場合は営業）
🚉 JR飯田橋駅西口から徒歩2分

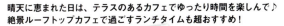

晴天に恵まれた日は、テラスのあるカフェでゆったり時間を楽しんで♪
絶景ルーフトップカフェで過ごすランチタイムも超おすすめ！

Rooftop

おしゃれな「非日常」がテーマです

1. ナイトタイムはムードが激変 2. ルーフトップにありながら木々の緑が 3. ワンプレートランチ1800円は4種のバーガーからチョイス可能 4. シェフの大久保利昭さん 5. 上空から見たカフェ＆バー。渋谷を一望できる

渋谷を見下ろすルーフトップカフェ＆バー
CÉ LA VI TOKYO
BAO by CÉ LA VI
セラヴィ トウキョウ バオ バイ セラヴィ

Map 別冊P.28-A1 渋谷
🏠 渋谷区道玄坂1-2-3 東急プラザ渋谷17F
☎0800-111-3065
🕐 11:00〜23:00、日・祝〜22:00 休 東急プラザ渋谷に準じる
🚉 JR渋谷駅西口から徒歩1分

シンガポールのラグジュアリーホテル、マリーナベイ・サンズのルーフトップなど、世界各地で展開するCÉ LA VIの日本1号店。「BAO」は、アジアンバーガーが楽しめるカジュアルなカフェ＆バー。

「ウエスト青山ガーデン」は、オムレツやキッシュ、サンドイッチなどフードも美味。併設の売店では生ケーキや焼き菓子も購入可能。

ひとりで本と向き合う

おひとりさま度 ★★★★☆
おすすめ時間帯 13:30～22:30

会話厳禁の穏やかな非日常空間
アール座読書館
アールザドクショカン

テラリウムや水槽など異なるコンセプトの座席で、読書にふけったり書き物をしたり自分と向き合う時間が過ごせるブックカフェ。

Map 別冊 P.31-A4　高円寺

- 杉並区高円寺南3-57-6 2F
- 03-3312-7941
- 13:30～22:30(L.O.22:00)、土・日・祝12:00～
- 定休 月(祝日の場合は翌火曜休)
- JR高円寺駅南口から徒歩4分

1. 緑でゆるりと区切られたプライベートな席
2. 引き出しにも仕掛けが隠されている
3. お手紙セットの用意も。書いたら店内のポストへ

紅茶680円はポットでサーブ。2時間で1杯を目安に

絶対ハズさないひとりごはんスポット

おひとりさま度 ★★★★☆
おすすめ時間帯 17:00～24:00

ひとりでバーデビュー

1杯でも大歓迎です

ひとりで夜遊びするならココへ
お一人様限定BAR
ひとり 新宿店
オヒトリサマゲンテイバーヒトリ シンジュクテン

ひとり入店が鉄則のバー。女性はチャージ無料(通常は30分500円)でノンアルメニューもあるのがポイント。

Map 別冊 P.30-B1　新宿

- 新宿区歌舞伎町2-46-7 第三平沢ビル7F
- 050-5216-6514
- 19:00～24:00、金・土～5:00(L.O.各1時間前)
- 無休
- 西武新宿線西武新宿駅北口から徒歩2分

1. カクテルはすべて1000円。リクエストにも対応可能
2. カウンター8席の店内
3. 話しかけやすい雰囲気をつくってくれる

旅人と情報交換&旅バナができる

声をかけてくださいね

cafe Stay Happy
カフェ ステイ ハッピー

オーナー夫妻
Kuratoさん & Sachiさん

世界一周を経験した夫婦が営むカフェ。開放感あふれる店内にはハンモックやコタツ席も。毎月第1金曜日に旅活イベントも開催。

Map 別冊 P.31-A3　下北沢

- 世田谷区代沢2-29-14 2F
- 03-3410-5959
- 12:00～21:00、日～20:00(L.O.各1時間前、ドリンク各30分前)
- 火・第2水曜
- 小田急線下北沢駅東口から徒歩5分

おひとりさま度 ★★☆☆☆
おすすめ時間帯 12:00～21:00

ひとりで旅の話をしにいく！

1. スープ付きの手作りパンセット1200円
2. 旅の経験談を聞くなら断然カウンター席へ。カシスココア850円。アルコールメニューも多数

おひとりさま度 ★☆☆☆☆
おすすめ時間帯 14:00～17:00

ひとりで昼からちょい呑み

スタイリッシュで明るい店内は女性ひとりでも気軽に入れる

おしゃれエリアの下町風酒場
煮込みとお惣菜スタンド ウエトミ
ニコミトオソウザイスタンド ウエトミ

キャッシュオンで1杯からサクッと飲める立ち飲みスタンド。おひとりさま限定ちょいのみセット1000円のほか、ランチも充実。

Map 別冊 P.26-B2　代々木上原

- 東京都渋谷区上原1-1-21 山口ビル1F
- 03-5790-9990
- 11:30～22:00(L.O.21:30)
- 無休
- 地下鉄代々木公園駅1番出口から徒歩3分

1. 種類豊富なクラフトビール
2. ちょいのみセットにはもつ煮込みとお総菜3種が付く
3. 話が弾むコの字型カウンター

ひとりごはんはオープン直後を狙うのが◎。ホテルのレストランやフードコートも入りやすい。

GOOD MORNING

早起きしてでも食べたい！
大満足 至福の朝ごはん

東京都内には絶品朝ごはんを味わえるお店がたくさん。ホテルで朝食もいいけど、せっかくだから外に出てみよう。1日の始まりは朝食からスタート！

築地本願寺ビュー！

南高梅梅干 / 湯葉いくら / 出汁トマト / 築地江戸一甘口昆布の佃煮 / 季節のフルーツ / 抹茶ゼリー

つきぢ松露の卵焼き / 揚げ茄子大豆ミート / 里芋田楽 / 豆腐の柚子みそ / 季節の副菜 / 海苔明太

お粥 / タコの塩麹和え / 鴨の山椒焼き / 築地紀文のお魚とうふおぼろ揚 / じゃこ味噌 / みそ汁

18品の朝ごはん（日本茶付き） 1980円
16種類のおかずとお粥、味噌汁。卵焼きや佃煮、おぼろ揚など築地の名店の味も。

小鉢の下には料理名が書かれてる♪

おいしいものを少しずつ♡

お寺でいただくヘルシー朝食
築地本願寺カフェ Tsumugi
ツキジホンガンジカフェ ツムギ

築地本願寺創建400年にあたる2017年オープン。18品の朝ごはんは、浄土真宗の御本尊・阿弥陀如来が立てた48の誓願のうち、「あなたを決して見捨てない」という18番目の願いを根本とする浄土真宗の教義にちなんで誕生した。

Map 別冊P.15-C4 築地
- 中央区築地3-15-1
- 0120-792-048（築地本願寺コールセンター）
- 8:00〜21:00（朝食は8:00〜10:30）
- 無休
- 地下鉄築地駅1番出口直結

参拝も忘れずに

動物の像は全部で13種類！探してみて

築地の町を見守る大寺院
築地本願寺 ツキジホンガンジ

浄土真宗本願寺派の仏教寺院。創建は1617年だが、幾多の火災により現在見られる本堂は1934年に再建されている。動物の像やステンドグラスなどオリエンタルな建築様式も見どころ。

Map 別冊P.15-C4 築地

1. 中央正面に本尊の阿弥陀如来を安置する　2. アジアの古代仏教建築を模した本堂　3. パイプオルガンを備えた数少ない寺院

- 0120-792-048（築地本願寺コールセンター）
- 参拝自由（本堂参拝6:00〜16:00）

「築地本願寺カフェ Tsumugi」の18品目の朝ごはん。お粥とお茶のお湯のおかわりは無料で、ついつい食べすぎちゃいました。（東京都・もち）

かつお食堂
カツオショクドウ

カツオ節ごはんを堪能しよう!

2017年のオープンから大人気のカツオを愛する永松真依さんが営むカツオ節専門店。指宿・枕崎産を中心に日本各地から仕入れる上質なカツオ節は注文を受けてから削るこだわり。

Map 別冊P.28-B1 渋谷

🏠 渋谷区鶯谷町7-12 GranDuo渋谷B1F
📞 03-6877-5324
🕐 9:00〜13:30、15:00〜18:00（曜日によって変更あり）
休 不定休
🚉 JR渋谷駅西口から徒歩7分

店主のかつおちゃんこと永松真依さん

至福の朝ごはん

朝パンセット 680円
11時までのセットメニュー。トーストはカルピスバターとチーズから選べる。

イタリア製LA MARZOCCOのエスプレッソマシーンを使用

カウンター席には電源も完備

サクラ色の特注!

バターがとろ〜り溶ける♪

カツオ節と宗田節のだし醤油1300円をおみやげに

目の前でカツオ節を削ります!

朝かつお 1500円（休日2500円）
ご飯の上に削りたてのカツオ節がたっぷり。カツオのうま味とスモーキーさが美味!

日本の伝統食・カツオ節を召し上がれ!

FEBRUARY CAFE
フェブラリー カフェ

食パンとコーヒー好きに捧ぐ

浅草の路地裏にたたずむカフェのモーニングは、オリジナルブレンドのコーヒーと老舗パン屋「パンのペリカン」のパンを使ったトーストがおすすめ。外はカリッ、中はふんわり!

Map 別冊P.16-C2 浅草

🏠 台東区駒形1-9-8
📞 03-6802-7171
🕐 8:30〜18:00（L.O.17:30）
休 無休
🚉 地下鉄浅草駅A1出口から徒歩1分

PATH
パス

朝・昼・夜、いつでも訪れたい!

オーナーシェフの原太一さんとパティシエの後藤祐一さん2人による都内屈指の名物ビストロ。カジュアルな雰囲気のなかで朝食、ランチ、ディナーといつでも本格的な料理が味わえる。

Map 別冊P.26-B2 奥渋谷

🏠 渋谷区富ヶ谷1-44-2 A-FLAT 1F
📞 03-6407-0011
🕐 8:00〜15:00(L.O.14:00)、18:00〜24:00(L.O.23:00)
休 月、第2・4火曜（ディナーは第2・4日曜）
🚉 地下鉄代々木公園駅1番出口から徒歩4分

焼き上がりまで30分。待つ幸せ♪

バターの香りがいいクロワッサン320円

朝食のオーダーは14時まで

生ハムとブッラータのダッチパンケーキ 1710円
外はサクッ、中はしっとり。メープルシロップをかけると甘じょっぱさがやみつきに。

「PATH」のホットコーヒーは「Fuglen」の浅煎りと「Little Nap COFFEE」の中深煎りの2種から選べる。

組み合わせを楽しんでください♪

yummy

国産小麦の全粒粉ベーグルに福岡産あまおうイチゴと抹茶クリームを挟んだ萌え断ベーグル！ N.N.

タヌキ アペタイジングの
抹茶C,Cと苺のベーグルサンド
590円
Ⓐ

カワイイ

中はこんなかんじ

ブーランジェリー スドウの苺大福のデニッシュ
594円
Ⓒ

さくさくのデニッシュの上にイチゴ大福がまるごとオン！ 不思議な組み合わせなのにウマい！ N.N.

パン家のどん助の
コロネコ
150円
Ⓓ

とろとろのチョコクリームがたっぷり入ったコロネにネコのクッキーをトッピング Y.F.

ゴマたっぷりでもちもち、ネコの手の形の「ごまあんぱん」 129円

エビス バインミー ベーカリーの
バインミーサイゴン
780円
Ⓔ

チャーシュー、レバーパテ、キュウリ、なますなどたっぷりの具材が軽いバゲットとマッチ Y.F.

aruco調査隊が行く!! ①

LOVE

パン好き 私たちの

東京には見た目もかわいい、パン好き編集者が「推しパン」

BREAD

群馬県産小麦を使った長時間発酵のパンドミ。ずっしりもっちりで、そのままでもおいしい A.Y.

パン デ フィロゾフのASAMA
680円
Ⓑ

ジンジャー＆ワインで煮たリンゴ入りのポミエ
680円

Ⓐ
萌え断ベーグルが話題！
タヌキ アペタイジング

勝どきの裏路地にひっそりたたずむベーグル屋さん。美しい断面に厳選した素材を使ったユニークな組み合わせのフィリングは感動もの。

Map 別冊 P.11-B3　勝どき
🏠東京都中央区勝どき4-10-5 としの荘103　☎非公開
🕐7:00～19:00、日10:00～（売り切れ次第終了）　🈺月・火・木・土　🚇地下鉄勝どき駅A4a出口から徒歩3分

Ⓑ
並んでも買いたい
パン デ フィロゾフ

ドミニク・サブロンなどで活躍した榎本哲シェフの店。製法や粉にこだわり長時間発酵させたパンの数々はどれもスペシャリテ級。

Map 別冊 P.22-A1　神楽坂
🏠新宿区矢来町1-8
☎03-6874-5808
🕐10:00～19:00　🈺月
🚇地下鉄神楽坂駅1a出口から徒歩4分

Ⓒ
行列ができる街のベーカリー
ブーランジェリー スドウ

シンプルで飽きのこない食パンから、タルティーヌなどのお惣菜パン、贅沢なフルーツのデニッシュまで、毎日食べたいパンがずらり！

Map 別冊 P.6-C2　世田谷
🏠世田谷区世田谷4-3-14
☎03-5426-0175
🕐10:00～19:00（火曜不定休）　🈺日・月
🚇東急世田谷線松陰神社前駅から徒歩1分

Ⓓ
コスパの高さも人気の秘密
パン家のどん助

東新宿駅から歩いて約5分、地元民に愛される隠れた名店。どこか懐かしい雰囲気のパンはどれもおいしくリーズナブルな価格もうれしい。

Map 別冊 P.30-B1　新宿
🏠新宿区新宿7-13-3
☎03-3203-6671
🕐7:30～18:30　🈺日・月
🚇地下鉄東新宿駅A2出口から徒歩4分

Ⓔ
えびすストアの一角にある
エビス バインミー ベーカリー

本場ベトナムの老舗ベーカリーの製法で作られた自家製パンが自慢。レトロな商店街の一角にあり、現地ベトナムにいるような雰囲気もいい！

Map 別冊 P.28-B2　恵比寿
🏠渋谷区恵比寿1-8-14 えびすストア内　☎03-6319-5390
🕐11:00～20:00　🈺不定休　🚇JR恵比寿駅西口から徒歩2分

「ビーバーブレッド」は、オリジナルのエプロンやトートバッグもかわいい。要チェック！（東京都・RIRI）

中はこんなかんじ

東京のNo.1カレーパンと評判。存在感のある野菜の甘みと、チーズとカレーのコクが絶妙に口で溶け合う！ **N.N.**

バゲットラビットの
ブール
464円 Ⓕ

ブーランジェリーセイジアサクラの
チーズカレー
356円 Ⓖ

リピーター続出の人気メニュー。とっても大きくて、水分の多いモチモチ食感がGood！ **A.Y.**

ブールを使ったフランボワーズのフレンチトースト324円

ほかのパンもおすすめですよ

編集者が選ぶ「推しパン」！

絶品パンがたくさん！本当におすすめしたいはこちら！

BREAD

食感がやみつきになりますよ

nice

私たちの「推しパン」

ビーバーブレッドの
カカオニブメロンパン
280円 Ⓘ

ブリオッシュにさわやかなレモンクリームがたっぷり。エディブルフラワーがかわいい **Y.F.**

レカーの
ヴァームデニッシュ
410円
Ⓗ

中しっとり外はカリッと、スーパーフードのカカオニブがアクセント。甘くないオトナの味のメロンパン！ **N.N.**

煮干しパスタ店、sisi煮干喰とのコラボsi.si.ニボパン650円。金・土昼のみ

繊細なデニッシュ生地に、その場で詰めてくれるカスタードクリームが絶品！ **A.Y.**

お総菜系デニッシュもチェック！クロックムッシュ440円

ピスタチオの風味が広がる、ふんわりクリームにピスタチオをトッピング、Wのおいしさ！ **Y.F.**

♥100

なんすかぱんすかの
マリトッツォ リモーネ ピスタッキオ
430円
480円 Ⓙ

Ⓕ
名古屋発の有名ブーランジェリー
バゲットラビット

スタイリッシュな店内の壁に飾られたバゲットが印象的。おやつ系、ハード系ともに種類が多く、どれも優しい小麦の味を味わえる。

Map 別冊P.31-B3　自由が丘
🏠目黒区自由が丘1-16-14 プルメリア自由が丘1F ☎03-6421-1208 ⏰9:00～20:00 休年末年始 🚇東急東横線自由が丘駅北口から徒歩6分

Ⓖ
真っ赤な外観がおしゃれ
ブーランジェリー
セイジアサクラ

ユズ、ブドウ、ホップと、自家製酵母の材料にこだわる風味豊かなパンに出合える名店。大人も子供も満足の幅広いラインアップも魅力。

Map 別冊P.10-B2　高輪台
🏠港区高輪2-6-20 朝日高輪マンション104号 ☎03-3446-4619 ⏰9:00～17:30 休木 🚇地下鉄高輪台駅A1出口から徒歩5分

Ⓗ
代官山のデニッシュ専門店
レカー

北海道産の小麦とバターを使用。素材のおいしさにこだわった、見た目も芸術的なデニッシュが並ぶ。甘い系だけでなくお総菜系も人気！

Map 別冊P.28-B2　代官山
🏠渋谷区代官山町9-7 サインビューハイツ代官山1F ☎非公開 ⏰10:00～17:00（なくなり次第閉店）休火・水 🚇東急東横線代官山駅北口から徒歩7分

Ⓘ
本格派の新しいパンに出合える！
ビーバーブレッド

オーナーシェフは有名ブーランジェリーでシェフを務めた割田健一さん。定番をアレンジしたユニークなパンは見ているだけで楽しくなる。

Map 別冊P.9-C3　日本橋
🏠中央区東日本橋3-4-3 ☎03-6661-7145 ⏰8:00～19:00 休月・火 🚇地下鉄馬喰横山駅A2出口から徒歩3分

Ⓙ
裏原宿にある予約必須の有名店
なんすかぱんすか

アーティスティックでカラフルな外観が目印。こぢんまりとした店内には、わくわくするようなユニークなネーミングのパンがずらり。

Map 別冊P.27-B3　原宿
🏠渋谷区神宮前3-27-3 ☎080-7817-5944 ⏰10:00～16:00 休月・火・水 🚇JR原宿駅竹下口から徒歩10分

パン屋めぐりをするなら、飲料水、ウエットティシュ、フリーザーバッグ、エコバッグを持っていくのがおすすめ！ 77

野菜が主役の
ごちそうレストランへ

ベジタリアンやヴィーガン、プラントベースなど、トレンドのセンターに立つのは野菜たち。おいしくてヘルシーなひと皿をご紹介！

江戸東京野菜とは？
江戸時代から昭和中期までの在来種の野菜や在来の栽培方法で作られる野菜のこと。東京の伝統野菜としてメニューで見かけることも多い。

10種の東京野菜と秋川牛のポワレ　7700円
赤ワインソースでいただく東京のブランド牛のポワレは、奥多摩産ワサビで変化をつけて

イタリアン　おいしいヴィーガンコースが話題

ファロ

イタリア料理の伝統と先進性に、日本の豊かな食材や文化を融合したモダンで独創性あふれる料理を提供。シェフが"制限ではなく、新しい表現"と語るヴィーガン料理に、誰もが驚く。

Map 別冊P.15-B3　銀座
🏠中央区銀座8-8-3 東京銀座資生堂ビル10F ☎0120-862-150、03-3572-3911 ⏰12:00～13:30(L.O.)、18:00～20:30(L.O.) 休日・月・祝 要予約 地下鉄新橋駅銀座口から徒歩5分または地下鉄銀座駅A2出口から徒歩7分

しろいし蓮根のラビオリ　ランチコース8000円
（ヴィーガン6品）パスタの一例
しろいし蓮根と有明のりを詰めたラビオリを、ゆずが香る野菜からとったスープに浮かべて

フレンチ　野菜が主役のナチュラルフレンチ

mikuni MARUNOUCHI
ミクニマルノウチ

フラワーショップと共同経営のため、季節の花で華やかな空間に演出

野菜はもちろん、肉、魚、フルーツまで、食材の幅の広さ、おいしさを知ってほしいと、東京産の食材を中心に仕入れ、フランス料理を取り入れている。野菜それぞれの色や形を生かした皿の上は、彩り豊かでアートのような美しさ。

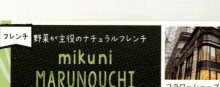

Map 別冊P.12-C1　丸の内
🏠千代田区丸の内2-6-1 丸の内ブリックスクエア アネックス2F ☎03-5220-3921 ⏰11:00～15:30(L.O.14:30)、17:30～23:00(L.O.21:00) 休ビルに準じる JR東京駅丸の内南口から徒歩4分または地下鉄二重橋前駅1番出口から徒歩2分

菊芋のミルフィーユ　ランチコース8000円
（ヴィーガン6品）前菜の一例
低温で揚げた菊芋チップとペーストを重ね、コーヒーコンブチャや黒糖のシロップをアクセントに

タリアテッレ ヴィーガンボロネーゼ　ランチコース8000円
（ヴィーガン6品）パスタの一例
もっちりした卵不使用のタピオカ粉を使ったパスタに、きのこのうま味たっぷりのソースをかけて

色々東京野菜の取り合わせ　2550円
10種類以上の東京野菜を使ったサラダ。タマネギとマスタードのヴィネグレットをかけて

江戸東京野菜特有の個性を生かしています
シェフ 黒石智裕さん

ヴィーガンじゃない私ですが「FARO」のヴィーガンコースは感動的なおいしさでした。また食べたい！（東京都・U）

78

あきる野市 東京軍鶏と
江戸東京野菜の蒸し煮
プリフィックスコース5500円メインの一例
寺島ナスのほか旬の野菜
をふんだんに使ったひと
品。野菜の旨味をまとっ
た弾力ある軍鶏も絶品

薬膳鍋
健康美を求める女性に大人気
Shangri-La's secret
表参道
シャングリラズシークレット オモテサンドウ

中国雲南省のきのこスープに着
想を得た、きのこしゃぶしゃぶ
専門店。独自のルートで仕入れ
る新鮮で希少価値の高いき
のこを、数十種類の乾燥き
のこのみを煮込んだ滋味深
いスープでいただく。

Map 別冊 P.28-A2 表参道

🏠 渋谷区 神宮前5-46-7 GEMS AOYAMA CROSS3F ☎ 03-6450-5543 🕐 11:30～15:00 (L.O.14:30)、15:00～23:30 (L.O.22:30) 休 不定休 🚇 地下鉄表参道駅B2出口から徒歩4分

1. 開放的なテラス席がうれし
い。ひとりひと鍋で提供され
るので衛生的 2. スタイリッ
シュでシックな店内

野菜が主役のごちそうレストランへ

マッシュルーム
シャングリラサラダ
1100円
ケールにきのこのソテー
とマッシュルームをたっ
ぷりのせた名物サラダ。
ランチのみの提供

/映えカベ!

フレンチ
和の食材をフレンチの技法で昇華
和食器 フレンチ
Komorebi
ワショッキ フレンチ コモレビ

江戸～明治の
和食器も
使っています

シェフ
林 和孝
さん

江戸東京野菜、東京軍鶏、秋川
黒毛和牛、江戸前や伊豆大島直
送の魚など、東京でとれる食材
にこだわる店。日本の美意識を
感じる和食器と、野菜料理が描
く美しい盛り付けも見もの。

Map 別冊 P.6-A1 練馬

🏠 練馬区上石神井1-39-25 メゾン
ヤマザキ1F ☎ 03-6904-8797
🕐 12:00～15:00、17:30～23:00
(L.O.22:00) 休 不定休 🚇 西武
新宿線上
石神井駅
南口から
徒歩5分

1. 店内にはカウンター席とテー
ブル席あり 2. 東京でとれる食
材を使ったフレンチを、ちょっ
とレトロな器に盛り付ける

きのこしゃぶしゃぶ
宝茸黒鳥
7480円コースより
きのこや野菜を秘伝の
スープでしゃぶしゃぶに。
うま味が染み出し、味わ
いが変化する体験型鍋

ベーカリー
100%ヴィーガンのベーカリーが登場!
"おいしいヴィーガン" 店を発見
UNIVERSAL BAKES AND CAFE
ユニバーサル ベイクス アンド カフェ
世田谷

バターや牛乳、卵など
の動物由来の材料を一
切使わず、パン本来の
うまさや食感を実現。
みんなに選ぶよろこび
を!というオーナーの
思いにあふれている。

Map 別冊 P.31-A3

🏠 世田谷区代田5-9-15
☎ 03-6335-4972
🕐 8:30～18:00
休 月・火 🚇 小田急
線世田谷代田駅北口
出口から徒歩2分

クロワッサン363円
大豆由来の油脂や
ナッツでバター不
使用とは思えない
食感と香ばしさ!

メロンパン330円
ココナッツの焼き
菓子みたいな甘さ
と塩気を感じる、店
を代表するひと品

日差しが心地よい店内と
テラス席では、イートイ
ンも可能。スープも人気

フランボワーズ
ショコラ352円
フランボワーズの酸
味とチョコの甘さが
絶妙なバランス

ヴィーガン
じゃない人も
大歓迎です!

ベイカー 丸山さん

ヴィーガンとは、肉や魚はもちろん、乳製品やハチミツなども含め動物由来のものを食べない食生活を実践する人のこと。

ご当地おやつ
神楽坂＆麻布

老舗に加え最新店も続々登場 この地ならではの極上お

1 日本唯一のペコちゃん焼販売店
不二家 飯田橋 神楽坂店
フジヤ イイダバシ カグラザカテン

ペコちゃんの型を用いた大判焼きは、餡に定番のあずき、チョコレートなどに加え、カントリーマアム味や季節替わりなどもあり。

写真はミルキークリーム200円、定番は160円

Map 別冊 P.22-B2　神楽坂
🏠 新宿区神楽坂1-12　☎ 03-3269-1526　🕙 10:00～20:00（ペコちゃん焼の焼き終わりは～18:00）　休 無休　🚇 地下鉄飯田橋駅b3出口から徒歩1分

2 東京の中華まんといえばここ！
元祖 五十番 神楽坂本店
ガンソ ゴジュウバン カグラザカホンテン

1957年創業。2017年神楽坂上に移転した神楽坂を代表する中華饅頭店。1食分になりそうなほどボリューム満点。

Map 別冊 P.22-A1　神楽坂
🏠 新宿区神楽坂6-4　☎ 03-3260-0066　🕙 10:00～20:00　休 年末年始　🚇 地下鉄牛込神楽坂駅A3出口から徒歩2分

左上からビリ辛肉まん470円、元祖肉まん420円、海老にらまん380円

具だくさん！五目肉まん600円

3 テオブロマのジェラート専門店
ジェラテリア テオブロマ 神楽坂
ジェラテリア テオブロマ カグラザカ

スパイラルはテイクアウト730円、店内836円

ヨーロッパのような雰囲気の一画にある、名ショコラティエ・土屋公二さんの店。毎朝作るジェラートが何種類も並び、テイクアウトのほかカフェでも食べられる。

Map 別冊 P.22-A1　神楽坂
🏠 新宿区神楽坂6-8 Borgo Oojime 1F　☎ 03-5206-5195　🕙 10:30～19:30　休 月（祝日の場合は営業）、年末年始　🚇 地下鉄神楽坂駅1b出口から徒歩4分

コロッケもおすすめ

1日200個を売る男爵コロッケは、170円とリーズナブル

4 素材にこだわる精肉店の揚げ物
大野屋牛肉店
オオノギュウニクテン

1961年創業。厳選素材を使用した揚げ物を、店頭で購入し味わえる。絶えず売れ続け補充するので、いつでも揚げたてのようなおいしさ♪

上：松阪牛と和牛のビーフメンチ260円　下：スコッチエッグ350円

Map 別冊 P.22-A1　神楽坂
🏠 新宿区神楽坂6-8　☎ 090-1842-2311　🕙 10:30～19:00　休 年末年始　🚇 地下鉄神楽坂駅1b出口から徒歩2分

5 東京マイスターが作る和菓子
御菓子司 神楽坂 梅花亭
オカシツカサ カグラザカ バイカテイ

芸術学科卒で、東京マイスターや「優秀和菓子職」に認定され、外務省の派遣で海外で講演も行う現主人。紡ぐ和菓子は芸術的に美しい。

左：神楽坂福来猫もなか各275円　下：三代目正男のレモン大福253円。瀬戸内レモン使用

Map 別冊 P.22-A1　神楽坂
🏠 新宿区神楽坂6-15 神楽坂梅花亭ビル1F　☎ 03-5228-0727　🕙 10:00～19:00　休 不定休　🚇 地下鉄神楽坂駅1b出口から徒歩1分

✉ ペコちゃん焼は、たまに男の子のポコちゃん焼が買えることもあるらしいです。偶然買えたらラッキー！（東京都・AY）

が食べたい！
十番の商店街へ

するふたつの人気商店街。
やつを食べ歩きしちゃお♪

食べ歩き楽し〜♪

一丁焼きで天然ものと呼ばれるたいやき180円

しっぽまであんが詰まってる！
1 浪花家総本店
ナニワヤソウホンテン

1909年創業の老舗。伝統的製法で特製の型を使い、1匹ずつ焼き上げる。香ばしく焼けた薄皮で、8時間かけて炊き上げた小豆を包む。

Map 別冊P.30-C2 麻布十番

- 港区麻布十番1-8-14
- 03-3583-4975
- 10:00〜19:00（店内飲食は11:00〜）
- 火（祝日の場合は翌日休）、第3水曜
- 地下鉄麻布十番駅7番出口から徒歩2分

港区の高級住宅地にありながら、下町の雰囲気を漂わせる街。老舗の店舗も多く、特に和の食べ歩き店がたくさん点在している。

麻布十番 アザブジュウバン

店頭で揚げる塩おかき756円。揚げたてが食べられるのもこの店ならでは

江戸時代から続く豆菓子専門店
2 麻布十番 豆源本店
アザブジュウバン マメゲンホンテン

1865年創業。上等な魚沼産こがねもち米を使用。50種以上の豆菓子、30種以上の米菓を揃える。必ず一度は材料の天日干しをし手間をかけている。

Map 別冊P.30-C2 麻布十番

- 港区麻布十番1-8-12
- 0120-410-413
- 10:00〜18:30
- 火曜不定休
- 地下鉄麻布十番駅7番出口から徒歩2分

世界初のマルゲラの支店
3 Gelateria Marghera 麻布十番店
ジェラテリア マルゲラ アザブジュウバンテン

ミラノの行列ができるジェラート専門店が、海外に初めて設けたショップ。月ごとにフレーバーが変わるのも、楽しみのひとつ。

Map 別冊P.30-C2 麻布十番

- 港区麻布十番2-5-1 1F
- 03-5772-3283
- 11:30〜22:30
- 火
- 地下鉄麻布十番駅4番出口、7番出口から徒歩4分

テラスで食べよ！

2種フレーバーでジェラート グランデ720円〜

ベイユヴェール 麻布十番 / 麻布十番たぬき煎餅 P.164 / 月島家 / きみちゃん像 / 網代公園 / 麻布通り / 麻布十番大通り

手焼きにこだわる和菓子店
4 麻布十番 紀文堂
アザブジュウバン キブンドウ

ワッフルと人形焼の側生地を一つひとつ手焼きし、あんやクリーム、ジャムなどを詰めていねいに仕上げる、今では貴重な店。

ワッフル150円〜の餡はジャム やカスタード、抹茶、紫いもあんなど

3代目が手焼きしている人形焼き1個120円

Map 別冊P.30-C2 麻布十番

- 港区麻布十番2-4-9
- 03-3451-8918
- 9:30〜19:00
- 火
- 地下鉄麻布十番駅4番出口、7番出口から徒歩3分

玉子サンドの有名店の名物！
5 天のや
アマノヤ

だしたっぷりの玉子サンドで知られる店の、知る人ぞ知る人気アイテムが丹波大納言100%の贅沢な小倉トースト1078円（店内）。

Map 別冊P.30-C2 麻布十番

- 港区麻布十番3-1-9
- 03-5484-8117
- 12:00〜16:00、16:30〜22:00
- 火、その他不定休
- 地下鉄麻布十番駅1番出口から徒歩1分

「麻布十番 豆源」の塩おかき以外のおすすめはモッツァレラアーモンド540円、抹茶378円！

83

LET'S EAT UP!

東京を代表する3大市場で"おいしい"を食べつくそ！

全国からとれたてのおいしいものが集まる市場は、飲食店のバラエティも豊富。早起きして絶対訪れたい、おすすめ店をご紹介します！

おまかせセット 4800円
旬のネタ9貫＋巻きもの1貫に、好きなネタを1貫サービス！

01

世界から旬の食材が集まる
豊洲市場
トヨスシジョウ

水産物や青果物を扱う総合市場。39のバラエティ豊富な飲食店はもちろん、乾物などの食料品などが集まる「魚がし横丁」やギャラリーなど、見どころたくさん！

Map 別冊P.11-B3 豊洲

🏠 江東区豊洲6-9-1　⏰5:00〜15:00（店舗により異なる。2021年6月現在入場を一部制限している可能性あり）　休日・祝、休市日　🚇ゆりかもめ市場前駅豊洲方面出口直結

天ぷらもつく一番人気のマグロ刺身定食 1350円

B 5街区
天ぷらを食べるならここ！
天房 テンフサ

青果棟で働く人にも人気の天ぷら専門店。香ばしいタレが特徴の天丼はボリューム満点！お値段も良心的でうれしい。

Map 別冊P.11-B3 豊洲

🏠 江東区豊洲6-3-2 青果棟1F　📞03-6633-0222　⏰7:00〜13:30（材料がなくなり次第終了）　休日・祝、休市日

天丼 950円
特製のタレがたっぷりでご飯との相性も抜群！

A 6街区　つまみも豊富に揃う
寿司大 スシダイ

毎日仕入れる極上のネタのみを使い、一貫ずつていねいに握る江戸前寿司が楽しめる。

Map 別冊P.11-B3 豊洲

🏠 江東区豊洲6-5-1 水産仲卸売場棟3F　📞03-6633-0042　⏰6:00〜14:00　休日・祝、休市日

江戸前握り

豊洲市場MAP

市場TIPS
マグロ用市場では鮮度を確かめるために、尾を切り落として並べられていて、その断面が見えやすいように、床を緑色にしているのだそう。

食後にぴったりなミルクコーソフト 460円

D 6街区　豊洲市場散策の合間にひと休み
センリ軒 センリケン

昔ながらの喫茶店。ジューシーなカツサンドや優しい味わいのクリームシチューが自慢。

Map 別冊P.11-B3 豊洲

🏠 江東区豊洲6-5-1 水産仲卸売場3F　📞03-6633-0050　⏰4:00〜13:00　休日・祝、休市日

スペシャルセット 1790円（トーストをヒレカツサンドに変更）
モーニングにぴったりのセット。トーストのセットは1230円

カフェ

海鮮丼

よくばり8点丼 2805円
旬の食材8点を贅沢にオン！お味噌汁付き

C 6街区　100年以上続く老舗海鮮丼店
海鮮丼大江戸 カイセンドンオオエド

目利きのプロが仕入れる旬の魚介をふんだんに使用した、豪華な海鮮丼が食べられる。秘伝のお酢で作る酢飯にもこだわる。

Map 別冊P.11-B3 豊洲

🏠 江東区豊洲6-5-1 水産仲卸売場棟3F　📞03-6633-8012　⏰9:00〜14:30、土7:00〜15:30　休日・祝、休市日

マグロ好きにはたまらないマグロ4点丼 2420円

84　大田市場の管理棟は天井が高く、風通しもよいので感染症対策としてもバッチリだなと思いました！（東京都・マンモス）

E 食後のコーヒーブレイクにぜひ
Mejicafe メジカフェ
お店で焙煎した香り高いコーヒー豆を、ハンドドリップで提供してくれるカフェスタンド。

`Map` 別冊P.15-C4　築地

🏠中央区築地4-11-7（まぐろの大賀横）☎03-3541-8196（まぐろの大賀）⏰8:00～15:00 休月（祝日の場合、翌火曜）、水曜不定休、休市日 🚇地下鉄築地駅1番出口から徒歩4分

F 見た目も味も◎なイチゴスイーツ
築地 そらつき ツキジソラツキ
専門のバイヤーから仕入れる、旬のイチゴを使ったスイーツがずらりと揃う。

`Map` 別冊P.15-C4　築地

🏠中央区築地4-11-10 ☎03-6228-4500 ⏰9:00～17:00 休無休 🚇地下鉄築地駅A1出口から徒歩1分

G 焼き立てのアツアツ玉子焼き
築地 山長 ツキジヤマチョウ
契約養鶏場直送の新鮮な卵を伝統の出汁で焼き上げる。店頭でできたてをいただこう！

`Map` 別冊P.15-C4　築地

🏠中央区築地4-10-10 ☎03-3248-6002 ⏰6:00～15:30 休無休 🚇地下鉄築地駅A1出口から徒歩1分

築地いちご大福
こしあん（左）
つぶあん（右）
各350円 F
イチゴの甘さもお餅の食感も楽しめる

ハンドドリップ
コーヒー450円（S）
550円（R） E
浅煎り、中煎り、深煎りと焙煎具合で選べる

02

市場TIPS
総合案内所「ぷらっと築地」内にはコインロッカーがあるので、大きな荷物はここで預けると便利。

築地場外市場
ツキジジョウガイシジョウ
約400の専門店が軒を連ねる総合市場。鮮魚や肉などの食品、包丁といったプロの料理道具など食に関するものなら何でも揃う。

`Map` 別冊P.15-C4　築地

🏠中央区築地4-16-2 店舗により異なる 🚇地下鉄築地駅A1出口から徒歩1分、地下鉄築地駅1・2番出口から徒歩2分

クッキーがキュート

バスクチーズ
ケーキ 500円 E
お店で手作りするバスクチーズケーキはまったり濃厚♪

ゆっくりしてってね♪

3大市場で"おいしい"を食べつくそう！

食べやすい

串玉
各100円 G
添加物不使用でやさしい甘さが特徴

いちご
ミルキーソフト
ミックス600円 F
見た目もかわいいクリーミーなソフトクリーム

いちご
ブリュレクレープ
650円 F
少しビターなクレームブリュレのクレープ

03

市場TIPS
花き棟で行われるせりは、電光掲示板と商品見本を見ながら、手元のボタンで値段を決める。

大田市場 オオタシジョウ
穴場店も多いディープな市場！

平成元年に3つの市場を統合して開設。青果棟・水産物棟・花き棟があり、事務棟と関連棟には定食屋さんやカフェが軒を連ねている。

`Map` 別冊P.5-C4　大田

🏠大田区東海3-2-1 店舗により異なる 休日・祝、休市日 🚇東京モノレール流通センター駅からバスで10分。

濃厚バナナミルク
350円（左）
グリーンスムージー
400円（右） H
グリーンスムージーは3種の果物入りでとってもフルーティー！

食後にいかが？

H 果物の専門店が手がける
JUICE BY YOU ジュースバイユー
注文を受けてから果物や野菜をブレンドするジュースはどれもエネルギッシュな味わい。季節限定フレーバーもチェック。

`Map` 別冊P.5-C4　大田

🏠大田区東海3-2-7 大田市場第一関連事業者棟 ☎03-5755-9022 ⏰7:00～13:00 休市日

生カキフライ
定食1300円 I
毎年10月頃から提供。大ぶりで食べ応え抜群

ふわふわ
アジフライ

I ふわふわのフライは必食
鈴富 スズトミ
素材のおいしさを生かした煮込みや焼き魚揚げものなど、どのメニューも絶品。おなかいっぱい味わおう♪

`Map` 別冊P.5-C4　大田

🏠大田区東海3-2-7 大田市場第一関連事業者棟 ☎03-5492-5891 ⏰6:30～13:30 休市日

生アジフライ定食1000円 I
生のアジを使用。外はカリッと身はふんわり

三花丼
2000円 J
季節の海鮮は殻つきの牡蠣がのることも！

J 江戸から続く日本料理の名店
かんだ福寿 カンダフクジュ
旧神田市場から移転しオープン。名物の穴子丼は大ぶりながらペロリと食べられる。季節の海鮮丼も見逃さずに！

`Map` 別冊P.5-C4　大田

🏠大田区東海3-2-1 大田市場事務棟2F ☎03-5492-5872 ⏰7:30～18:00（宴会は21:00まで可）、休市日10:00～14:00 休日・祝

ドでか
穴子天！

穴子天丼
1500円 J
ふんわりとした身の穴子とサクサクの衣がたまらない

市場の各店舗では、スタッフはマスクを着用し徹底した感染症対策の上、営業中。

みつ豆
甘い蜜と塩味の赤えんどう豆が絶妙のバランス。680円

天丼
丼からはみ出すエビと白身魚、かき揚げがのった上天丼は絶品。1950円

since 1902
浅草で和菓子といえばココ！
舟和本店
フナワホンテン

本店の2、3階は雰囲気のあるレトロモダンな喫茶室。1階売店も充実

芋ようかんで有名な舟和だが、実は寒天やパインを盛り付け現在のみつ豆を作った元祖。みつ豆を提供する喫茶店「みつ豆ホール」が評判となり全国的なブームに。

Map 別冊 P.16-B2　浅草
- 台東区浅草1-12-10　☎03-3842-2781
- (喫茶) 10:30〜19:00 (L.O.18:30)、土・日・祝10:30〜19:30 (L.O.19:00)　無休
- 地下鉄浅草駅1番出口から徒歩5分

since 1837
現存する最古の天ぷら屋
三定
サンサダ

ごま油でカラリと揚げた江戸前天ぷらを伝統の天つゆにくぐらせた天丼はボリュームたっぷり。歴代店主が調理場に立って江戸の味を守り続けてきた老舗の一品を！

Map 別冊 P.16-B2　浅草
- 台東区浅草1-2-2　☎03-3841-3200
- 11:00〜21:30 (L.O. 21:00)　要問い合わせ
- 地下鉄浅草駅1番出口から徒歩1分

定番の味のルーツはここ！
歴史を「東京発祥」

メディアで取り上げ人気の名店が大集合。オリジナルの味を

もちチーズ 明太子もんじゃ
おもち＋チーズのトロトロ感はまさに絶品。1650円

メニューは240種類以上！

フード＆スイーツも充実した魅惑の純喫茶！

ピザトースト
外はサクッ＆中はふわふわの厚切りパンにとろ〜りチーズが

since 1950
もんじゃ激戦区月島で最古の店
もんじゃ 近どう
モンジャ コンドウ

昭和25年創業。定番から進化系までメニューは60種以上あるが、味付けのソースや基本食材は初代女将のレシピそのまま。清潔な店内もうれしい。

Map 別冊 P.11-A3　月島
- 中央区月島3-12-10　☎03-3533-4555
- 17:00〜22:00 (L.O.21:30)、土・日・祝11:30〜　無休　地下鉄月島駅10番出口から徒歩3分

since 1957
元祖ピザトーストを食べてみよう！
café 紅鹿舎
カフェ ベニシカ

ピザをもっと気軽に食べられるようにと創業者の奥様が考案して、日本初のピザトーストが生まれた。昭和レトロな店内の雰囲気もステキ。

Map 別冊 P.15-A3　有楽町
- 千代田区有楽町1-6-8 松井ビル1F　☎03-3502-0848
- 9:30〜23:45、土・日・祝9:00〜　無休　地下鉄日比谷駅a4出口から徒歩1分

これがプロの焼き方です！

もんじゃのおいしい焼き方

1 土手を作る

鉄板に油を引き、具材を取り出して軽く炒めてから、大きな土手を作る

2 土手の中に汁を投入

汁をよくかき混ぜ、土手から流れ出さないよう少しずつ入れる

3 汁をかき混ぜる

鉄板の上でときどき汁をヘラでかき混ぜながら、泡がブクブクするまで待つ

86　数年前に東京メトロのCMで見て、ず〜っと気になっていた「café紅鹿舎」の元祖ピザトースト、大満足でした！（埼玉県・かな）

華やかなインテリアに囲まれる

資生堂パーラー 銀座本店サロン・ド・カフェ
シセイドウパーラー ギンザホンテン

since 1902

この地に、日本初のソーダ水とアイスクリームの製造販売を行った「ソーダファウンテン」が開設されたのが、資生堂パーラーの始まり。

Map 別冊P.15-B3　銀座
- 中央区銀座8-8-3 東京銀座資生堂ビル3F
- 03-5537-6231
- 11:00～21:00（L.O.20:30）、日・祝～20:00（L.O.19:30）
- 月（祝日の場合は営業）
- 地下鉄新橋駅1番出口から徒歩5分

アイスクリームソーダ
レモンとオレンジのアイスクリームソーダ各1150円

©資生堂パーラー
赤レンガ色の外壁と華麗な内装に心ワクワク

上明治誕生オムライス（2100円）下：エビフライ（2500円）も、ここが発祥

煉瓦亭
レンガテイ

since 1895

元祖ポークカツレツ

洋食の元祖メニュー多数

日本の洋食はここから始まったとも言われる、明治28年創業の老舗。レトロな店内で味わう人気メニューは、おなじみの味も、驚きの味も！

サクサクの衣に包まれた国産豚のロースは、飽きのこない優しい味

「東京発祥」の一品

Map 別冊P.15-A3　銀座
- 中央区銀座3-5-16
- 050-5872-1852
- 11:15～15:00（L.O.14:30）、16:40～21:00（L.O.20:30）
- 日
- 地下鉄銀座駅A12出口から徒歩2分

召し上がれの一品

られることも多い
「初めてなのに懐かしい」
ぜひ体験して！

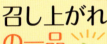

紀の善
キノゼン

四季折々のメニューが楽しめる

since 1948

上品な小豆あん、宇治抹茶、ホイップクリームの和洋コラボから生まれた人気メニューが抹茶ババロア（961円）。お持ち帰りメニューも充実！

Map 別冊P.22-B2　神楽坂
- 新宿区神楽坂1-12
- 03-3269-2920
- 11:00～19:00、日・祝11:30～17:00
- 月
- 地下鉄飯田橋駅B3出口から徒歩3分

落ち着いた店内

抹茶ババロア
抹茶ババロアのほろ苦さ、上品な甘さのあんこ＆生クリームがクセになる

親子丼
伝承割下で煮たシャモを鳥骨鶏卵でとじるトロトロの親子丼が2800円

鳥料理 玉ひで
トリリョウリ タマヒデ

北斎の生まれた年に創業！

since 1760

1760年創業の老舗。明治24年に5代目女将が現在の親子丼スタイルを考案。鶏肉や卵の種類によって昼夜それぞれ多数のメニューあり。

Map 別冊P.13-B4　日本橋
- 中央区日本橋人形町1-17-10
- 03-3668-7651
- 11:30～13:30、17:00～22:00（L.O.21:00）
- 不定休
- 地下鉄人形町駅A2出口から徒歩2分

---

4 具材と絡ませる

土手の具材をヘラで細かく切りながらよく混ぜ合わせ、汁と絡ませる

5 平らにならす

大きく平らにならして、トッピング（ここではチーズ）を乗せる

6 できあがり

完成！
はがし（小さなヘラ）で端からすくいながら召し上がれ！

子供たちが溶かしたうどん粉で鉄板に文字を書き楽しんだ「文字（もんじ）焼き」が、もんじゃの語源との説も。

お目当ては愛されメニュー♥

昭和レトロな純喫茶に夢中♪

扉の先は別世界。タイムトリップしたかのような気分を味わえる純喫茶。長く愛されてきたメニューを目当てに歴史ある名店へ。さぁ、arucoとおでかけしましょ。

ゆっくり流れる吉祥寺時間

ゆりあ ぺむぺる -吉祥寺-
Since 1976 昭和51年

宮沢賢治の詩集『春と修羅』の「ユリア」と「ペムペル」が店名の由来。クリームソーダはお客様に楽しんでもらえるようにバリエ豊富に。

Map 別冊P.30-A1 吉祥寺
🏠武蔵野市吉祥寺南町1-1-6 ☎0422-48-6822
⏰11:30～24:00 休無休 🚃JR吉祥寺駅南口から徒歩1分

宝石のようなクリームソーダ

愛されメニュー♥ クリームソーダ

1. トッピングはパクチーorバジル。スマイルチキンカレー1280円　2. 1・2階があり、カウンター席も　3. 青はラピスラズリ、赤は開店当時からあるクリームソーダ（ザクロ）各800円　4. 100年以上前のアンティークなレジ　5. 落ち着いた空間

ウインナーコーヒー発祥の歴史ある喫茶店

神保町 ラドリオ -神保町-
Since 1949 昭和24年

本の町、神保町を見守ってきた老舗。作家や画家らも常連。ウインナーコーヒーは開店まもない頃、ウイーンを訪れた客の提案で誕生。

Map 別冊P.23-C4 神保町
🏠千代田区神田神保町1-3 ☎03-3295-4788
⏰11:30～22:30（L.O.22:00)、土・日12:00～19:00（L.O.18:30)
休祝・年末年始 🚃地下鉄神保町駅A7出口から徒歩3分

お気に入りの席でナポリタンランチ

愛されメニュー♥ ナポリタン＆ウインナーコーヒー

1. 静かな店内で読書をする人が多い　2. ひとり時間をまったりと　3. 灰皿形のメモ帳とマッチのセット500円　4. サラダ・スープ・ドリンク付きのナポリタンはウインナーコーヒーも選べて1000円　5. ウインナーコーヒー500円は生クリームたっぷり

88　💌吉祥寺が大好き。ショッピング＆井の頭公園散策の後は「ゆりあぺむぺる」でクリームソーダが定番です。（神奈川県・サチ）

ビクトリア調の空間で くるみサンドを頬ばって

愛されメニュー♥
生ジュース＆
くるみパン

創業当時の雰囲気そのまま
ノスタルジックな空間

カド -向島-
Since 1958
昭和33年

ゆっくり
してね！

昭和レトロな純喫茶に夢中♪

大正時代のアンティークの蓄音機や扇風機、壁や天井には油絵が飾られている。設計は、作家・志賀直哉の弟、直三による。自家製くるみパンのサンドイッチ各種と季節の生ジュースが看板メニュー。

Map 別冊P.17-A3　向島

🏠墨田区向島2-9-9　☎03-3622-8247　🕐11:00〜19:30　休月　🚇地下鉄本所吾妻橋駅A4出口から徒歩15分

1. くるみパンのサンドイッチは8種ほど400円〜。活性生ジュース600円　2. 異空間を満喫できる　3. 2代目店主の宮地隆治さん

ビッグなパフェと
フードメニューが豊富

珈琲西武 -新宿-
Since 1964
昭和39年

毎朝手作りの
プリンは濃厚なテイスト♪

愛されメニュー♥
プリン・ア・ラ・モード
＆オムライス

天井のステンドグラスと赤いソファ。写真に収めたくなるパフェやボリューム満点のフードが女子に大人気。老舗喫茶だけど開放的で初めてでも入りやすい。

Map 別冊P.30-C1
新宿

🏠新宿区新宿3-34-9　メトロビル2・3F
☎03-3354-1441
🕐2F/7:30〜21:00、3F/月〜金12:00〜21:00、土・日・祝11:00〜　休無休
🚇JR新宿駅東口から徒歩2分

パフェが
おすすめ

ウエイトレスの
岡部さん

1. モダンな赤いソファ　2. プリン・ア・ラ・モード1300円　3. ステンドグラスが印象的　4. 西武カレー（ポーク）750円　5. 新鮮な卵を6個使う新宿特製オムライス950円

老舗喫茶はおひとり様でも楽しめる。コーヒーを味わいつつ読書にいそしむのもいい。

89

午後のとっておき♪トキメキ

香り高い紅茶をいただきながら
心躍るティータイムを約束

アフタヌーンティーのはじまり
1840年頃、ベッドフォード公爵夫人が始めたとされる。午後4時頃紅茶とお菓子、軽食を楽しむイギリス発祥の習慣。

東京タワーと午後時間♪

EDITION AFTERNOON TEA 1人7000円(税・サ込)

東京エディション虎ノ門 Lobby Bar
トウキョウエディショントラノモン ロビー バー

2020年秋、最高級ラグジュアリーライフスタイルホテル「エディション」の日本進出第一号店として誕生。東京タワーが見える絶景ロビー バーでのアフタヌーンティーが大人気。

トキメキ♡Point
間近に東京タワーを眺めながらティータイムを過ごせる窓側の特等席は争奪戦!?

Map 別冊P.10-A2　虎ノ門
港区虎ノ門4-1-1 東京エディション虎ノ門 31F
03-5422-1600　7:00~24:00(L.O. 22:30)、アフタヌーンティー12:00~17:00(L.O. 16:30)　無休　望ましい　地下鉄神谷町駅直結

贅沢な時間をごゆっくり♪
スー シェフ 土口真護さん

ザ・キャピトルホテル 東急 ラウンジ「ORIGAMI」
ザキャピトルホテルトウキュウラウンジオリガミ

トキメキ♡Point
駿河竹千筋細工の籠が素敵。ドリンクは、紅茶、コーヒーのほか抹茶も楽しめちゃう!

職人が手作りしたティースタンドに並ぶスイーツとセイボリー。季節替わりのメニューは、味わいも食感もバリエ豊富。「会話が弾み、笑顔があふれるひとときを」というシェフの思いが込められている。

Map 別冊P.10-A2　永田町
千代田区永田町2-10-3 ザ・キャピトルホテル 東急3F　03-3503-0872
10:00~20:00(L.O.19:30)、アフタヌーンティー14:00~18:00(L.O.)
完全予約制　無休　地下鉄国会議事堂前駅6番出口に直結

季節の香りを楽しんで♪
シェフ 安里さんと上野さん

1. 下段には、フルーツケーキなど伝統的なスイーツが並ぶ　2. 中段はスコーン2種　3. キャラメルファッジとシーソルト、下はフィンガーサンドイッチ

1. 開放感あふれるラウンジ　2. ラブリーなスイーツたちは季節で変わる　3. ベーカリーシェフおすすめのスコーンは2種類　4. 抹茶とのマリアージュも楽しんで

和テイストの籠&キューートなスイーツ

ドキドキの瞬間!

セット1人6957円。内容は3ヵ月ごとに変更

アフタヌーンティーめぐりが趣味です!　優雅な午後時間が過ごせるホテルのアフタヌーンティーは早めの予約が必須!(大阪府・静)

のアフタヌーンティー

ゆったり過ごすアフタヌーンティー。
してくれる、とっておきのお店をご紹介。

アフタヌーンティーの楽しみ方
3段式スタンドの場合、下から順番に食べ進めるのがルールとされている。セイボリー（サンドイッチ類）→スコーン→ケーキというのがスタンダード。

大人気のパンケーキも味わえる！

bills銀座限定
bills HIGH TEA SET 2人8000円

bills 銀座
ビルズギンザ

オーストラリア・シドニー発のbills。アフタヌーンティーが楽しめるのは銀座と大阪の店舗だけ。伝統的アフタヌーンティーにbillsならではのエッセンスをプラス。大人気のリコッタパンケーキも味わえる。

Map 別冊P.15-A3 銀座

🏠 中央区銀座2-6-12 Okura House 12F ☎03-5524-1900（予約050-3188-6633）⏰8:30～23:00(L.O.フード22:00、ドリンク22:30)、アフタヌーンティー12:00～19:00(L.O.) 休不定休 要予約 🚇地下鉄銀座一丁目駅8番出口から徒歩1分

Ginger Garden AOYAMA
ジンジャーガーデンアオヤマ

トキメキのアフタヌーンティー

映画の世界観をイメージしたアフタヌーンティーを提供。SNS映えするインテリアはスペシャルな日にぴったり。紅茶にプラスして楽しむジンジャーは、美髪、美白などうれしい効能も。

Map 別冊P.28-A2 南青山

🏠 港区南青山5-10-8 アナーブル青山1F ☎03-6892-8088 ⏰11:00～15:00、土・日・祝11:00～14:30、18:00～23:00、アフタヌーンティー16:00～18:00 休無休 要予約 🚇地下鉄表参道駅B1出口から徒歩3分

1. スポイトで紅茶に加えるジンジャー6種はビタミン豊富で、抗酸化作用、アンチエイジングなど、女子にうれしい効能が期待できちゃう 2. 花に彩られたかわいい店内 3. 誕生会など記念日や女子会にGood！

トキメキ♡Point
どこを切り取っても絵になるインテリア。気持ちがアガるアフタヌーンティーが楽しめちゃう。

トキメキ♡Point
ミニリコッタパンケーキをジノリのプレートで。ミルキーなハニーコームバターでいただく

1. ふんわり口の中でとけていくリコッタパンケーキ 2. マンゴーなどフルーツを贅沢に使ったスイーツ 3. 銀座を見下ろす広々とした店内はラグジュアリーなムード

女子ゴコロをわしづかみ

セット1人3500円。2人より、2時間予約制

アフタヌーンティーセットは、季節などにより内容やテーマが変更になる場合がほとんどです。最新情報は各店の公式サイトでチェックを！

酒食堂 虎ノ門蒸留所
ショクドウ トラノモンジョウリュウジョ

東京発のスピリッツ蒸留所を併設するバー＆居酒屋。店内の蒸留器を見ながらオリジナル酒に酔う。

- 左：上シロ1200円
- 右：ピーマン肉詰め400円
- 酒：而今1200円（1合）

希少部位の上シロは売り切れ必至の1本。ピーマン肉詰めは鳥茂が発祥といわれる。プレミアム酒も豊富に並ぶ

ゴマたっぷりブラックよだれ鶏900円とジンハイボール800円と八丈島明日葉のおひたし550円
ジンを日常酒に！という思いから、料理は居酒屋メニューを中心に東京産の食材を使うものも

☎03-6205-7285 ⏰11:00～15:00(L.O.14:30)、17:00～23:00（料理L.O.22:00、ドリンク22:30)、日・祝11:30～15:00(L.O.14:30)、17:00～22:00（料理L.O.21:00、ドリンク21:30) 休無休

虎ノ門横丁のワインセラー
HAND PICKING WINE
ハンド ピッキング ワイン

ワインテイスター大越基裕氏監修のワインバー。購入と飲食が可能で、購入したワインは他店舗への持ち込みもOK。

☎03-6550-9361 ⏰11:30～23:00(L.O.22:30) 休無休

締めパフェもお忘れなく！
ATELIER KOHTA
アトリエコータ

お客さまの目の前でパティシエが作るデザート専門店。飴細工などプロの技を観賞できる。

☎03-6550-9575 ⏰11:30～22:30(L.O.22:00)、土・日・祝～21:30(L.O.21:00) 休無休

鳥茂 分店
トリシゲ ブンテン

1949年創業、串焼きの名店「鳥茂」の分店。芝浦食肉センターから直送された新鮮な肉やホルモンを職人技でていねいに焼き上げる。

☎03-6457-9718 ⏰16:00～23:00(L.O.22:00)、土・祝16:00～22:00(L.O.21:00) 休日

北から南まで地元名物が大集合
渋谷横丁
シブヤ ヨコチョウ

MIYASHITA PARKで異彩を放つ全長約100mの渋谷横丁には、19店舗が軒を連ねる。"毎日がフェス"をコンセプトに、新年に獅子舞が練り歩いたり、木曜夜にDJがプレイしたり。おいしくて楽しい居場所が誕生。

乾杯ドリンク、餃子、焼き鳥、唐揚げ、ラーメンなどの店からも出前可能。本場の味を食べ比べて盛り上がろう♪

トレンドグルメはハイエンド横丁に集結★

Map 別冊P.28-A1 渋谷
🏠 渋谷区神宮前6-20-10 MIYA SHITA PARK South 1F ☎なし
⏰24時間営業 休不定休
🚃JR渋谷駅ハチ公口から徒歩3分

SHIBUYA

上：ブルーコーントルティーヤ（ポークチャークカルレクタス、トマティージョサルサ、チチャロン）1800円
酒：シーストナルフローズンマルガリータ900円
右：ブルーコーントルティーヤ（ビーフチョリソー、ハバス、アボカド、サルサアラブラサス）1600円

本来は油で低温調理する手法をバターに置き換えるなど、伝統を革新に昇華したメニューが魅力。前菜からデザートまで揃う

関東食市
カントウショクイチ

江戸前寿司や江戸天丼などの東京グルメから、B-1グランプリ優勝メニューまで揃う。名物の提灯が店内を照らす。

☎03-6712-5689

- 右上：厚木シロコロホルモン769円
- 右：東松山焼鳥329円（1本）
- 酒：乾杯ドリンク金魚鉢で金魚ハイ2199円

B-1グランプリ優勝の厚木シロコロホルモン。東松山焼鳥は実は豚肉。シソと唐辛子を浮かべた金魚ハイ

テラス席も広々！

OXOMOCO
オショモコ

NY最先端メキシカンが日本初上陸！開店から5ヶ月で星を獲得した美味をご賞味あれ。

☎080-8727-9131 ⏰11:30～14:30(L.O.13:30)、17:30～23:00(L.O.22:00) 休無休

シェフ 久松さん

北陸食市
ホクリクショクイチ

富山ブラックラーメンやソースかつ丼など北陸地方のご当地メニューが勢揃い。店内には銭湯の富士の絵が！

☎03-6712-5689

酒：乾杯ドリンク 風呂桶レモンサワー2199円 左：のどぐろの刺身1429円 右：ハントンライス1099円

北陸2大名物とともにビニールカバー付きの風呂桶入り日本酒サワーで乾杯しよう

Salam
サラーム

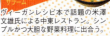
シェフ レイチェルさん

新しい味を見つけて！

ヴィーガンレシピ本で話題の米澤文雄氏による中東レストラン。シンプルかつ大胆な野菜料理に出合う。

☎070-4230-9547 ⏰11:30～14:00(L.O.13:30)、17:30～23:00(L.O.22:00) 休無休

左：メゼプレート1700円 飲料：ローズウォーターライムエイド700円 スープ650円

枝豆のファラフェルやビーツフムスなどをのせたプレートに、スープやノンアルドリンクを合わせるのが◎

九州食市
キュウシュウショクイチ

長浜ラーメン、長崎トルコライスなど九州のおいしいものを博多屋台風の店内でいただく。

鍋餃子1319円（16個）博多めんとりかわ219円（1本）

九州の2大名物がこちら。焼酎と一緒に無限ループにハマること必至

☎03-6427-3499

「THE RESTAURANT」では、1階のテラス席に好きな店の料理を持ち寄って食べることができる。食器は要返却。

ワイン
BOOK ROAD
ブックロード

女性醸造家が造る国産ワイン

グラスなしボトル10種

※3種まで試飲可能。

2017年に国産ブドウ100%のワイナリーとしてオープン。通常は販売のみだが、週末の見学ツアー1000円で試飲が3杯まで可能なほか、月末の金・土曜には立ち飲みバルになり、おつまみも登場。

ウェブ申し込みの見学ツアーでは、ブドウの香り漂う醸造場も見られる

ラベルには一緒に楽しみたい料理をデザイン

Map 別冊 P.29-C2 御徒町

🏠 台東区台東3-40-2
☎ 03-5846-8660
🕐 12:00～18:00、土・日・祝～17:00
休 水
🚇 JR御徒町駅南口から徒歩5分

左：醸し甲州 3190円／
中：アジロン 3080円／右：シードル 2090円

醸し甲州は、オレンジワインなので幅広い食事に合う。香りは甘いのに味は甘くないアジロンは定番銘柄のひとつ。リンゴのお酒、シードルはクリームコロッケやアップルパイにも！

醸造家
須合美智子さん

フィレ 3700円／
ピノ・ノワール 3960円（ボトル）

柔らかな牧草牛のフィレステーキには、赤ワインが合う。酸味のあるステーキソースのようなつもりで、ワインと肉を交互にいただこう

ワインに合うおいしい料理を作っています

醸造タンクを眺めながらのワインは格別！

左：シェフ 前島廉佑さん
右：ソムリエ 宮田貴子さん

都市型
ブルワリー&
ほろ酔い

ここ数年で一気に都市型
電車で気軽に行ける
おいしい食事とともに、
美酒をぷは〜

前菜3種盛り合わせ 1430円と
ソーヴィニヨン・ブラン 3960円（ボトル）

前菜は、炙りしめ鯖、パテ・ド・カンパーニュ、キュウリとディルのヨーグルトマリネ。白ワインでまずは乾杯！

渋谷仕込みのワインで乾杯♪

グラスワインは、すべてここで造られたワインでタップから注がれる

ワイン
SHIBUYA WINERY TOKYO
渋谷ワイナリー東京
シブヤワイナリートウキョウ

グラス7種
ボトル50種

MIYASHITA PARK内に2020年にオープンしたマイクロ・クラフト・ワイナリー。フレンチ出身のシェフが作るビストロ料理の数々に、フルーティでフレッシュな自社ワインがよく合う。

Map 別冊 P.28-A1 渋谷

🏠 渋谷区神宮前6-20-10 MIYASHITA PARK North 3F
☎ 03-6712-5778
🕐 11:00～23:00（L.O.22:00）
休 施設に準じる
🚇 JR渋谷駅ハチ公口から徒歩3分

骨付き子羊のグリル 2600円
(2ピース)とジャズベリー 780円
奥は3種飲み比べ 1080円

ズラリと並ぶタップから定番ビール、豊潤496を注ぐ

限定ビール3種を飲み比べ（奥）。ラズベリーのほどよい酸味とさわやかさが特徴のビールは、ジューシーな子羊に合う。（手前）

きっとお気に入りのビールに出合える！

店内の醸造所で造るクラフトビールを楽しめるオールデイダイニング。定番からここでしか飲めない限定まで、個性豊かなビールはペアリングを追求したこだわりの料理とともに味わって。

ボトルビール

ビール
SPRING VALLEY BREWERY TOKYO
スプリングバレーブルワリー東京

タップ10種程度
グラスワイン2種

Map 別冊 P.28-B2 代官山

🏠 渋谷区代官山町13-1 ログロード代官山
☎ 03-6416-4960（受付時間10:00～22:00）
🕐 9:00～23:00（L.O.22:00）、日～22:00（L.O.21:00）
休 無休
🚇 東急東横線代官山駅北口から徒歩4分

94 　「渋谷ワイナリー東京」でワインを購入！ 東京みやげとして地方に住む両親にプレゼントしました！（千葉県・りり）

都市型ブルワリー＆ワイナリー

テラスで
SNSに投稿

造り酒屋が醸す
世界に誇るビール

この店はバースタイルで、ボリュームもほどよい軽食メニューが揃う

牛すじのホワイトエール煮込み 780円とホワイトエール 750円（300ml）

人気No.1のホワイトエールと、そのホワイトエールで煮込んだとろける牛すじ。コリアンダーやナツメグなどのスパイスとビールが合う！

190年以上続く茨城の木内酒造は都内に6店舗を展開し、酒造りのノウハウを生かしたビールは、世界にも多くのファンをもつ。ひとりでもOKな飲み放題プランもある。

生樽 8種
ボトル 9種

ビール
HITACHINO BREWING LABO KANDA MANSEIBASHI

常陸野ブルーイング・ラボ神田万世橋

ヒタチノブルーイングラボカンダマンセイバシ

Map 別冊P.9-C3　神田

🏠 千代田区神田須田町1-25-4 マーチエキュート神田万世橋N1区画　☎ 03-3254-3434
🕐 11:00〜23:00（料理L.O.22:00、ドリンクL.O.22:30）、日・祝〜21:00（料理L.O.20:00、ドリンクL.O.20:30）　施設に準ずる
🚉 JR秋葉原駅電気街南口より徒歩5分

常陸さばサンド 780円とペールエール 750円（300ml）

醸造所がある茨城の鯖を使ったさばサンド。焼き魚に柑橘類を絞るイメージで、鯖にホップが香るペールエールをあわせて

ワイナリーでさんぽ

ブルワリーやワイナリーが急増！人気のスポットをご紹介。ていねいに醸されたっと味わおう♪

Farmer's Merlot City Farm 2019　1078円（グラス）と宮崎県産都萬牛のグリル 3960円

きめ細かなタンニンを感じるメルロー100％の赤ワインが低脂肪でヘルシーな黒毛和牛に合う

量り売りワインは醸造所ならでは！

店長/ソムリエ
堂谷 絃さん

生樽ワイン デラウェア 量り売り
1ml＝2.2円

大阪発ワイナリー
東京醸造所も人気

鉄工所の名残も見てとれる保管場所には、大きな木樽やボトルがたくさん！

ワイン
KIYOSUMI SHIRAKAWA FUJIMARU JOUZOUSHO

清澄白河
フジマル
醸造所

キヨスミシラカワフジマルジョウゾウショ

グラス 15種
ボトル 200種

元鉄工所をリノベしたレストラン併設都市型ワイナリー。年間2万本ほどを生産し、ワイン販売や醸造場の見学、ワインセミナーも行う。自社醸造の生樽ワインはフジマル名物！

Map 別冊P.21-B3　清澄白河

🏠 江東区三好2-5-3　☎ 03-3641-7115　🕐 11:30〜14:00（L.O.）、17:00〜23:00（L.O.21:30）　月・火（月曜が祝日の場合は営業、翌火・水曜休）
🚉 地下鉄清澄白河駅B2出口から徒歩6分

Farmer's ROSE奥山農園 2020　990円（グラス）とエコファーム・アサノのローストキャロット、北海道ELEZOのグランカレラ添え 1540円

ニンジンのポテンシャルに驚くと品。柑橘の風味をまとう生ハムやローストキャロットの味わいに負けない飲み口のロゼワインを

東京駅周辺でサクッと1杯！

ビール　電車待ちの間に1杯いかが？
日本橋BREWERY T.S
ニホンバシブルワリー ティーエス

全米ビール大会でチャンピオンに輝いた元醸造長Trevor Bass氏が日本人向けに考案した「NIHONBASHI IPA」など、珍しいクラフトビールが揃う。日本酒の枡でいただくビールも！

Map 別冊P.12-C2　丸の内

🏠 千代田区丸の内1-1-1-1F　☎ 03-6256-0056　🕐 11:00〜23:00（L.O.22:30）、土・日・祝〜22:00（L.O.21:30）　施設に準ずる
🚉 JR東京駅八重洲南口から徒歩5分

とろけるポテトサラダ 605円など新鮮でヘルシー、かつボリュームある料理を提供

ビールは13種ほど！

1. 東京駅醸造場どぶろく 1320円　2. 酒米おにぎり各種 162円〜　3. 店内には杉玉も！

日本酒　2020年にリニューアルオープン
はせがわ酒店　グランスタ東京店
ハセガワサケテン グランスタトウキョウテン

都内に多くの店舗をもつ人気酒店。東京駅酒造場でどぶろくを製造。併設のバーでできたてをいただこう。運よく醸造作業をガラス越しに見られることも。

Map 別冊P.12-C2　丸の内

🏠 千代田区丸の内1-9-1 JR東日本東京駅構内B1 グランスタ東京　☎ 03-6420-3409　🕐 7:00〜22:00、日・連休最終日の祝〜21:00　無休
🚉 JR東日本東京駅構内

「清澄白河フジマル醸造所」の量り売り生樽ワインはマイボトルでの購入もOK。持参した容器でワインが買えるなんてエコ！

95

スローライフに憧れます！白洲次郎と正子夫妻の

日本で初めて
ジーンズをはいた
男子です！

身長180cm！
当時としては
かなりの高身長

骨董など
伝統美術に精通し
"稀代の目利き"
と称された

築約150年の旧白洲邸

新婚旅行で訪
れた旧東海道
の鈴鹿峠を敷
地内に再現

ガレージには次
郎が17歳の頃
に乗り回してい
た1916型ベイ
ンSix-38の同型
車を展示

白洲正子（1910〜1998年）
明治43（1910）年、伯爵・樺山愛輔の次女として誕生。14歳でアメリカに留学、帰国後に次郎と結婚。随筆家として『能面』『かくれ里』など多くの作品を生み出した。

白洲次郎（1902〜1985年）
明治35（1902）年、兵庫県生まれ。中学卒業後イギリスへ留学、27歳で樺山正子と結婚。記者や商社勤務などを経て終戦後は連合国軍占領下の日本で吉田茂の側近として活躍。その後も実業家として多くの企業役員を歴任。

夫妻がていねいに暮らした旧邸宅

旧白洲邸 武相荘
キュウシラステイ ブアイソウ

日本の敗戦を見抜き、鶴川村（現在の町田市）に農家を買い取り暮らしたのが武相荘。武蔵と相模の境に位置し、次郎自身の無愛想さをかけてこの名が付いた。30年かけて少しずつ直した邸宅は土間や囲炉裏の部屋、書斎などを見学できる。当時は母屋前に広がる田畑を耕し、自給自足の生活をしていた。

MUSEUM
土間を居間兼応接間にするなど、養蚕農家を夫婦で手を加え直しながら生涯住み続けた。

DIYした邸宅はモダンでおしゃれ！

1,4. 囲炉裏の部屋には正子が趣味で集めた骨董品を展示
2. 次郎の遺書。葬式無用・戒名不用と書かれている
3. 無数の本に囲まれた正子の仕事部屋がそのまま残る
5. 婚約時代に贈り合ったポートレート
6. 江戸時代後期の伊万里など、美術品は多岐にわたる

Map 別冊 P.4-C2　町田

町田市能ヶ谷7-3-2　☎042-735-5732　10:00〜17:00（最終入館16:30）　月（祝日・振替休日の場合は開館）　1100円（入館は中学生以上）　小田急線鶴川駅北口から徒歩15分

旧邸宅で和モダンランチ

戦後の日本で活躍した実業家・白洲次郎と妻の正子が疎開先として選んだ東京郊外にある茅葺屋根の邸宅「武相荘」。資料館として公開されている母屋を見学したあとは、敷地内のレストランで白洲家ゆかりの料理を召し上がれ。

白洲次郎と正子夫妻の旧邸宅で和モダンランチ

RESTAURANT & CAFE
次郎が趣味にいそしんだ工作室をレストラン&カフェとしてオープン。

1. 天井が高く開放的な店内。天気がいい日はテラス席もおすすめ 2. 店内には夫妻の肖像画やアンティーク風の小物が飾られている 3. 入口には工作室の札が。ここでワゴン式テーブルなどの家具を作っていた

野菜嫌いの次郎は、キャベツの千切りをカレーに混ぜて食べていたんだって！

次郎の親子どん 1430円
次郎が子供の頃から大好きだった親子丼。柔らか鶏モモ肉をふわとろ卵で包み込んだ親子丼はボリュームたっぷり食べ応えあり。

武相荘 海老カレー 1760円
正子の兄がシンガポールで食べたカレーを大変気に入り、レシピを書いて帰国。それ以来、白洲家の定番カレーとなったという。スパイスが程よく効いたマイルドな味わい。季節の野菜スープ付き。

蓋付きどんぶりは、次郎が理事長を務める軽井沢ゴルフ倶楽部で提供していた親子丼の復刻版。伊賀の窯元に依頼して作ってもらったそう

スイーツ休憩はいかが？

見学後に、ランチ後にカフェタイムもおすすめ

デザートセット 1320円
好みのスイーツとカフェがセットに。写真は武相荘の焼印入りどら焼き。メープル味のイタリアンジェラートとあんこのリッチな組み合わせ。

白洲家ゆかりの料理を堪能
RESTAURANT & CAFE 武相荘

ランチは次郎と正子の長女、牧山桂子さんによる白洲家のレシピを元にした料理やガパオライスなどを提供。ディナーはイタリアンのコース2種7800円〜。

☎042-708-8633　⏰11:00〜16:30、18:00〜21:00　休月（祝日・振替休日は営業）　※ディナーは要予約

レストラン横には館長・牧山圭男さんデザインのBar & Gallery「Bar Play Fast」（予約制）もある。

今日はどこに
行こうかな？

てくてく歩いてすてきを見っけ！
人気の街をディープに楽しむ
東京乙女さんぽ♡

東京に住んでいても意外に知らないあの街この街。
へぇ〜、こんなところがあったんだ！
旅気分で歩いてみれば新しい発見がいっぱいです。
せっかくだから地元の人たちとのおしゃべりも楽しんで♪
運命の出会いが待っているかも♥

W　　　L　　　K

東京駅～丸の内
Tokyo St.～Marunouchi

歴史香る美建築に誘われて東京駅周辺をぐるり♪

旅の起点ともいえるこのエリアには、歴史を感じるスポットが勢揃い。美建築やアートを求めて歩いてみよう。

ACCESS 約34分

羽田空港 ▷ 東京モノレール 約14分 ▷ 浜松町駅 ▷ JR山手線 約4分 ▷ 東京駅

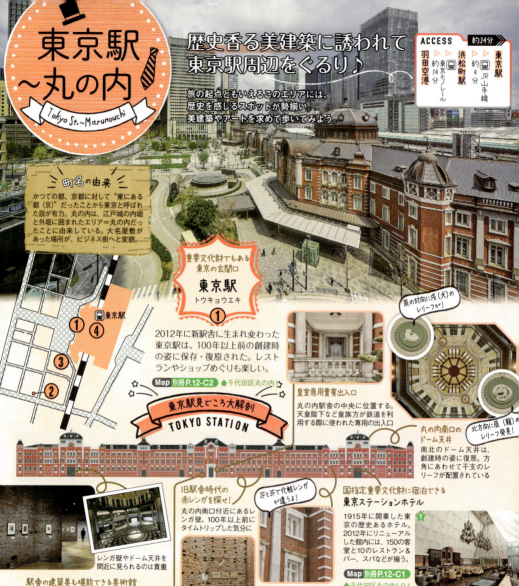

町名の由来
かつての都、京都に対して"東にある都(京)"だったことから東京と呼ばれた説が有力。丸の内は、江戸城の内堀と外堀に囲まれたエリア＝丸の内だったことに由来している。大名屋敷があった場所が、ビジネス街へと変貌した。

① 重要文化財でもある東京の玄関口
東京駅
トウキョウエキ

2012年に新駅舎に生まれ変わった東京駅は、100年以上前の創建時の姿に保存・復原された。レストランやショップめぐりも楽しい。

Map 別冊P.12-C2 ▲千代田区丸の内

東京駅見どころ大解剖
TOKYO STATION

皇室専用貴賓出入口
丸の内駅舎の中央に位置する。天皇陛下など皇族方が鉄道を利用する際に使われた専用の出入口

辰の対向に戌(犬)のレリーフが！

丸の内南口のドーム天井
南北のドーム天井は、創建時の姿に復原。方角にあわせて干支のレリーフが配置されている

北方向に辰(龍)のレリーフ発見！

旧駅舎時代の赤レンガを探せ！
丸の内南口付近にあるレンガ壁。100年以上前にタイムトリップした気分に

2Fと3Fで化粧レンガが違うよ！
駅舎の1〜2Fは保存部分で、3Fが復原部分なのでレンガが異なる！

国指定重要文化財に宿泊できる
東京ステーションホテル

1915年に開業した東京の歴史あるホテル。2012年にリニューアルした館内には、150の客室と10のレストラン＆バー、スパなどが揃う。

Map 別冊P.12-C1
▲千代田区丸の内1-9-1
☎03-5220-1111
◉IN15:00 OUT12:00 ◉1室4万3410円〜 ◉150室 ◉Pあり
◉JR東京駅丸の内南口直結

1. 駅舎の屋根裏に位置する「アトリウム」
2. ドーム天井を望む客室「ドームサイド」は唯一無二の空間

駅舎の建築美も堪能できる美術館
東京ステーションギャラリー

1988年、東京駅内に開館。創建時のレンガに覆われた展示室で、アートに触れることができる。電車関連のグッズも人気。

Map 別冊P.12-B1
▲千代田区丸の内1-9-1 ☎03-3212-2485
◉10:00〜18:00(最終入館17:30)、金〜20:00(最終入館19:30) ◉展示により異なる ◉月 ◉JR東京駅丸の内北口改札から徒歩すぐ

駅舎模型付き郵便ポスト
丸の内中央口にある郵便ポスト。左の口から投函すると、駅舎が描かれた風景印を押してもらえる

日付印は、第二種郵便料金額以上(63円以上 ※2021年5月時点)の切手及びはがきに押印されます

100 「東京ステーションホテル」で「ペントハウス アフタヌーンティー」を堪能。日時＆30食限定だけどお得！(東京都・純)

② 三菱一号館美術館
ミツビシイチゴウカンビジュツカン

洋風事務所建築が美術館に変身

1894年創建の「三菱一号館」を復元し、2010年に美術館として開館。建築家ジョサイア・コンドルの意匠と、19世紀末の西洋美術を鑑賞できる。

窓のデザインが各階で違うんだよ

Map 別冊P.12-C1
🏠 千代田区丸の内2-6-2 ☎050-5541-8600（ハローダイヤル） ⏰10:00～18:00、祝・振替休日除く金曜・第2水曜・会期中の最終週平日～21:00 休月 🚶JR東京駅丸の内南口から徒歩5分

1. 館内にはカフェやショップのほか、丸の内を知る歴史資料室もある
2. 漆喰の白い壁がクラシックな廊下
3. ガラスの廊下から中庭や屋根を鑑賞
4. 一部、創建時の部材を再利用した石の中央階段
5. 格子状の鉄骨階段は採光にも役立つ

クラシックな美術館カフェ
Café 1894
カフェイチハチキュウヨン

創建当時、銀行営業室として使われていた空間を復元。明治時代にタイムスリップした気分で、展覧会とのコラボメニューはいかが？

6. 天井が高く、リラックスできる店内
7. クランブルがのった自家製クラシックアップルパイ930円が大人気

🏠三菱一号館美術館1F ☎03-3212-7156 ⏰11:00～23:00(L.O.22:00) 休不定休

東京駅〜丸の内▼歴史香る美建築に誘われて

---

③ インターメディアテク

東京大学が有する学術標本がスゴイ

©インターメディアテク/空間・展示デザイン ©UMUT works

Map 別冊P.12-C1
🏠千代田区丸の内2-7-2 KITTE 2・3F ☎050-5541-8600（ハローダイヤル） ⏰11:00～18:00、金・土～20:00 ￥無料 休月 🚶JR東京駅丸の内南口から徒歩1分

商業施設「KITTE」内にある博物館。日本郵便と東京大学総合研究博物館が協働で運営。昭和モダンを感じる旧東京中央郵便局舎に、動植物などの標本が並ぶ。館内のショップでは、東大みやげの販売も。

上：ホワイエ展示風景。階段脇の巨大な標本がお出迎え
下：2階の常設展示風景。東京大学が1877年の開学以来、収集してきた学術標本がズラリ
1.2. 消しゴム450円など東大オリジナル文具やあまざけ580円の購入も可能
3. 建物は旧東京中央郵便局舎

屋上庭園からは東京駅を見渡せる

---

④ VINYL
ビニール

東京駅エキナカからアートを発信！

VINYLだけの限定商品！

1. 雲形のカプセルにキャンディを詰めたレインドロップ1650円
2. アーティスト描き下ろしTシャツ6050円
3. アクリル材と文字を組み合わせたアクリルタグ各1540円

ギャラリーを併設した美術雑貨店。気鋭のアーティストから世界的に有名な美術作家まで、幅広いアートに触れたり、関連商品を購入したり。個展開催中の作家に出会えるチャンスも！

Map 別冊P.12-C2
🏠千代田区丸の内1-9-1 JR東日本東京駅構内1F グランスタ東京 ☎03-6269-9300 ⏰8:00～22:00、日・連休最終日の祝～21:00 ￥無料 🚶JR東日本東京駅構内

ふたりの名建築家
ジョサイア・コンドルと辰野金吾

日本政府の招聘により現・東京大学の教授として来日した若きジョサイア・コンドルは、鹿鳴館や三菱一号館など明治以降の洋風建築の礎を築いた。東京駅や日本銀行本店などを設計した辰野金吾は、その教え子としても有名。

「三菱一号館美術館」にある歴史資料室には、開発が進む様子を描いた映像展示があり、丸の内の街を知るのにおすすめ。

101

日本橋
Nihonbashi

粋な町だね

ACCESS 約10分
東京駅 — 約1分 丸ノ内線 — 大手町駅 — 約1分 東西線 — 日本橋駅
※東京駅から徒歩でも10分程度

6つのキーワードで楽しむ新旧日本橋

江戸の交通・物流の中心として発展した日本橋。古きよき伝統が息づく一方で新たなスポットも続々とオープン。昔と今が混在するのがこのエリアの魅力!

町名の由来
日本橋とは、東京市「日本橋区」と呼ばれていた地区を指す。今も「日本橋」と付く町名が21あるのは、昭和22(1947)年に中央区が新設される際、地名に「日本橋」を残したいという声が多かったためといわれている。

1 道路の起点
江戸時代、五街道の起点であった日本橋。今も東京からの距離を測る始点になっている。

燈柱には麒麟像

和洋折衷デザインの石造橋
日本橋 ニホンバシ
慶長8(1603)年、江戸幕府の開府とともにかけられた橋。当時は木造の太鼓橋だったが、明治44(1911)年現在の姿に。銘板の「日本橋」の文字は徳川慶喜によるもの。

橋の上には首都高が!

Map 別冊P.13-B3
🏠中央区日本橋室町1-1 🚇地下鉄三越前駅B6出口から徒歩1分

日本国道路元標
橋の中央には道路元標が埋設されている。写真は「元標の広場」にあるレプリカ。

2 お金
江戸時代、金貨を鋳造する「金座」が置かれていた日本橋は、当時からお金にゆかりのある町。

石造の古典主義建築を見られる中庭

明治期の様子を伝える旧営業場

日本の中央銀行
日本銀行本店 ニッポンギンコウホンテン
明治15(1882)年に開業。明治29(1896)年には、金座の跡地に辰野金吾(→P.101)の設計による本店本館が完成。ガイド付きの見学ツアーでは、日本銀行と本館の歴史の展示、地下金庫などを見ることができる。

1000億円(模擬券)

Map 別冊P.12-A2 ※内部見学はツアー参加者のみ。
🏠中央区日本橋本石町2-1-1 ☎03-3277-2815(本店見学担当) 🕘9:30/11:00/13:45/15:15(所要時間1時間。予約不要の当日見学は12:45、所要時間30分) 🚫土・日・祝(先着順。予約は予約サイトから URL www5.revn.jp/bojtour) 無料 🚇地下鉄三越前駅B1出口から徒歩1分

創業から変わらぬ味を
高級鯛焼本舗 柳屋 コウキュウタイヤキホンポ ヤナギヤ
大正5(1916)年創業のたい焼き店のこだわりはあんこ。北海道十勝産の小豆の風味を生かすために、朝炊いたできたてを使う。パリパリの薄い皮の中には、頭からしっぽまでほどよい甘さのあんこが詰まっている。

あんこたっぷり!

Map 別冊P.13-B4
🏠中央区日本橋人形町2-11-3 ☎03-3666-9901 🕘12:30～18:00 🚫日・祝 🚇地下鉄人形町駅A1出口から徒歩1分

たい焼き1個 160円

3 老舗グルメ
日本橋には100年以上続く老舗が点在。長年受け継がれてきた伝統の味を食べてみよう。

金運UPなら

小網神社
→P.33

食事なら

鳥料理 玉ひで
→P.87

102 「CHIGAYA BAKERY」のドーナツはホットケーキみたいでおいしい。お店もフォトジェニック! (神奈川県・まめ太)

4 江戸風情

江戸時代から伝わる「もの」「デザイン」など、日本橋には江戸の風情を感じられるものがたくさん。

粋でおしゃれな柄がいっぱい
濱甼髙虎 ハマチョウタカトラ

江戸時代の型紙や染工法を引き継ぐ染元。手ぬぐい、巾着など、昔ながらのアイテムから現代風にアレンジしたものまで揃う。

Map 別冊 P.20-A1

🏠 中央区日本橋浜町2-45-6 ☎03-3666-5562 ⏰9:00～18:00 土～17:00 休日・祝 🚇地下鉄浜町駅A2出口より徒歩1分

裏地もかわいい合財袋は200ほどの柄がある。

古典柄の手ぬぐい1650円（左・中）、1100円（右）

矢来格子柄の手ぬぐいを使ったがまぐち 2200円

コレド室町1とコレド室町2の間は、提灯が印象的な仲通り

江戸時代の日本橋の活気を再び
コレド室町1・2・3
コレドムロマチイチニサン

コレドとは「江戸の中心」という意味の造語。「日本をにぎわす日本橋」をコンセプトにしたコレド室町1をはじめ、グルメもショッピングも楽しめる複合施設が並ぶ。

Map 別冊 P.13-A3

🏠 中央区日本橋室町2-2-1（コレド室町1） ☎03-3242-0010（日本橋案内所） ショップ10:00～21:00、飲食店11:00～23:00（一部店舗は異なる） 休不定休 🚇地下鉄三越前駅A6出口直結（コレド室町1）

桐箱入り楊枝880円。1本ずつ「辻占」が巻かれている

さむらい楊枝は、侍のセリフ付き。1100円

国内唯一の楊枝専門店
日本橋さるや ニホンバシサルヤ

創業は江戸時代、300年以上続く楊枝店の現在9代目。50種ほどある商品はすべて、香りがよく強度が高いクロモジの木から作られている。

Map 別冊 P.13-A3

🏠 中央区日本橋室町1-12-5 ☎03-5542-1905 ⏰10:00～18:00 休日・祝 🚇地下鉄三越前駅A4出口より徒歩2分

さまざまな柄がある楊枝入れ 990円（上）、880円（右）

日本橋▶6つのキーワードで楽しむ

KITADE TACOS

オーナーがニューヨークで感銘を受けたストリートタコスを日本に。トルティーヤは北海道産トウモロコシで手作りするこだわりよう。

3種のタコスが入ったタコスセット1100円

PIZZA SLICE COMMISSARY

直径50cmのホールから切り売りするアメリカンスタイルのピザ。サクサクの薄い生地と日本人に合わせた甘めのトマトソースが◎。

メニューは1種。おすすめはペパロニスライス550円

CHIGAYA BAKERY

ニューヨークに住んでいたオーナーが作るのは、現地で食べた味と祖母が作ってくれた味をミックスした懐かしさのあるドーナツ。

クリームドーナツ407円（左）、シュガーレイズ275円（右）

一枚一枚金魚が手描きされた瓦煎餅 1728円（8枚入り）

5 最新アート

アート、デザイン、エンタテインメント、アクアリウムを融合させた新感覚の美術館が登場。

水柱が森のよう！

江戸時代の花街をイメージした浮世エリアにある「花魁道中」

円窓の前は人気の撮影スポット

SNS映え必至の金魚×アート
アートアクアリウム美術館
アートアクアリウムビジュツカン

コンセプトは「生命の宿る美術館」。水端、浮世、神秘と、エリアごとにテーマを替え、光、香、音で世界観を演出した空間を約60種、3万匹もの美しい金魚が舞い泳ぐ。鑑賞後はラウンジで季節に合わせたスイーツやカクテルを召し上がれ。

Map 別冊 P.13-A3

🏠 中央区日本橋本町1-3-9 ☎03-3548-8050 ⏰10:00～19:00（最終入場18:30） 休不定休 ¥2300円（大人1名につき小人2名まで無料） 🚇地下鉄三越前駅A1出口より徒歩2分

6 東京のブルックリン

日本橋の最旬グルメスポットは、ニューヨークの工場がコンセプト。

海外のような雰囲気が人気
COMMISSARY NIHONBASHI
カミサリー ニホンバシ

タコス、ピザ、ベーカリー、コーヒー、クラフトビールの店が並ぶフードコート。おしゃれスポットとしても話題。

Map 別冊 P.13-A3

🏠 中央区日本橋本町3-11-5 日本橋ライフサイエンスビルディング2 1F ☎03-3527-3277（KITADE TACOS）、03-4361-5026（PIZZA SLICE COMMISSARY）、03-6810-9650（CHIGAYA BAKERY） ⏰KITADE TACOS 11:00～22:00、土・日・祝～22:30、PIZZA SLICE COMMISSARY 11:30～22:00、CHIGAYA BAKERY 9:00～19:00 休無休 🚇地下鉄小伝馬町駅3番出口より徒歩3分

オンラインで「日本銀行本店」の見学ができる「おうちで、にちぎん」もチェック！ URL www.boj.or.jp/announcements/education/ouchi.htm/

103

日本橋

知らなかった"日本初"がいっぱい！
クラシカルな2大百貨店で歴史探訪

いらっしゃいませ

外観

屋上

村野が設計した屋上の機械室。かつて屋上で飼われていたゾウの高子をイメージしたのかも？

※2021年5月現在、重要文化財見学ツアーは休止中。

天井

吹き抜けの天井は、寺院などで使われている格天井という様式。格子の交点にはハスの紋が

ローズちゃん

照明は増築時に村野がデザイン

百貨店建築初となる重要文化財
日本橋髙島屋 S.C. 本館
ニホンバシタカシマヤ エス シー ホンカン

昭和8年、日本橋に店舗を構える。コンペで選ばれたデザインは、西欧の歴史様式に和風建築の装飾を用いた高橋貞太郎のもので、日本初の全館冷暖房装置も完備。のちに村野藤吾が増築を担当し、近代建築の手法を取り入れた。

Map 別冊P.13-C3

🏠 中央区日本橋2-4-1
☎ 03-3211-4111(代表)
🕐 10:30～19:30
休 不定休
🚇 地下鉄日本橋駅B2出口直結

洋画家・東郷青児が扉の絵をデザインしたエレベーター

TAKASHIMAYA

曲線美

地下から見上げると、階段上とエレベーター前の天井、バルコニーのカーブがキレイに見える

エレベーター

創業時のカゴを修復しながら使用しているエレベーターは、今も案内係が手動で操作している

コックで操作

世代を問わずに楽しめる
特別食堂
トクベツショクドウ

大人にも人気のお子様ランチ

国内外の賓客をもてなしてきた帝国ホテルの洋食、大阪の料亭・大和屋三玄の和食、江戸時代創業の五代目野田岩のうなぎ、一流の味がひとつの空間でいただける。

🏠 日本橋高島屋 S.C. 本館8F
☎ 03-3246-5009
🕐 11:00～22:00 (L.O.21:00)
休 不定休

子供が食べやすいようにとケチャップベースの料理がのったお子様プレート1650円

おすすめみやげはコレ！

自家製ルーと季節の野菜で作ったカレーぱん 346円

一番人気のクロッカンショコラ 411円

十勝産小麦使用の前田さんのキタノカオリ216円は日本橋店限定

大人気ベーカリーの日本橋店
365日と日本橋
サンビャクロクジュウゴニチトニホンバシ

契約農家の小麦粉は、パンの特徴によって使い分け。いろいろな種類を食べてほしいと小ぶりに作られたパンは計算しつくされたバランス。店内にはイートインスペースも。

Map 別冊P.13-B3

🏠 日本橋髙島屋S.C.新館1F
☎ 03-5542-1178
🕐 7:30～20:00 (L.O.19:00)、土・日・祝10:30～
休 不定休

銀座
Ginza

今と昔をタイムトリップ！
銀ブラをarucoがアップデート★

碁盤の目のように通りが交差する銀座は、日本屈指の繁華街。歴史ある名店から話題のショップまで、arucoが新しい銀座さんぽをご提案！

ACCSESS
東京駅 ▷▷ 銀座駅
丸ノ内線 約2分

町名の由来
徳川幕府がこの地に銀貨鋳造所「銀座役所」を置いたことに由来。銀座通り2丁目に立つ「銀座発祥の地」碑（左写真）にも明記されている。ちなみに銀座をブラブラする意味の「銀ブラ」は、昭和の流行語。
Map 別冊P.15-A3

屋上で待ってます

1 銀座といえばここ！
銀座四丁目交差点
ギンザヨンチョウメコウサテン
Map 別冊P.15-B3

8丁目である銀座の中心に位置する。日本一地価の高い場所ともいわれる。

1930年開店の老舗百貨店
銀座三越／銀座出世地蔵尊
ギンザミツコシ／ギンザシュッセジゾウソン

三越は1673年創業の呉服屋「越後屋」が始まり。地中から掘り出され、今では銀座三越の屋上に鎮座する地蔵尊は、出世祈願のパワースポット。
Map 別冊P.15-B3

🏠中央区銀座4-6-16 ☎03-3562-1111（大代表）🕐10:00〜20:00（飲食店は異なる）不定休 🚇地下鉄銀座駅A7・A8出口から徒歩1分（地蔵尊は銀座三越屋上 六角堂内）

パフェ好き女子憧れのサロン
和光アネックス ティーサロン
ワコウアネックス ティーサロン

和光本館の並びにある食の館2階のティーサロンでは、気持ちいい陽光のなかゆったりと季節のパフェやスイーツを楽しめる。

うつくしいチョコレートパフェ

Map 別冊P.15-B3
🏠中央区銀座4-4-8 和光アネックス2F ☎03-5250-3100 🕐10:30〜19:00(L.O.)、日・祝〜18:30(L.O.) 🚇地下鉄銀座駅A9・A10出口から徒歩1分

誰もが知る銀座のランドマーク
和光本館
ワコウホンカン

宝飾品をはじめ顧客の声をもとに開発した商品や、国内外から厳選した上質なアイテムが揃う。和光のおもてなしの精神は銀座そのもの。

Map 別冊P.15-B3
🏠中央区銀座4-5-11 ☎03-3562-2111（代表）🕐10:30〜19:00 無休 🚇地下鉄銀座駅B1出口直結

三州屋銀座本店 P.109
有楽町駅 銀座一丁目駅
⑥ ⑤ 中央通り ④ ③
風見 P.109 BANANA JUICE P.109
銀座駅 晴海通り ②
Bistrot Cache Cache P.109 ⑦ ⑧ 東銀座駅

稲荷神社
入口そばの稲荷神社は、大入りや安全を祈願し祀られた。御朱印300円は5階お土産処楽座座にて

2 日本が世界に誇る歌舞伎の殿堂
歌舞伎座
カブキザ

400年以上の歴史を誇る伝統芸能を体感できる場所として、一度は訪れたい。通年上演され、ウェブからいつでもチケット購入が可能。おみやげ探しに立ち寄るだけでも、もちろんOK。

木挽町広場
1. 歌舞伎揚 箱1050円 2. 松本幸四郎監修 歌舞伎フェイスパック916円（2包入）3. 手ぬぐい各1300円。左は弁慶格子、右は中村芝翫ゆかりの芝翫縞と歌舞伎にちなんだ柄 4. 木挽町広場でおみやげ探し

Map 別冊P.15-B4
🏠中央区銀座4-12-15 ☎03-3545-6800 🕐木挽町広場10:00〜18:30 不定休 🚇地下鉄東銀座駅3番出口直結

協力：松竹（株）・（株）歌舞伎座

海外に住む友人用に、「歌舞伎座」の木挽町広場で日本らしいおみやげを購入しました。和雑貨がたくさんある！（千葉県・R）

106

3 奥野ビル オクノビル

昭和の雰囲気を残す貴重な建物

1階にある写真。震災を意識した鉄筋ビルは珍しかった

昔から変わらぬ姿！

銀座屈指の高級アパートだった奥野ビルは、1932年に本館が、1934年に新館が建てられた。設計は同潤会アパートも手がけた川元良一氏で、現在ではギャラリーやショップが営業中。

Map 別冊P.15-A4
▲中央区銀座1-9-8　☎店舗により異なる　圖地下鉄銀座一丁目駅10番出口から徒歩1分

レンガが違う!?
改修時に差し替えられた新しいレンガ。エントランスの上をチェック

銀座奥野ビル306号室プロジェクト
最後の住人の部屋をそのまま保存・公開。空間そのものがアート

手動開閉式のエレベーター
民間の建物で初めて設置されたと言われる手動開閉式エレベーターは、令和も活躍中。中扉を閉め忘れないよう！

銀座▼銀ブラをarucoがアップデート★

---

4 銀座 伊東屋 本店 ギンザ イトーヤ ホンテン

1904年創業の文房具専門店

看板に巨大なクリップを掲げている

世界各国から集めた直輸入品、国内からの厳選品、オリジナル商品を3本柱に文房具を揃える。2015年の改装時にカフェを新設し、自社栽培野菜のサラダを提供するなど常にアップデートしている。

Map 別冊P.15-A3
▲中央区銀座2-7-15　☎03-3561-8311　◎10:00～20:00、日・祝～19:00　⊗無休　圖地下鉄銀座駅A13出口から徒歩3分

11F 自社栽培の野菜を愛でる
改装前のビルにあった窓枠越しに、水耕栽培風景を見学。野菜は1階で販売中

初期のお店の模型を発見！

3F ペンをカスタマイズ
万年筆とボールペンをカスタマイズ。432万5376通りの組み合わせが可能

最短でその日に完成！7425円～
※混雑状況により異なる

2F 手紙やはがきを書こう
銀座の街を眺めながら優雅に手紙を書く体験は、伊東屋だからかなう

いろんな万年筆を試せる

館内のポストから投函！

1F まずはレモネードをGET
購入したドリンクを飲みながら、館内を見て回ることができる。じっくり文房具を吟味する時間を楽しんでほしいとの思いから

フレッシュレモネード410円

2F 美の体験スペース
ビューティーコンサルタントによるスキンケアやメイクレッスンを受けられる

水引のオリジナルラッピングがかわいい

モダンな空間で楽しく自分磨き

全商品お試しスペース
リップなどをバーチャルテスターでお試し可能。何度でも試せて◎

1F

非接触のお試しコーナーもあるよ

お試しデータを蓄積！
専用のリストバンドに店内体験をすべて記録。スマホやPCからも閲覧OK

B1F 先端メディテーション
メディテーションカプセルに入って瞑想体験を！　要予約、30分4400円

---

5 SHISEIDO GLOBAL FLAGSHIP STORE シセイドウ グローバル フラッグシップ ストア

資生堂の旗艦店が誕生

2020年のオープン以来、SNS上でも話題の新店。スキンケアやメイクアップの全商品を試せるほか、大人気美容液アルティミューンの詰め替えや刻印、ラッピングなど旗艦店だけのサービスも充実。

Map 別冊P.15-A3
▲中央区銀座3-3-13　☎03-3538-5071　◎11:00～20:00　⊗不定休　圖地下鉄銀座駅C8出口から徒歩1分

「SHISEIDO GLOBAL FLAGSHIP STORE」の2階では、アルティミューンや口紅、コンシーラーへの刻印ができる。東京みやげにぴったり♪

107

映え壁でパチリ!

行列必至のバナナジュース
BANANA JUICE
バナナジュース

ケールバナナジュース S 300円
ケールをプラスしたバナナジュース。ヘルシーで食後の一杯に最適

迷うほどメニューがたくさんあります!

大和田さん

銀座に移転して7年を迎える人気店。15年のキャリアでバナナの完熟を見極め、その濃厚さは一度飲んだらヤミツキに。毎日通う人がいるほど飲み飽きない!

ティラミスバナナジュース M 410円
おやつの時間に飲みたい1杯。コーヒーの苦みとバナナの甘さが絶妙

Map 別冊 P.15-B4
♠中央区銀座3-14-4 ☎なし ⏰12:00〜17:00 休土・日・祝 🚇地下鉄東銀座駅A7出口から徒歩3分

24年続く路地裏のフレンチ
Bistrot Cache Cache
ビストロ カシュ カシュ

国内の無農薬野菜と、豊洲から仕入れる新鮮魚介がおいしいビストロ。カウンターとテーブルを合わせて14席ほどの小さな名店は、夜な夜な銀座紳士・淑女でにぎわう。

いろんな貝で試した結果、ハマグリにたどり着いたという人気メニュー

ハマグリのエスカルゴ 3600円

Map 別冊 P.14-B2
♠中央区銀座8-6-19 ☎03-3573-0488 ⏰ランチは火〜土11:45〜13:00、ディナーは月〜金18:00〜23:00、土〜20:30 休日・祝 🚇JR新橋駅銀座口から徒歩3分

フォアジャガ 1900円
蒸したジャガイモにこんがりソテーしたフォアグラを。必食の逸品

URA GINZA

え?こんなところに!?
路地裏の名店にお邪魔します!

銀座には、大通り以外にも隠れた名店がたくさん。わざわざ探して行きたい、誰かに教えたくなる路地裏グルメをご紹介!

フランスワインほか豊富に揃ってます!
朝海さん

酒粕濃厚そば 1100円
鶏と豚の合わせ白湯に酒粕を加えたスープが、中太麺に絡み付く!

見た目よりあっさり女性にも好評です
金子さん

海鮮丼 1400円
新鮮魚介がたっぷりのった人気メニュー。このコスパは罪なレベル

薬味も!
甘酢生姜や青唐辛子味噌などの薬味で味変する人も多いとか

珍しくておいしいラーメンを
風見 カザミ

銀座らしい特徴ある1杯を作りたい!という思いから、酒粕入りラーメンが誕生。ほんのり香る程度だが、確実にうまさを生んでいる。小料理店のような内装も◎。

Map 別冊 P.15-B3
♠中央区銀座6-4-13 ☎03-3572-0737 ⏰11:00〜15:30、17:30〜22:00 休日 🚇地下鉄銀座駅C3出口から徒歩2分

袋小路にある銀座の有名食堂
三州屋銀座本店
サンシュウヤギンザホンテン

創業より50年以上も銀座で愛される食事処。店主が毎朝市場に通って仕入れる魚介は、鮮度も味も抜群。まるで銀座の社食のような存在で、知っているとツウぶれること間違いなし!

Map 別冊 P.15-A3
♠中央区銀座2-3-4 ☎03-3564-2758 ⏰10:30〜22:00 休日 🚇地下鉄銀座一丁目駅3番出口から徒歩2分

煮魚定食 1250円
写真はきんきの煮付け。ランチは鶏豆腐480円が付いてこの値段!

銀座▶銀ブラをarucoがアップデート★

清澄白河
Kiyosumishirakawa

町名の由来
地形が安房国の清澄（後の清澄）に似ていることから名付けられた清澄と、白河藩主・松平定信にちなんだ白河という2つの地名を合わせたもので、清澄白河という地名はない。地下鉄半蔵門線の駅名として名付けられた。

コーヒーの聖地はビールも進化中！
人気&穴場アドレスをはしご

こだわりのカフェはもちろん、
ここ数年はクラフトビール店も増えている清澄白河。
カフェめぐりを楽しんだあとは、ビールでほろ酔い気分はいかが？

テキサスプルドポークランチ 1650円、クラフトビール各種パイント 1320円
野菜もたっぷりのバーガーにビールがよく合う！

ACCESS 約15分
東京駅 →(丸ノ内線 約1分)→ 大手町駅 →(半蔵門線 約7分)→ 清澄白河駅

隅田川を眺めながらビールでカンパイ
PITMANS
ピットマンズ

「LYURO 東京清澄 by THE SHARE HOTELS」の2階に入るレストラン。都内各地のブリュワリーから取り寄せる希少なクラフトビールが楽しめる。蔵前エリアで人気のベーカリーやコーヒーも販売。

Map 別冊P.20-B1
🏠江東区清澄1-1-7 ☎050-3188-8919 🕐7:00～22:00 休不定休 🚃地下鉄清澄白河駅A3出口から徒歩10分

広々とした店内。お天気の日はテラス席も◎
コーヒーも人気

ひとり飲みにもぴったり

店主自らが手がけたというおしゃれな内観

40種類のビールがずらり！
BROOKLYN DELI
ブルックリンデリ

国内外から揃えるクラフトビールと、自家製のデリが自慢のダイニングバー。仕入れからこだわる食材で作るデリは種類豊富なのがうれしい。

Map 別冊P.20-B2
🏠江東区清澄3-3-24 ☎03-3642-2322 🕐12:00～23:00 休月・火 🚃地下鉄清澄白河駅A3出口から徒歩3分

ぼっち飲みセット 1650円
おつまみ4種とブルックリンバーガーがつく（1名で来店限定）

新作も順次お披露目

(左から)IPA (#38) パイント1000円、Pale Ale (#36)、Porter (#35) グラス各800円
一番人気はIPA。すっきりとした味わいで飲みやすい

住宅街の隠れ家ブリュワリー
Folkways Brewing
フォークウェイズ ブリューイング

常時8タップのビールは4種程度が自家醸造で、季節により異なるフレーバーを用意。スタイリッシュな店内で心ゆくまでクラフトビールを楽しめる。

Map 別冊P.21-B3
🏠江東区平野3-6-3 🕐17:00～22:00、土・日15:00～21:00 休月・火 🚃地下鉄清澄白河駅A3出口から徒歩8分

コンクリート打ちっぱなしのシンプルな店内

「BROOKLYN DELI」は17:00～19:00がハッピーアワー。クラフトビールがすべて100円引き！（東京都・マリ）

サードウェーブコーヒーの火付け役
ブルーボトルコーヒー 清澄白河フラッグシップカフェ

豆の個性をどんぶりに味わえる、シングルオリジンコーヒーをメインに提供するカフェ&ロースタリーの国内1号店。コーヒーにぴったり限定スイーツも絶品。

Map 別冊P.20-B2
- 江東区平野1-4-8
- 非公開
- 8:00〜19:00
- 無休
- 地下鉄清澄白河駅A3出口から徒歩10分

リエージュワッフル540円、ドリップコーヒー594円
その場で焼いてくれるワッフルはコーヒーとよく合う

ロゴが目印

お店で焙煎してます

バナナケーキ450円、カフェラテ530円
しっとり甘いバナナケーキが豆の味わいを引き立たせる

店内奥にはガラス越しに巨大な焙煎機が設置されていて、豆の香ばしい香りが漂う

Map 別冊P.21-B3
- 江東区平野3-7-2
- 03-5875-9131
- 10:00〜17:00、土・日・祝11:00〜18:00
- 無休
- 地下鉄清澄白河駅B2出口から徒歩10分

三角屋根の建物が目印！
Allpress Espresso Tokyo Roastery & Cafe
オールプレス エスプレッソ トウキョウ ロースタリー アンド カフェ

ニュージーランド発のロースタリー&カフェ。開放的な店内で焙煎するコーヒー豆を使用したエスプレッソドリンクが楽しめる。コーヒー豆の販売も行う。

清澄白河▼コーヒーの聖地はビールも進化中！

レトロな空間に心がときめく
fukadaso CAFE
フカダソウ カフェ

築50年のアパートをリノベーションした複合施設内に入るカフェ。アンティーク調の家具が並ぶ店内は居心地もよく、つい長居してしまいそう。

Map 別冊P.20-B2
- 江東区平野1-9-7
- 03-6321-5811
- 13:00〜18:00
- 火・水
- 地下鉄清澄白河駅A3出口から徒歩5分

キャラメルパンケーキ900円、クリームソーダ580円
パンケーキは全5種。昔懐かしいクリームソーダも人気

清澄白河でいち早くロースターを設置
The Cream of the Crop Coffee 清澄白河ロースター
ザ クリーム オブ ザ クロップ コーヒー キヨスミシラカワロースター

シングルオリジンにこだわり産地別のコーヒーがいただける。店内で焙煎したコーヒーの香りに包まれながら、極上のカフェタイムを堪能して。

Map 別冊P.21-B3
- 江東区白河4-5-4
- 03-5809-8523
- 10:00〜18:00
- 月
- 地下鉄清澄白河駅B2出口から徒歩10分

オリジナルブレンド450円〜
豊潤なアロマが口いっぱいに広がる定番コーヒー

工場だった場所をリノベーションした店内

コーヒー豆も販売してます

清澄白河にロースタリー併設のカフェが多いのは、高さを必要とする焙煎機の排煙ダクトなどが設置できる倉庫や工場の跡地が多いからだそう。

清澄白河

感性を磨きたい女子必見！
マストGOな庭園&美術館

緑豊かな清澄庭園と東京都現代美術館は清澄白河を代表する観光スポット。散策の途中に立ち寄りたい高感度なショップもあわせてご紹介！

ゆるやかな時間が流れる都会のオアシス
清澄庭園 キヨスミテイエン

四季折々の自然が楽しめる回遊式林泉庭園。全国から取り寄せた名石や芭蕉の句碑など見どころもたくさん。バードウォッチングに訪れる人も。

Map 別冊P.20-B2

🏠江東区清澄3-3-9 ☎03-3641-5892 🕘9:00～17:00（最終入園は16:30） ¥150円（小学生以下、都内在住・在学の中学生は無料） 🚇地下鉄清澄白河駅A3出口から徒歩4分

コチラもCheck
1909年開館の歴史深い図書館
深川図書館 フカガワトショカン

東京市で2番目の市立図書館として開館。現在の建物は開館当初のクラシックな雰囲気を残し、階段ホールに設置されたステンドグラスはフォトスポットとしても人気。

Map 別冊P.20-B2

🏠江東区清澄3-3-39 ☎03-3641-0062 🕘9:00～20:00、日・祝・12/28～19:00 休第3金曜（祝日の場合は第3木曜休）、1/4（年末年始含む） 🚇地下鉄清澄白河駅A3出口から徒歩7分

見どころ
池に突き出るように立つ数寄屋造りの涼亭。写真映えもバッチリ

江戸時代の大名庭園の手法で造られた憩いの場をゆるりと散策

こんな風に撮れます

清澄庭園～東京都現代美術館周辺で立ち寄るならココ

もちもち食感にファン続出！
中村食糧 ナカムラショクリョウ

数種類の国産小麦をブレンドし、水分量を多く含ませて作る加水パンが特徴のベーカリー。唯一無二の食感のパンをぜひ味わって。

Map 別冊P.20-B2

🏠江東区清澄3-4-20 102 なし 🕘10:30～15:30（完売次第終了）休月～水 🚇地下鉄清澄白河駅A3出口から徒歩3分

ハード系な見た目に反しもっちり食感で人気のたわわ 842円（1/4）

7種の国産小麦をブレンドしたみんなのパン 604円（ハーフ）

徒歩5分

生活を豊かにする雑貨店
POTPURRI ポトペリー

自社のオリジナルデザインと、伝統的な職人の技術を融合させた生活雑貨が揃う。北欧テイストのマグや食器などは色使いも鮮やかで、目移りしそう。

色彩が人気のVagシリーズ。コーヒーカップ1650円、プレートS1100円

注ぎやすい口先と大きな持ち手が特徴のポット 4400円

徒歩2分

Map 別冊P.21-B3

🏠江東区白河2-1-2 ☎03-6659-9401 🕘11:00～19:00 休月（祝日の場合は営業、翌火曜休） 🚇地下鉄清澄白河駅B1出口から徒歩3分

112 「中村食糧」は住宅街の中にあって一見わかりづらいのですが、朝イチでも行列！14時頃には売り切れるそうなのでお早めに！（東京都・下町っ子）

見どころ
こどもとしょしつを併設した美術図書室など無料で利用できる施設も

多彩な企画展にも注目！

東京都現代美術館
トウキョウトゲンダイビジュツカン

5500点を超える美術作品と約27万点の美術関連図書資料を所蔵。特色あふれる展覧会を開催し、現代美術の最新動向を発信する美術館。

Map 別冊P.21-B3

📍江東区三好4-1-1　☎050-5541-8600（ハローダイヤル）
🕙10:00～18:00（展示室最終入室17:30）　休月　料企画展により異なる　🚇地下鉄清澄白河駅B2出口から徒歩9分

清澄白河▶マストGoな庭園＆美術館

Photo: Kenta Hasegawa

近現代のアートの世界に没入できるスタイリッシュな美術館

☕ 作品の余韻に浸れるカフェ
2F 二階のサンドイッチ
ニカイノサンドイッチ

美術館の2階に位置するミュージアムカフェ。サンドイッチをはじめオリジナルのグッズなども楽しめる。テイクアウトも可能。

☎03-6458-5708
🕙10:00～18:00（L.O.17:30）
1. 種類豊富なサンドイッチ420円～は日替わり　2. ブレンドコーヒー440円

提供：スマイルズ

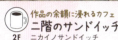

提供：スマイルズ

👜 アートグッズをゲット
2F NADiff contemporary
ナディフ コンテンポラリィ

現代アートの関連書籍はもちろん、アーティストやクリエイターのグッズが揃う。東京都現代美術館限定アイテムも要チェック。

☎03-5875-9959
🕙10:00～18:00
1. 東京都現代美術館限定、人気のMOTロゴキーホルダー880円　2. 長方形のプリントがF5号キャンバスのサイズになっているロゴTシャツ3850円（大人）、2750円（子供）

1. リンゴの果肉たっぷりなリンゴジンジャエールの素500円（S）
2. トーストにぴったりなバルサミコいちじく600円（S）
3. サングリアの素1100円。いちじくやスパイスがたっぷり

👜 美食をギュッ！と保存
HOZON　ホゾン

自然の恵みをたっぷり受けた佐渡島の素材を使った、ジャムやオイル漬けを中心とした保存食の専門店。自家製シロップドリンクのテイクアウトも。

Map 別冊P.21-B3
📍江東区三好2-13-3 HOZON　☎03-6873-3526　🕙11:00～18:00　休月　🚇地下鉄清澄白河駅B2出口から徒歩3分

徒歩6分

🍫 まるでアート作品のようなチョコ
Artichoke chocolate
アーティチョーク チョコレート

カカオ豆から一貫して製造を手がけるBean to Barで作るチョコレートが魅力。チキンを模したチョコなど、アーティスティックなチョコも人気。

骨まですべてチョコで精巧に作られたチキン1050円

Map 別冊P.21-B3

📍江東区三好4-9-6　☎03-6458-5678　🕙11:00～19:00　休不定休　🚇地下鉄清澄白河駅B2出口から徒歩10分

宝石のようなボンボンショコラ1個310円～

「東京都現代美術館」で人気の企画展があるときは清澄白河周辺のお店はかなり混む。ランチやディナーは予約が安心。

113

蔵前〜浅草
Kuramae〜Asakusa

クラフトの街、蔵前で こだわり雑貨とおしゃれカフェをCheck!

クルテクです

古くからクラフトの街として知られる蔵前。
乙女心をくすぐる雑貨ホッピングの後は、
おしゃれカフェでまったりしちゃいましょ。

ACCESS 約20分
東京駅 →(JR東海道線 約2分)→ 新橋駅 →(浅草線 約12分)→ 蔵前駅

町名の由来
浅草という地名の由来には、草深い武蔵野の中で草が少なく浅かったためとか、アイヌ語が語源であるなど諸説ある。浅草の南に位置する蔵前は、江戸時代に徳川幕府の米蔵があったことから名付けられた。

1. カラフルなドットのデザインが人気のone walletドット(手前ネオンレッド) 1万9800円 A　2. one walletクリアドット(奥ブラック・右ゴールド) 各2万5300円 A
3. 先端が浮き上がり、箸置きなしで置けるUKI HASHI 各880円 C　4. チェコを代表するキャラ・クルテクのフィギュアスタンプ各748円 D
5. チェコクリスタルを使用したガラスボタン800円〜も人気 D

カラフルで形もさまざまな財布がずらり A

経年変化も楽しめる角缶2090円〜 B

生活感がイメージできる店内レイアウトもすてき B

手のひらサイズのキュートな一輪挿しMICHI-KUSA 各2200円 C

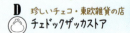

A 革の概念が覆るかわいい小物
carmine design factory
カーマイン デザイン ファクトリー

「Enjoy Accessory!」をコンセプトに、オリジナルでデザインするバラエティ豊かな革小物の専門店。

Map 別冊 P.16-C1
台東区三筋1-15-8　☎03-6662-8754
11:00〜18:00　不定休
地下鉄蔵前駅A0出口から徒歩7分

B 職人の技術とデザインの融合
SyuRo
シュロ

工場の跡地を改装した店内で、職人の技術が詰まったアイテムを販売。手触りや使い心地のいいものばかり。

Map 別冊 P.16-C1
台東区鳥越1-16-5　☎03-3861-0675
12:00〜18:00　日・祝、不定休
地下鉄蔵前駅A3出口から徒歩10分

C モノづくりの発信基地
KONCENT駒形本店
コンセントコマガタホンテン

デザイン会社アッシュコンセプトが手がける生活用品などのアイテムや、セレクトブランドが揃う国内1号店。

Map 別冊 P.16-C2
台東区駒形2-6-10　☎03-6802-8433
11:00〜19:00　不定休
地下鉄浅草駅A2b出口から徒歩2分

D 珍しいチェコ・東欧雑貨の店
チェドックザッカストア

オーナーが直接現地で買い付けるチェコをはじめとした東欧のガラス製品や絵本、家具などを扱う。

Map 別冊 P.16-C2
台東区駒形1-7-12　☎03-6231-6639
12:00〜19:00　月(祝日の場合は翌日休)
地下鉄浅草駅A1出口から徒歩15分

114　2021年2月、「チェドックザッカストア」で110cmの巨大クルテクが販売されていました!(8万8000円)訪れたらぜひチェックを。(埼玉県・モモコ)

2Dカフェラテ 1200円

1杯ずつていねいに作ります

3Dになっちゃった

3Dカフェラテ 1200円
ラテの味を選び、3Dか2Dか伝えた後は、希望の写真を店員さんに見せよう G

ウィスキーエスプレッソ 610円
エスプレッソダブルにウィスキーが入ったクリーミーなカクテル F

カフェラテも人気です

蔵前〜浅草 ▼ こだわり雑貨とおしゃれカフェ

KAMINARI クリィムソーダ 650円
雷門にちなんだクッキーがキュートなメロンソーダ E

季節のシュー・苺とチョコレート 620円　見た目も美しいシュークリームは、季節ごとに味も変わる F

シェフズテイスティング 1700円
スイーツとチョコのマリアージュが楽しめるセット H

色が変わるよ！
クリームソーダは全16種類。色が変わるものも！

WASABI AVO BURGER 1450円
ピリリとしたワサビと海苔の佃煮にアボカドがたっぷり。食べ応えも抜群です E

クラマエ ホットチョコレート 690円
カカオの味がしっかり感じられる優しい甘さのドリンク H

E ハンバーガーでチルする？
バーガー喫茶チルトコ
バーガーキッサチルトコ

2020年7月にオープンしたレトロな喫茶店。ワサビや味噌など、和テイストのオリジナルバーガーが人気。

Map 別冊 P.16-C1
台東区蔵前4-33-1 エルミタージュ浅草1F　050-5849-8813　11:30〜17:00、土・日・祝〜18:00　無休
地下鉄蔵前駅A5出口から徒歩4分

F アンティークな空間にキュン
喫茶半月
キッサハンゲツ

「菓子屋シノノメ」の2階にある人気のカフェ。レトロな店内で季節のスイーツやコーヒー、カクテルも提供。

Map 別冊 P.16-C1
台東区蔵前4-31-1 2F　なし　12:00〜19:00　水　地下鉄蔵前駅A5出口から徒歩3分

G 世界でひとつのラテアート
HATCOFFEE
ハットコーヒー

写真を見本に、希望のアートを描いてくれるカフェラテが自慢。目の前で作ってくれるライブ感も楽しい。

Map 別冊 P.16-C2
台東区蔵前3-15-6　03-6874-4750　10:00〜21:00　月　地下鉄蔵前駅A5出口から徒歩3分

H Bean to Barチョコレート専門店
ダンデライオン・チョコレートファクトリー＆カフェ蔵前

カカオ豆から製品にするまでの工程を行うファクトリーを併設。カカオの産地別のスイーツなどメニューも豊富。

Map 別冊 P.16-C1
台東区蔵前4-14-6　03-5833-7270　11:00〜18:00　不定休　地下鉄蔵前駅A3出口から徒歩3分

「HATCOFFEE」では、オーダーしたお客さんの目の前でラテを作ってくれるので、だんだんとカップにできあがっていく様子をカメラに収めるのも忘れずに！

蔵前～浅草 Kuramae~Asakusa

アンティーク着物で浅草レトロフォトさんぽ

古きよき東京の雰囲気が残る浅草には、レトロなフォトスポットがたくさん。せっかくなら着物をレンタルして情緒あふれる浅草さんぽを楽しもう！

ACCESS 約18分

東京駅 →(JR山手線 約2分)→ 神田駅 →(銀座線 約11分)→ 浅草駅

浅草を代表する都内最古の寺
浅草寺 センソウジ

浅草のランドマークでもある雷門をくぐり、仲見世を抜けると見えてくる本堂は1958年に再建されたもの。

Map 別冊 P.16-B2
- 台東区浅草2-3-1
- 03-3842-0181（日・祝を除く9:30～16:00）
- 参拝自由（授与所6:00～17:00、10～3月は6:30～）
- 地下鉄浅草駅1番出口から徒歩5分

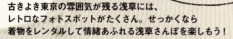

まずは浅草寺へお参り

- 五重塔の迫力に感動！
- 雷門をパチリ
- 提灯は6代目で、なんと重さは約700kg！
- 仮本堂として御本尊が安置されたことも
- 本堂にお参り
- 女性の守り神を祀る淡島堂
- おみくじも引こう！
- めくが出た時だけ結びます

- 塗り込むタイプの練り香水 880円は全5種
- 手みやげにもぴったりなおみくじバスボム 各550円
- 365通りの着物の柄がデザインされた365 LIP BALM 各1100円
- 縁起のよい桜が彫られた手鏡（小）4400円
- ワインの重さで自立するワインラック 2200円

お待ちしてます！

大正ロマンを感じるコスメ店
よろし化粧堂 仲見世店
ヨロシケショウドウ ナカミセテン

浅草発のスキンケアブランド。米ぬかや酒粕など和の自然由来成分を使用したスキンケアアイテムが揃う。

Map 別冊 P.16-B2
- 台東区浅草1-18-1
- 03-5811-1730
- 10:00～17:30、土・日・祝～18:00
- 無休
- 地下鉄浅草駅1番出口から徒歩4分

心ときめく桐小物
箱長 メトロ通り店
ハコチョウ メトロドオリテン

着物の生地を桐に直接彫り込む、"桐木目込み"という日本で唯一の技術を駆使した工芸品を販売する。

Map 別冊 P.16-B2
- 台東区浅草1-34-5
- 03-3843-8727
- 10:30～18:00
- 無休
- 地下鉄浅草駅1番出口から徒歩2分

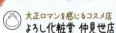
仲見世通り周辺でおいしいもの&おみやげ探し

できたてもちもちをその場で
浅草きびだんごあづま
アサクサキビダンゴアヅマ

ゆでたてのきびだんごをその場で食べられる。国産たかきびを使用し、香り高いきな粉がたっぷり！

Map 別冊 P.16-B2
- 台東区浅草1-18-1
- 03-3843-0190
- 9:00～19:00（売り切れ次第終了）
- 不定休
- 地下鉄浅草駅1番出口から徒歩4分

浅草人形焼の元祖！
木村家本店
キムラヤホンテン

浅草寺をモチーフとした形の人形焼が人気。1868年の創業から変わらない製法で、地元の人からも愛される。

Map 別冊 P.16-B2
- 台東区浅草2-3-1
- 03-3841-7055
- 10:00～18:00
- 不定休
- 地下鉄浅草駅1番出口から徒歩5分

きびだんご1人前5本350円、冷やし抹茶150円　　あん入り人形焼き600円（8個入り）

116　仲見世商店街では食べ歩きはNG。飲食は持ち帰るか、お店の前で食べるのがマナーです！（東京都・ヌーブ）

ふわっふわなメロンパンを食べる

できたてが絶品のジャンボめろんぱん 220円

1日3000個売り上げることも！
浅草花月堂
アサクサカゲツドウ

浅草を代表するメロンパン専門店。独自の発酵方法により実現したふわふわ感をお店で味わって！

Map 別冊P.16-B2
- 台東区浅草2-7-13
- 03-3847-5251
- 11:00～16:00（ジャンボめろんぱんが売り切れ次第終了）
- 無休
- 地下鉄浅草駅8番出口から徒歩8分

風車の色は季節によって変わる

お店裏手の風車アートは忘れずに写真を！

射的＆金魚すくいで縁日気分〜♪

メロンパンを食べたら射的にトライ！
浅草射的場
アサクサシャテキジョウ

浅草花月堂に隣接する昔懐かしい射的場。商品を倒してゲットしよう！ 5発350円。

Map 別冊P.16-B2
- 台東区浅草2-7-13
- 03-3847-5251（浅草花月堂）
- 11:00～16:00
- 無休
- 地下鉄浅草駅8番出口から徒歩8分

持ち帰りは5匹まで。何匹すくえるかな？

一年中金魚すくいが楽しめる
浅草きんぎょ
アサクサキンギョ

国産総ヒノキ造りの水槽に、かわいらしい金魚が泳ぐ。1回300円で遊びのみの参加（持ち帰りなし）もOK！

Map 別冊P.16-B2
- 台東区浅草2-7-13
- 03-3847-5251（浅草花月堂）
- 11:00～16:00
- 無休
- 地下鉄浅草駅8番出口から徒歩8分

都内最古の昔懐かしい遊園地にも寄ってみる

パンダカーは1回200円

都内最古のレトロ遊園地
浅草花やしき
アサクサハナヤシキ

江戸時代末期に花園として誕生。60年以上現役のコースターなど、園内はレトロな雰囲気でいっぱい。着物もよく映える！

Map 別冊P.16-A2
- 台東区浅草2-28-1
- 03-3842-8780（代表）
- 10:00～18:00（最終入園17:30）
- メンテナンス休園あり 公式サイトを要確認 www.hanayashiki.net
- 1000円（のりもの券1枚100円、フリーパス2500円 ※入園料別途）
- つくばエクスプレス浅草駅A1出口から徒歩3分

着物はココでレンタル！

cocomo TOKYO
ココモ トウキョウ

豊富な着物プランはもちろん、花魁や舞妓体験なども熟練のスタッフがサポートしてくれる。

Map 別冊P.16-B2
- 台東区浅草1-29-8 2F
- 03-3847-0763
- 10:00～19:00（最終受付17:00）
- 不定休
- スタンダード着物プラン4290円～
- 地下鉄浅草駅1番出口から徒歩2分

蔵前〜浅草 ▼ 浅草レトロフォトさんぽ

レトロ着物プランにトライ！

着物と帯を選ぶ
自分に合う1着をじっくり吟味。鏡で合わせてみよう

レース、帯留め、帽子をチョイス！
着物と帯に合う小物類をチョイス。種類豊富です

いざ！着付け
スタッフさんが手際よく着付けをしてくれます

完成〜♡

簡単なヘアメイク
無料から有料の凝ったものまで選べます

★所要時間：約30分
★金額：7590円
（1人で利用の場合は9790円）※バッグや下駄など小物も含みます

「浅草射的場」と「浅草きんぎょ」は「浅草花月堂」が運営。場所もすぐそばなのでセットで訪れて。

117

蔵前〜浅草 / Kuramae〜Asakusa

ビーフシチュー 2600円
じっくり煮込んだシチューは濃厚。ごろりと入った牛肉がうれしい

オムライス 1350円
定番人気メニュー。卵とライスとケチャップのバランスが絶妙

こちらもおすすめ！

旨すぎて申し訳ないッス！

LUNCH

1951年創業

シンプルで安心する洋食
ヨシカミ

創業から変わらない、オープンキッチンが特徴の店内で日本人の味覚に合う洋食を提供する。素材の特徴が引き立つ料理は、シンプルながら深い味わいで幅広い世代に人気。

Map 別冊P.16-B2
🏠 台東区浅草1-41-4　☎03-3841-1802　⏰11:30〜22:00　休木　🚇つくばエクスプレス浅草駅A1出口から徒歩2分

老舗ランチのあとは奥浅草でスイーツタイム♡

浅草でのランチは、街の発展とともに成長してきた老舗がおすすめ。
奥浅草の実力派スイーツもチェックして！

かにコロッケ 800円
ふんわりとろけるコロッケはズワイガニの風味とクリーミーなソースが絶品

1929年創業

浅草の中心で絶品むぎとろを
浅草むぎとろ本店
アサクサムギトロ ホンテン

国産の大和芋と秘伝のだしを合わせたとろろをメインに懐石料理が楽しめる。平日限定のむぎとろバイキング1500円は常に行列ができるほどの人気ぶり。

Map 別冊P.16-B2
🏠 台東区雷門2-2-4　☎0120-36-1066　⏰11:00〜20:00　無休
🚇地下鉄浅草駅A3出口から徒歩1分

1880年創業

明治の面影を残す
レストラン カミヤ

数々の文豪に愛された「神谷バー」の2階で名物のかにコロッケなどが楽しめるカジュアルなレストラン。電気ブランなどアルコールも提供する。

Map 別冊P.16-B2
🏠 台東区浅草1-1-1 2F
☎03-3841-5400　⏰11:00〜21:00　休火　🚇地下鉄浅草駅3番出口から徒歩1分

電気ブラン 300円
さまざまな小説にも登場し浅草を代表するお酒

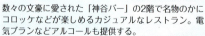

十六々彩膳 3300円（平日限定）
16種の前菜が彩り豊か。むぎごはんととろろはおかわり自由

「旨すぎて申し訳ないッス！」という「ヨシカミ」のキャッチコピーは口に出したからにはそれなりの料理を、という戒めとして採用しているそう。（東京都・アスカ）

スコーンとプリンが人気
feb's coffee & scone
フェブズコーヒーアンドスコーン

優しい光が差し込む店内で手作りするスコーンとカフェラテが自慢のカフェ。サクサク食感でバターの風味が香るスコーンはプレーンをはじめ7～8種を用意。

Map 別冊P.16-A2
- 台東区浅草3-1-1
- 03-6458-1881
- 10:00～17:30、土・日・祝9:00～
- 無休
- 地下鉄浅草駅8番出口から徒歩8分

スコーンセット
980円（11:00～）
スコーン2つにドリンクがつくお得なセット

焦がしカラメル
濃厚プリン 650円
試行錯誤を重ね完成した固めプリンはスコーンに次ぐ人気メニュー

蔵前～浅草▼老舗ランチのあとは奥浅草でスイーツタイム♡

What's 奥浅草？
浅草寺よりも北側にあり普段は観光客も少ない閑静な地域ながら、こだわりのスイーツを提供する評判のカフェが点在するエリア。

ゆるやかな時間が流れる喫茶店
浅草ミモザ
アサクサミモザ

看板メニューは銅板でじっくり焼き上げる5段重ねのビッグホットケーキ。種類豊富な紅茶とハンドドリップコーヒーなど、ドリンクメニューも豊富。

Map 別冊P.16-A2
- 台東区浅草4-38-6
- 03-3874-2933
- 8:00～17:00 休月（祝日の場合は営業、翌平日休）
- つくばエクスプレス浅草駅A出口から徒歩8分

夜空缶
1620円
レモン風味のクッキー。付属の折紙にのせれば夜空が出現

ビッグホットケーキセット 1250円
リッチな味わいのカルピスバターとシロップをたっぷりかけて召し上がれ

地元で愛され続ける味です

かわいい焼き菓子にリピーター多数
菓子工房ルスルス
カシコウボウルスルス

添加物は不使用、一つひとつていねいに作られる焼き菓子は、キュートな見た目と優しい味わいが特徴。夜空缶と鳥のかたちのクッキーは東京みやげの定番。

鳥のかたちのクッキー1620円
大小さまざまな鳥がつまったキュートなクッキー缶

Map 別冊P.16-A2
- 台東区浅草3-31-7
- 03-6240-6601
- 12:00～19:00 休月～金
- 地下鉄浅草駅6番出口から徒歩12分

「菓子工房ルスルス」はイートインも可能。古民家風の店内はレトロですてき。

谷根千 Yanesen

町名の由来
1984年に地域雑誌の『谷中・根津・千駄木』が創刊され、その略称として「谷根千」と定着。東京23区の中心近くにありながら、戦災や震災を免れたため今も昭和の街並みが残るレトロなスポットとして、注目を集めるようになった。

情緒あふれる下町を ぶらりおさんぽ

昔懐かしい雰囲気残る谷根千。路地を歩けばネコとすれ違い、銭湯をリノベしたおしゃれ酒場や、たわしの老舗も。歩くほどに魅力に出合える谷根千をご案内。

ACCESS 約15分

東京駅 → 丸ノ内線 約1分 → 大手町駅 → 千代田線 約6分 → 根津駅

東京駅 → JR山手線 約12分 → 日暮里駅

ノスタルジックな夕日を眺める

昼間はこんな感じ

映画やドラマのロケ地で有名
夕やけだんだん
ユウヤケダンダン

御殿坂と谷中銀座商店街の間にある階段で、夕日の撮影スポットとして知られる。かつては商店街の奥に富士山が見えていたそう。

Map 別冊P.24-A2

🚶 荒川区西日暮里3-13付近　🚉 JR日暮里駅北改札口から徒歩4分

谷中はネコの街?
谷中には谷中霊園や細い路地が多いため、ネコの街としても有名。現在でも谷中銀座商店街周辺の裏路地などで見かけることが多い。

ニャ〜ン

122　「夕やけだんだん」で撮影をしていると地元の買い物帰りのおばあちゃんが話しかけてくれました。人の温かさも谷中の魅力です。（神奈川県・ミーコ）

千本鳥居を
くぐってみる

たくさんの人が集まる古社
根津神社 ネヅジンジャ

ヤマトタケルが千駄木に創祀したと伝えられる。広々とした境内には千本鳥居など見どころがたくさん。

Map 別冊 P.24-C1

- 文京区根津1-28-9 ☎03-3822-0753 日の出から日の入りまで（授与所9:30〜16:30。季節により異なる） 地下鉄根津駅1番出口から徒歩5分

カラフルな水引の花が入る華の筒みくじ1回200円

かわいい
おみくじ

ネコモチーフの
スイーツを
いただく

キュートな焼きドーナツ専門店
やなかしっぽや

谷中らしいネコのしっぽをモチーフにしたドーナツが人気。極力国産の素材にこだわるドーナツは食べ歩きにもぴったり。

きゃめる（左）、とら（右）各130円

Map 別冊 P.24-A2

- 台東区谷中3-11-12 ☎03-3822-9517 11:00〜16:00、土・日・祝10:00〜19:00 不定休 JR日暮里駅北改札口から徒歩5分

自然由来で肌にやさしい亀の子ウォッシュ各770円

泡立ち抜群で抗菌防カビ効果もある亀の子スポンジ各330円

たわしの老舗で
心ときめく逸品を
Getする

谷根千▶情緒あふれる下町

昔から愛される定番亀の子束子は4種。407円〜

テイクアウトも可能

2020年11月に移転オープン
亀の子束子 谷中店 カメノコタワシ ヤナカテン

築75年の銭湯を改装した店内で、人気のスポンジなど豊富なグッズを販売。店内には初のカフェも併設。

サクサクのココア生地がたまらないカメロンパンきなこ297円

Map 別冊 P.24-C2

- 文京区根津2-19-8 SENTOビル1F A ☎03-5842-1907 11:00〜18:00 月（祝日の場合は営業、翌平日休） 地下鉄根津駅1番出口から徒歩2分

銭湯の跡地で
"トトノワナイ"を
体験する

女湯で牛乳ハイに舌鼓
不健康ランド 背徳の美味
フケンコウランド ハイトクノビミ

まるで銭湯内でお酒を飲んでいるかのような背徳感が楽しいネオ酒場。ユニークなメニューにも注目。

鳥の唐揚げ 魔法の粉と638円、コーヒー牛乳ハイ、フルーツ牛乳ハイ各528円ほか

Map 別冊 P.24-C2

- 文京区根津2-19-8 SENTOビル1F D なし 17:00〜23:00、土・日・祝15:00〜 無休 地下鉄根津駅1番出口から徒歩1分

ディスプレイも
かわいい！

自分だけの
お守りブレスを
作ってみる

仏師が心願成就と厄除を込めて彫った木珠ひとつと石を選んで自分好みに。5000円〜

自分みやげやプレゼントにも
ひいらぎ谷中 ヒイラギ ヤナカ

オリジナルの念珠やブレスレットを扱う専門店。ケヤキの木珠と石を組み合わせるお守りブレスが人気。

Map 別冊 P.24-B2

- 台東区谷中5-4-1 ☎03-5809-0013 11:00〜16:00 月・火（祝日の場合は営業、翌平日休） 地下鉄千駄木駅1番出口から徒歩5分

亀の子スポンジAg+のオレンジは「亀の子束子 谷中店」でしか手に入らない限定カラー。

谷根千

古いけど新しい！フォトジェニックなリノベ古民家へ

レトロな古民家をリノベーションし、古きよき雰囲気を生かしたおしゃれなお店が点在する谷根千。思わず写真を撮りたくなるスポットをのんびりめぐりましょう。

📷 PHOTO SPOT
入口のサインと一緒に撮影するのがおすすめ。どこも絵になる！

昭和にタイムスリップ
上野桜木あたり
ウエノサクラギアタリ

上野桜木の路地裏にひっそりとたたずむ、昭和13年築の日本家屋にビアホール、ベーカリー、塩とオリーブの専門店が入る複合施設。

Map 別冊P.25-B3
🏠台東区上野桜木2-15-6ほか
☎店舗により異なる ⏰8:00～20:00（店舗により異なる）休店舗により異なる 🚇地下鉄根津駅1番出口から徒歩10分

(左から)ガーリック&しいたけ(日本)870円、エキストラバージン(チュニジア)2600円、ベルガモット(トルコ)1100円

谷中ビールテイスティングセット 1470円

どのお店もステキ♡

こちらも人気！
サワードウブレッドパンス(1/4) 400円

女将さんが着物でお出迎え
谷中ビアホール
ヤナカビアホール

限定醸造の谷中ビールをはじめ、8種のクラフトビールが楽しめる。地元食材を使ったビールに合う料理も美味。

Map 別冊P.25-B3
🏠あたり1号棟1F、2F
☎03-5834-2381
⏰11:00～20:00、月～15:30 休第3月曜

谷中生姜と竹輪の柚子ソース3本550円(左)、季節のアヒージョ990円

北欧スタイルのベーカリー
VANER ヴァーネル

ノルウェーをはじめ各国で修行を積んだオーナーが手がける。天然酵母を使用し心地よい酸味が特徴のサワードウブレッドが自慢。

Map 別冊P.25-B3
🏠あたり2号棟1F
☎03-5834-8137
⏰8:00～15:00 休月・火

カルダモンロール300円、カフェラテ500円

自分好みの調味料を見つけよう
おしおりーぶ OshiOlive

世界各国から厳選したオリーブオイルをはじめ、塩やビネガーなど豊富な品揃え。料理が楽しくなること間違いなし。

Map 別冊P.25-B3
🏠あたり3号棟1F ☎03-5834-2711 ⏰10:30～18:00、月11:00～15:00 休無休

124 「上野桜木あたり」にも人懐っこいネコちゃんが遊びにきます。特に暖かい時期にはうたた寝していることも！(東京都・にゃんたま)

ミルクフランス 250円
優しい甘さのミルククリームが絶品

パンドミ（1本）500円
焼いてもよしそのままでもよしな看板商品

グリーンカレーパン 280円
本格的なグリーンカレーの辛さが後ひくおいしさ

毎日食べたくなるパン
根津のパン
ネヅノパン

地元のお客さまであふれるベーカリー。国産小麦と自家製酵母で焼き上げるパンは惣菜系からスイーツ系までさまざま。

Map 別冊P.24-C2
- 文京区根津2-19-11
- なし
- 10:00〜19:00
- 月・木
- 地下鉄根津駅1番出口から徒歩1分

谷中エリアのランドマーク
カヤバ珈琲
カヤバコーヒー

厚焼きのたまごサンドが人気の古民家カフェ。1916年築の建物は当時の雰囲気が残り、どこかゆっくり時間が流れる居心地のよい空間。

Map 別冊P.25-B3
- 台東区谷中6-1-29
- 03-5832-9896
- 8:00〜18:00、土・日・祝〜19:00
- 無休
- 地下鉄根津駅1番出口から徒歩9分

あんみつ 800円
谷中のこんにゃくの卸元から仕入れた寒天が絶品

たまごサンド 1000円
VANER（→P.124）のパンを使用。ハーブがふわりと香る

📷 PHOTO SPOT
元々は豆腐屋さんだった店舗を改装。和風でおしゃれな外観

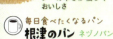

📷 PHOTO SPOT
入り口からすでにキュート。2階の座敷スペースもほっこり懐かしい

谷根千♥レトロ古民家

📷 PHOTO SPOT
お風呂に入る感覚でギャラリー見学ができる外観をパチリ

現代アートに特化したギャラリー
SCAI THE BATHHOUSE
スカイ ザ バスハウス

200年の歴史をもつ「柏湯」を改装した空間で、最新の現代アートを伝える拠点として人々に親しまれている。

企画展の情報はHPをチェック

Map 別冊P.25-B3
- 台東区谷中6-1-23 柏湯跡
- 03-3821-1144
- 12:00〜18:00
- 日・月・祝、休廊日 ※展示替えの間は休廊
- 無料
- 地下鉄根津駅1番出口から徒歩11分

レトロなアイテムが所狭しと並ぶ店内はどこもキュート！

古くてかわいいアイテムがずらり
Biscuit ビスケット

オーナーがデザインを手がけるオリジナル商品や、自ら買い付けるヨーロッパのヴィンテージ品に乙女心をくすぐられる！

Map 別冊P.24-B2
- 台東区谷中2-9-14
- 03-3823-5850
- 11:00〜18:00
- 無休
- 地下鉄千駄木駅1番出口から徒歩3分

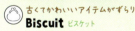

謎解きに挑戦してみる？
クリアするともらえます！

ヒントは店員さんに聞こう！
謎屋珈琲店 文京根津店
ナゾヤコーヒーテン ブンキョウネヅテン

お店オリジナルの謎解きやひらめきクイズを、お店で焙煎したコーヒーとともに楽しめる。

Map 別冊P.24-C1
- 文京区根津1-27-1
- 03-5832-9972
- 7:00〜19:00
- 水（祝日の場合は営業）
- 地下鉄根津駅1番出口から徒歩7分

1. 使い勝手抜群のポストカード各198円
2. 並べておくだけでもかわいいオリジナルマスキングテープ各528円

「謎屋珈琲店」は平日1500円＋ドリンク代、祝日2000円＋ドリンク代。カフェのみの利用ももちろん可能。

お肉屋さんをイメージ

MUST BUY!
文庫革コラボがま口財布
自然をモチーフにした幾何学模様を、牛革に一筆ずつ彩色して作るがま口財布1万4300円

1. グリーティングカード各935円 2. ユニークな肉の刺繍オーナメント8800円 3. ビッグポーチ6050円 4. ベッドのチェシャ犬ドール各7700円にときめく♡

キッチュなフレンチ雑貨にキュン
Le Monde de Nathalie
ルモンド ドゥ ナタリー

パリの女の子の部屋みたい！

日本にもファンが多いフランス人アーティスト、ナタリー・レテによる世界唯一のショップ。2020年にリニューアルし、本人のアトリエにいるような個性あふれる世界観が魅力。

Map 別冊P.27-B3
🏠 渋谷区神宮前4-28-15 Lamp harajuku 2F
☎ 03-5411-1230 🕐 12:00～19:30 休 水
🚇 地下鉄明治神宮前駅4番出口から徒歩3分

お気に入りを見つけてね！

お手本にしたいカラフルなインテリアとファブリック

表参道～青山▼流行発信エリアのマストバイコレクション

デイリー使いできる上質なリネン
LAPUAN KANKURIT 表参道
ラプアン カンクリ オモテサンドウ

フィンランド生まれのテキスタイルメーカー。本国以外では世界初の路面店で、現地デザイナーの作品や毎月第1土・日曜限定販売のシナモンロールなど文化も積極的に発信。

種類豊富なシナモンロール

Map 別冊P.27-B3
🏠 渋谷区神宮前5-13-12
☎ 03-6803-8210 🕐 12:00～20:00 休 火 🚇 地下鉄明治神宮前駅7番出口から徒歩8分

1. 現在在住日本人デザイナーによるSADEKUUROバッグ3850円とポーチ4180円 2. フィンランドでは欠かせないサウナピロー4840円 3. 肌触り最高のKOIVUブランケット1万1000円

MUST BUY!
1番人気のショール
ロングセラーのMARIAポケットショール1万1000円は即買い。子供用ショールも登場！

山羊さんの贈り物
自家栽培の小麦で作られたパンと牧場で飼育した山羊から作られるチーズは、根強いファンが多い。

北條さん夫妻

地元のシェフも通う食の宝庫
Farmers Market
ファーマーズマーケット

全国から毎週末60ものお店が集う都心最大規模のマーケット。店舗を持たない出店者も多く掘り出しモノが続々！

Map 別冊P.28-A2
🏠 渋谷区神宮前5-53-70 国際連合大学前広場
☎ 03-6271-0388 🕐 土・日10:00～16:00
🚇 地下鉄表参道駅B2出口から徒歩5分

Market info

1 情報収集をしっかり
Farmers MarketのHPに毎週末の出店者が掲載されるので、事前にチェックしていこう！

2 エコバッグは持参
次回訪れた際に返却する「ブーメランバッグ」の取り組みもあるが、基本は持参がマスト。

3 午前中が狙い目
人気商品は午後になると売り切れ必至。お目当ての品はオープン直後にゲットして！

「イッタラ表参道」（→P.129）のほか、「Marimekko」**Map** 別冊P.27-B3 など表参道は北欧ラバーの隠れた聖地。

表参道〜青山

東京イチおしゃれな街で行くべき都会的グルメ&ミュージアムの攻略法

スタイリッシュなレストランや見どころがひしめく超激戦エリア。あますところなく楽しみつくすためのaruco的攻略ポイントを徹底解説！

アルコールメニューも豊富

NEWオープンのホテルダイニング
THE BELCOMO
ザ ベルコモ

朝ごはんからディナーまで、シーンを選ばず利用できるオールデイダイニング。テラス席やオープンキッチンもあり、2020年夏のオープンながら早くも高感度な人々でにぎわうホットスポットに！

1. バスク風チーズケーキ900円 2. あまおうを贅沢に使ったパフェ2000円 3. バー利用のみもOK 4. メインはバベットステーキ3200円で決まり。季節によって変わるメニューを楽しんで 5. テラス席からは外苑前が一望できる

Map 別冊 P.27-B4
🏠 港区北青山2-14-4 THE AOYAMA GRAND HOTEL 4F
☎ 03-6271-5429 ⏰ 7:30〜23:00(L.O.22:00) 休無休
🚇 地下鉄外苑前駅3番出口から徒歩3分

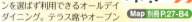

GOURMET & 攻略POINT

街を一望できるテラス席を選ぶ
表参道〜青山の空気をたっぷり感じられる席で、街行く人を眺めながら都会っ子気分を味わおう♪

バーカウンターも完備している
早い時間のサク飲みや2軒目使いもできるバーカウンターがあれば、何軒でもハシゴできちゃう！

オールデイダイニングメニュー
コアタイムを少なくして、遅めのランチor早めのディナーができる店を選んでまったり過ごそう。

1. オトナの隠れ家的バーでしっぽり 2. 食後には70％ダークチョコレートタルト1500円をどうぞ 3. ディナーコースは8800円〜 4. スマートなサーブにうっとり♡ 5. ウォーターテラス席から望むサンセットは格別！

特別な日の思い出にぜひ！
ドレスアップして訪れたい上質空間
TWO ROOMS GRILL I BAR
トゥー ルームス グリル バー

Map 別冊 P.28-A2
🏠 港区北青山3-11-7 AOビル5F ☎ 03-3498-0002 ⏰ 11:00〜翌2:00(レストランL.O.22:00)
休水 🚇 地下鉄表参道駅B2出口から徒歩1分

モダンかつホスピタリティあふれるレストラン。5つ星ホテルでの経験をもつシェフ、マシュー・クラブによるグリル料理は、素材本来の味と美しい見た目で文句なしのクオリティ。

「THE AOYAMA GRAND HOTEL」のゲストは「THE BELCOMO」で朝食がいただけます。和食がおいしい！(大阪府・のこ)

根津美術館
ネヅビジュツカン

大都会に広がる美しい庭園が魅力

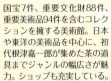

Map 別冊 P.27-C4

🏠港区南青山6-5-1 ☎03-3400-2536 ⏰10:00〜17:00(最終入館16:30) 💴1300円(オンライン日時指定予約) 休月、展示入替期間 🚇地下鉄表参道駅A5番出口から徒歩8分

国宝7件、重要文化財88件、重要美術品94件を含むコレクションを擁する美術館。日本や東洋の美術品を中心に、初代根津嘉一郎が集めた茶の道具までジャンルの幅広さが魅力。ショップも充実している。

攻略POINT MUSEUM

喧騒を離れた裏通りに立地
名美術館は、表参道や青山通りから裏通りに入ったたずんでいることが多い。

有名建築家による建物も見どころ
展示品だけでなく、存在感ある建物も世界的に著名な建築家が手がけたものが多く、見逃せない。

豊富な企画展を開催している
さまざまなテーマや芸術家にスポットを当てた企画は期間限定なことも多いので、HPをチェックしてみて。

1. 四季折々の風景が楽しめる広大な庭園 2. 隈研吾設計による和モダンの建物 3. NEZUCAFÉは入館者のみ利用できる貴重な空間 4. 開放的なエントランスホール 5. 正門からのアプローチ

撮影：今井紀彰

表参道〜青山 ▼ 都会的グルメ&ミュージアムの攻略法

1. ジョン・ルーリー展 Walk this way（2019年）展示風景
2. アイラブアート15 生きている東京展（2020年）
3. 青木陵子+伊藤存 変化する自由分子のWORKSHOP展（2020年）
4. スイス人建築家による建物

ワタリウム美術館
ワタリウムビジュツカン

豪華なファサード必見の重厚な建物

2020年で30周年を迎えたコンテンポラリーアートの私設美術館。建築、写真、映像展示のほか、関連するワークショップやトークイベントも開催。併設するミュージアムショップ「ON SUNDAYS」も人気。

Map 別冊 P.27-B4

🏠渋谷区神宮前3-7-6 ☎03-3402-3001 ⏰11:00〜19:00、水〜21:00 休展覧会により異なる 休月 🚇地下鉄外苑前駅3番出口から徒歩7分

最新スポットもデザインに注目

北欧グルメを味わおう♡

イッタラ表参道 ストア&カフェ
イッタラオモテサンドウ ストアアンドカフェ

2021年2月ニューオープン！

カフェ併設の店舗は世界初だという北欧の有名ブランド。名作・新作はもちろん、隈研吾による内装デザインも見逃せない。

Map 別冊 P.28-A2

🏠渋谷区神宮前5-46-7 GEMS青山クロス1F ☎03-5774-0051 ⏰11:00〜20:00(L.O 19:00、ドリンク19:30) 休不定休 🚇地下鉄表参道駅B2出口から徒歩4分

ココもCHECK

岡本太郎記念館 →P.168

2020年にオープンした、ピカソのセラミック作品を展示した「ヨックモックミュージアム」Map 別冊 P.27-C4 も必見。

129

代々木上原〜奥渋谷
Yoyogiuehara〜Okushibuya

クリエイターが集うハイセンスタウンでこだわりの一点モノに出合う

高級住宅街ながら居心地のよいお店が多く、肩ひじ張らずに過ごせる2エリア。オーナーのセンスや人柄が反映された、ローカルに愛されるお店を紹介！

ACCESS 約25分
東京駅 →(JR中央線 快速 約15分)→ 新宿駅 →(小田急小田原線 快速急行 約4分)→ 代々木上原駅

町名の由来
代々木上原は代々木周辺よりも高台にあったことから「上の原」と呼ばれたことが由来とされていて、現在でも坂が多い。奥渋谷は渋谷駅から離れた神山町〜富ヶ谷エリアの通称として定着したが、実際の地名ではない。

ROSTRO
ロストロ

今の気分や好きなテイストを伝えると、自分オリジナルの1杯を入れてもらえるコーヒー専門店。隣接工場で自家焙煎した豆は、2020年のテイスティング競技会で金賞を受賞した実力派。

Map 別冊 P.26-B2
渋谷区富ヶ谷1-14-20 サウスピア 1F
03-5452-1450　8:00〜20:00 (L.O.19:30)
不定休
地下鉄代々木公園駅2番出口から徒歩5分

私のためだけのコーヒー　心を込めて入れます

1,4. 豆の選定から抽出までの待ち時間も幸せ
2. オーダーメイドコーヒーは700円〜　3. テラス席でいただけるモーニングセット1100円

HININE NOTE
ハイナインノート

印刷会社の一角でスタートしたノート専門店。トラベルノートから結婚式の芳名帳まで用途に合わせてカスタム可能で、使いきったら中紙の交換ができるのも好ポイント。

世界に1冊だけのノート

Map 別冊 P.26-B2
渋谷区上原1-3-5 SK代々木ビル1F
03-6407-0819
13:00〜20:00、土・日・祝〜19:00 (最終受付各30分前)　火休
地下鉄代々木公園駅1番出口から徒歩4分

1. 好みのサイズや色などをオーダーシートに記入。1冊1100円台〜
2,3. 箔押しは550円〜でカラーも複数選べる
4. できあがりまで15分ぐらい

組み合わせは無限大です

『ナタ・デ・クリスチアノ』は午後になると売り切れることもあるので、事前に電話で取り置きするのが確実です。（東京都・YU）

梅しそささみ380円やブライムリブローストビーフ520円が売れ筋

カタネベーカリー
超有名店のコッペパンを使用

代々木上原の閑静な住宅街にたたずむ、行列のできる名店。

Map 別冊 P.26-A1
- 渋谷区西原1-7-5
- 03-3466-9834
- 7:00〜18:00
- 月、第1・3・5日曜
- 地下鉄代々木上原駅東口から徒歩6分

上原×奥渋谷無敵のコラボパン

富谷商店
トミガヤショウテン

2020年のオープン以来、地元住民に絶大な人気を誇るコッペパン＆お弁当スタンド。こだわりの具材を使ったメニューは全20種類ほどで、つい寄り道したくなる奥渋谷の隠れ家的名店。

富ヶ谷の台所めざしてます

1. 常時10種類が並ぶショーケース。金木犀など珍しいジャムも取り扱う
2. 地名が付いた富ヶ谷海苔弁680円
3. 魚か肉を選べる腸活弁当950円

Map 別冊 P.26-B2
- 渋谷区富ヶ谷2-9-16
- 03-5738-7740
- 11:00〜売り切れ次第
- 日、祝
- 地下鉄代々木公園駅1番出口から徒歩9分

代々木上原〜奥渋谷▶こだわりの一点モノに出合う

こんな建築も担当！
猿田彦珈琲 The Bridge 原宿駅前 →P.23

建築設計事務所で社食気分！

社食堂
シャショクドウ

仕事場と社員食堂が一体化したサポーズデザインオフィスの空間は誰でも利用OK。併設のショップや壁一面の本棚も必見。

どこでも社食堂

1. 宮島産のSUPPOSEオリジナルブレンド1620円
2. どこでも社食堂レトルトカレー756円
3. 人気の日替わり定食1210円

Map 別冊 P.26-B1
- 渋谷区大山町18-23 B1F
- 03-5738-8480
- 11:00〜21:00 (L.O. 20:30)
- 日・祝
- 地下鉄代々木上原駅西口から徒歩8分

ナタ・デ・クリスチアノ

都内でも珍しいポルトガル菓子店。1日約1000個売れるエッグタルト「パステル・デ・ナタ」230円はサクサクで飽きのこない甘さ♡

同エリアに系列店アリ！
お惣菜と洋菓子 もんしゃとう →P.68

おいしさの秘密は秘伝レシピ

1. 半熟カステラ「パン・デ・ロー」910円
2. スポンジケーキ「パボシュ・デ・アンジョ」252円
3. チーズタルト「ケイジャーダ・デ・シントラ」230円
4. 「パステル・デ・ナタ」と6個入りバケ

Map 別冊 P.26-B2
- 渋谷区富ヶ谷1-14-16 スタンフォードコート103
- 03-6804-9723
- 10:00〜19:30
- 無休
- 地下鉄代々木公園駅3番出口から徒歩5分

キラリと光るヴィンテージ品

1. 軽くて柔らかいフリンジ付きレザーワンピ2万2800円
2. コットンジャケット1万3800円
3. アメリカンな個性派カラフルジャケット1万6800円

The VINTAGING
ザ ヴィンテージング

オーナーmimiさんのセンスがたっぷり詰まったヴィンテージストア。上質なスタンダードアイテムや繊細なメキシカンジュエリーは世界中で買い付ける一点モノ。

Map 別冊 P.26-C1
- 渋谷区富ヶ谷2-17-12
- 12:00〜19:00
- 水・日
- 地下鉄代々木公園駅3番出口から徒歩10分

歴史感じる見どころもたくさん

都会の癒やし森林浴スポット

代々木公園
ヨヨギコウエン

米軍宿舎や東京オリンピックの選手村を経て開園。緑豊かな広場や野外ステージ、スポーツ施設を兼ね備える。

Map 別冊 P.26-B2
- 渋谷区代々木神園町2-1
- 03-3469-6081（代々木公園サービスセンター）
- 散策自由
- 無休
- JR原宿駅東口から徒歩3分

出世祈願に訪れる人も多い

代々木八幡宮
ヨヨギハチマングウ

仕事運にご利益があるという出世稲荷社や縄文時代の代々木八幡遺跡など、境内は自然豊かなパワーに満ちている。

Map 別冊 P.26-B2
- 渋谷区代々木5-1-1
- 03-3466-2012
- 参拝自由（授与所9:00〜17:00）
- 小田急線代々木八幡駅西口から徒歩5分

代々木上原のランドマーク

東京ジャーミイ →P.39

奥渋谷のアイコン的存在、「SHIBUYA PUBLISHING & BOOKSELLERS」Map 別冊 P.28-A1 にも立ち寄ってみて。

131

ダガヤサンドウ
Dagayasando

おしゃれさん必見！
熱狂の中心地をてくてく♪

千駄ヶ谷駅と北参道駅の周辺は、閑静ながら高感度なショップやカフェが点在する注目のエリア。生まれ変わった国立競技場もチェックしたい！

将棋の町でもあります！

将棋会館で買える棋士のサイン入りキーホルダー各770円

将棋漫画『3月のライオン』のデザインマンホール

町名の由来
かつて見渡す限りの茅野原だった千駄ヶ谷。千駄（たくさん）の茅を毎日刈り取っていたことに由来しているそう。明治神宮の北側の参道にあたる北参道とあわせて、通称「ダガヤサンドウ」と呼ばれる。

ACCESS 約18分
東京駅 ▷▷▷ 四ツ谷駅 ▷▷▷ 千駄ヶ谷駅
JR中央線快速約9分 / JR総武線約4分

START 千駄ヶ谷駅 徒歩6分

11:00
熱狂が渦まく国立競技場をCheck！

2021年東京五輪メイン会場。隈研吾氏と共同企業体が建築を手がけ、自然との調和をイメージした日本らしいデザイン。迫力満点！

Map 別冊 P.27-A4
新宿区霞ヶ丘町10-1　地下鉄国立競技場駅A2出口から徒歩1分　※国立競技場敷地内へは入れません

ココも立ち寄りたい！
オリンピックの歴史を知ろう
日本オリンピックミュージアム
ニホンオリンピックミュージアム

Map 別冊 P.27-A4
新宿区霞ヶ丘町4-2　03-6910-5561
10:00〜17:00（最終入館16:00）　月（祝日の場合は翌平日休）、展示替期間　500円、高校生以下無料（事前予約制）　地下鉄外苑前駅3番出口から徒歩5分

提供：JOC
提供：独立行政法人日本スポーツ振興センター

11:30 徒歩8分
鳩森八幡神社で勝負運をUP！

御祭神は勝ち運の神様で、将棋会館に隣接していることもありプロ棋士の参拝も多いそう。王手勝守1000円やカラフルな風水招き猫各500円が人気。

Map 別冊 P.27-A4
渋谷区千駄ヶ谷1-1-24　03-3401-1284　参拝自由（授与所9:00〜17:00）　地下鉄北参道駅2番出口から徒歩5分

132　千駄ヶ谷大通り商店街に将棋漫画『3月のライオン』のキャラクターがデザインされたマンホールが設置されています。全6種なのでぜひ探してみて！（東京都・川本）

12:30

エシレバタートースト690円や
レモネードコーヒー550円など
どれも本格的

③ Gallery Cafe LUCKAND で
カフェランチ＆ギャラリー見学

徒歩5分

モノづくりの本質を伝えるマガジン
『LUCKAND』が手がけるギャラリー＆カ
フェ。作品とじっくり向き合える店内で、
本格的なカフェメニューが楽しめる。

Map 別冊 P.27-A4
渋谷区神宮前2-24-3
03-6459-2145
11:30～19:30（展示
により異なる）不定
休 地下鉄表参道駅
2番出口から徒歩10分

徒歩4分

④ Kippy's COCO-CREAM で
ギルティフリースイーツをペロリ

Map 別冊 P.27-A4
渋谷区千駄ヶ谷2-6-3
03-6758-0620
11:00～19:30 不
定休 地下鉄表参道
駅2番出口から徒歩8分

13:30

カリフォルニア発、乳製品、砂糖、
グルテン不使用のアイスクリーム
ショップ。USDA認証のオーガニッ
クココナッツクリームをベースにし
たアイスはヘルシーで罪悪感ゼロ！

2スクープ
600円～。ス
ーパーフード
のトッピング
も豊富

種類も
たくさん♡

ココナッツの
殻で作った珍
しいチャコー
ルのフレー
バーも！

ダガヤサンドウ▶
熱狂の中心地
をてくてく♪

徒歩1分

14:15

⑤ #FFFFFFT でちょっと
いい白TシャツをGetする

白無地Tシャツのみを揃える世界
初の専門店。世界各国から厳選さ
れたシャツは定番ブランドから、
週替わりのアイテムまで常時約
60種を用意。訪れるたびに新し
いTシャツに出会えそう。

手軽に購入できるものから一生
モノまで自分に合う1着を探そう

Map 別冊 P.27-A3
渋谷区千駄ヶ谷2-3-5
1F 03-6804-5746
土12:00～19:00
日～金、不定休
地下鉄表参道駅2番
出口から徒歩6分

清潔な状態を
保ってくれるト
イレブラシ1760
円とブリキの
バケツ2420円

徒歩5分

15:00

⑥ LABOUR AND WAIT TOKYO で
普段使いできるおしゃれグッズを購入

ロンドンで人気の生活雑貨店。世界
各国から集めた日常を豊かにするア
イテムは、どれもデザイン性と実用
性を兼ね備えたものばかり。

オーストリアの
琺瑯メーカー
RIESS社製の別
注ミルクポット
各4400円

Map 別冊 P.27-A3
渋谷区神宮前1-1-12 1F 03-6804-6448 12:00
～20:00 火 地下鉄表参道駅2番出口から徒歩8分

徒歩3分

⑦ POST DETAIL で生活が
豊かになるアイテムをチェック

職人の手仕事から
生まれる伝統工芸
品や生活雑貨を日本
各地から集めたセレ
クトショップ。使う
ほど味わい深くなる
アイテムはプレゼン
トにもおすすめ。

バター200gが
丸ごと入るケ
ース8580円。角
が丸っこく手
によくなじむ

米ぬかを使用
した十色ろうそく
十色 1650円

16:05

Map 別冊 P.27-A3
渋谷区千駄ヶ谷3-51
-5 jibiki Bld. 1F 03-
3402-5355 11:00
～18:00 日・祝
地下鉄表参道駅2番
出口から徒歩5分

徒歩5分

GOAL 北参道駅

原宿方面まで足を延ばして
小径で美食との出会いを
JINGUMAE COMICHI
ジングウマエコミチ

はしご酒が楽しめる食に
特化した、日本各地か
ら選りすぐりの18店舗
が集結する施設。テラ
ス席もあり開放感も◎。

Map 別冊 P.27-B3
渋谷区神宮前1-23-26
店舗により異なる
JR原宿駅竹下口から
徒歩3分

「Gallery Cafe LUCKAND」のコーヒーは「ブルーボトルコーヒー」(→P.111)の初代リードバリスタ向山氏が監修。

徒歩6分

③ 名作ノートの世界を体感しよう
TRAVELER'S FACTORY
中目黒
トラベラーズファクトリーナカメグロ

旅好きにもファンが多い「トラベラーズノート」を中心に、マステやスタンプなどノートをカスタマイズできるアイテムも揃える。世界中からセレクトされた旅を感じる商品も多数。

Map 別冊 P.28-C1
- 目黒区上目黒3-13-10
- 03-6412-7830
- 12:00〜20:00 休火
- 地下鉄・東急東横線中目黒駅南改札口から徒歩3分

使用見本に思わず釘付け！

トラベラーズノート スターターキット各4400円。牛革カバーに無地のノートリフィルをセット。黒や茶など4色展開

中目黒〜代官山〜恵比寿▼トレンド集まる三角地帯

1. 使用済みチェコのマッチラベル473円 2. ノートを留めるゴムバンドにつけるチャーム（飛行機）1320円 3. 東京メトロとコラボしたマスキングテープ473円 4. 周年ごとに作っているオリジナルスタンプ。持参したノートに押すことも可能

徒歩11分

④ 大正ロマン感じる重要文化財の邸宅
旧朝倉家住宅
キュウアサクラケジュウタク

狩野派が描く美しい襖絵

東京府議会や渋谷区議会議長を歴任した朝倉虎治郎により、1919年に建てられた木造2階建て住宅。使用目的ごとに内室様式が異なり、建築好きにはたまらない。モミジの名所でもある。

庭を望む1階の杉の間三間は、遊び心のある数寄屋造り。プライベートな客をもてなす応接空間だった

個性的な木目が意匠のテーマ

1. 最も華やかな空間が2階の応接間。匠の技が光る典型的な書院造り 2. 襖絵や欄間の美しさも見どころ 3. 洋間の天井には、西洋風の彫刻が施されている 4. 客間や執事の事務スペースだった1階の洋間

Map 別冊 P.28-B1
- 渋谷区猿楽町29-20
- 03-3476-1021
- 10:00〜18:00、11〜2月は〜16:30 休月（祝日の場合は営業、翌平日休） ￥100円（小・中学生50円）
- 東急東横線代官山駅東口から徒歩5分

歩き疲れたらこちらへ♪

ミラノ発イタリアン・ベーカリー
プリンチ 代官山T-SITE
プリンチ ダイカンヤマ ティーサイト

日本初の単独店として代官山T-SITEにオープン。ベーカリーだが、朝食からディナーまで1日楽しめる。職人の手仕事や本物へのこだわりを大切にするイタリアらしさを体感しよう。

1. イタリアを代表するペストリー、コルネッティ297円 2. 定番商品のフォカッチャ・ピッツァ・モッツァレラ・ディ・ブッファラ1078円

チョコやジャム入りもあるよ♪

Map 別冊 P.28-B1
- 渋谷区猿楽町16-15 代官山T-SITE N-4棟1F
- 03-6455-2470
- 7:00〜20:00 無休
- 東急東横線代官山駅東口から徒歩6分

徒歩3分

⑤ "知らない"に出会う蔦屋書店の総本山
代官山 蔦屋書店
ダイカンヤマツタヤショテン

和書洋書、メジャーからリトルプレスまで良質な書籍や雑誌が揃う。書店のほか、映画・音楽、文具コーナーもあり各コンシェルジュが推薦してくれる。ライブラリーラウンジもおすすめ。

Map 別冊 P.28-B1
- 渋谷区猿楽町17-5
- 03-3770-2525
- 7:00〜翌2:00 無休
- 東急東横線代官山駅東口から徒歩6分

1. T-SITEには多くの生活提案ショップがある 2. 書棚には知らない本がたくさん

「代官山 蔦屋書店」は、コンシェルジュが自分たちで仕入れる本を選ぶため、ここにしかない書棚ができあがる。

中目黒〜代官山〜恵比寿

徒歩8分

⑥ 肌を優しくいたわるパリ発ビューティーブランド
Officine Universelle Buly
代官山本店
オフィシーヌ ユニヴェルセルビュリー ダイカンヤマホンテン

19世紀の香水店を復活させた、パリ発ブランドの日本第1号店。植物由来の香水、スキンケア用品など肌に優しいものばかり。櫛や石鹸、リップバームはイニシャルの刻印も頼める。

Map 別冊P.28-B2
🏠 渋谷区恵比寿西1-25-9
☎ 03-6712-7694
🕙 11:00〜20:00
休 年末年始
🚉 東急東横線代官山駅東口から徒歩3分

1. アルコール不使用の水性香水1万9250円 2. 香りを試すことのできるガラスの香調器 3. イニシャルの刻印ができるリップバーム5060円 4. 火を使わないホームフレグランス「アラバストル」。セットで8800円

主力メニューはスムージーボウル。なかでもアサイー1380円がおすすめ

手書きの黒板バックにパチリ

徒歩4分

⑦ 野菜と果物中心のヘルシーカフェ
marugo deli ebisu
マルゴ デリ エビス

2011年のオープン以来、厳選された野菜や果物で作るメニューが人気。"体にいいもの"を届けたいと、現在ではテンペハンバーガーなどヴィーガン料理も並ぶ。ヘンプ商品の取り扱いも。

Map 別冊P.28-B2
🏠 渋谷区恵比寿西1-17-1 ☎ 03-6427-8580
🕙 9:00〜19:00、日・祝10:00〜
休 無休 🚉 JR恵比寿駅西口から徒歩3分

1. オーガニック食材を使い、独自のレシピで作ったオリジナルグラノーラ1850円 2,3. バナナとヘンプシードが入ったヴィーガンスムージー ヘンプキングミックス1000円

スムージーで栄養をチャージ

いい香り〜

19世紀のフランス（右）と東京の未来的（左）なイメージを合体させた内装

徒歩1分

⑧ 白と緑色だけのフラワーショップ
kusakanmuri
クサカンムリ

ドライフラワーも生花もハマる

"都会の野原"をコンセプトに草花のほか、花瓶やハーブティーなども扱う。白と緑だけとはいえ、色のグラデーションやテクスチャーが異なるのでどれにしようか迷うほど。相談しながらブーケを注文してみて。

Map 別冊P.28-B2
🏠 渋谷区恵比寿西1-16-4
☎ 03-6415-4193
🕙 12:00〜19:00
休 火・日 🚉 JR恵比寿駅西口から徒歩3分

1. 小豆島の職人がオリーブの木で作る一輪挿し。小3080円、大4070円 2. おまかせで作ってもらうブーケ2200円。長時間の持ち歩きもOK 3. 観葉植物や鉢も豊富

白と緑は万人が好きな色。単色だけのブーケもすてき

136 「kusakanmuri」で、彼氏へのプレゼントに緑一色のブーケを作ってもらいました。男性に贈る花を探すのにここはおすすめ。（東京都・みか）

⑨ シチリアと大分が融合したイタリアン
BANDERUOLA
バンデルオーラ

シェフの出身地の大分とシチリアの風土が似ていると大分県産食材を使ってシチリア料理を提供。シチリア料理でもあるクスクスを10種以上揃える店は、都内でも珍しい。

Map 別冊 P.28-C2

🏠 渋谷区恵比寿南2-7-5　☎03-6712-2377　⏰11:30～15:00、17:00～23:00　休日・祝　🚃JR恵比寿駅西口から徒歩4分

徒歩7分

1. お客さんのサインが！
2. イタリア人がオーナーのため、店内はイタリアのトラットリアそのもの
3. 下のクスクスに付いてくるスープ。途中からクスクスにかけて味変を
4. クスクスの一番人気は、トラーパニ風 魚介のトマト煮込み2200円
5. SNSで火がついたパスタ、ピチ 黒トリュフと冠地鶏のクリームソース2500円。トリュフの香りと手打ちのピチの柔らかさに感動

イタリアに来た気分になるよ

徒歩6分

⑩ 恵比寿のランドマークで夜景を
恵比寿ガーデンプレイス
エビスガーデンプレイス

サッポロビール工場跡地に立つ複合商業施設。ショップやレストランのほか、東京都写真美術館、ヱビスビール記念館などの文化施設が揃う。夜景を見ながら敷地内を散歩してみよう。

1. クリスマスシーズンには、施設がイルミネーションに彩られる
2. 通常時の夜も華やかでキレイ

からくり時計に注目♪

入ってすぐの建物にはミュンヘンのビール祭り「オクトーバーフェスト」を題材にしたからくり時計が。1日3回音楽に合わせて人形たちが踊り出す

Map 別冊 P.28-C2

🏠 渋谷区恵比寿4-20-3　☎03-5423-7111　⏰店舗により異なる　休店舗により異なる　🚃JR恵比寿駅東口から徒歩5分

中目黒～代官山～恵比寿▶トレンド集まる三角地帯

街の名前になったヱビスビールをゴクリ
ヱビスビール記念館

130年以上の歴史とおいしさを堪能

1890年に生まれたヱビスビール。その工場跡地にあるのはヱビスの世界に浸れる記念館。自由見学も可能だが、せっかくならブランドを熟知したガイドが案内する「ヱビスツアー」に参加してみて。
※2021年5月時点、見学ツアーは休止中。

1. 恵比寿様と1987年まで使われていた仕込釜がお出迎え
2. 1930年代の美人画ポスター
3. 1912年頃、コルク栓から王冠に変わった
4. 誕生から現在まで、歴史を学べるヱビスギャラリー

Map 別冊 P.28-C2

🏠 渋谷区恵比寿4-20-1 恵比寿ガーデンプレイス内　☎03-5423-7255　⏰11:00～19:00（最終入館17:30）　💴無料（ヱビスツアーは500円）　休月（祝日の場合は翌火曜休）　🚃JR恵比寿駅東口から徒歩8分

ブランドコミュニケーター

豆知識とともにご案内します！

ヱビスツアーは毎時10分にスタート（最終は16:10）。所要時間は約40分。

3度注ぎをマスターする

泡たっぷり～

コミュニケーションステージで2種のビールをテイスティング。ヱビスビール缶のおいしい注ぎ方を教わろう

おみやげ＆軽くもう一杯！

見学後はテイスティングサロンへ。「ヱビスマイスター」400円（左）、「極厚和牛ビーフジャーキー」400円（右）
5. 恵比寿様が描かれた商売繁盛のお守り袋550円、6. 350ml缶ヱビスビールハンカチ1100円

137

レトロかわいいヴィンテージ

LES MISERABLES
レ・ミゼラブル ②

オーナーがロンドンから直接買い付ける70年代のファッションアイテムを揃えたヴィンテージショップ。レトロプリントのワンピースが超絶かわいい！

Map 別冊 P.31-A3
🏠 世田谷区代沢2-5-7 ☎03-3795-0056 🕛12:00〜20:00 休無休
🚉小田急線下北沢駅中央口から徒歩3分

すべて一点モノなので、迷ったら買い！

1. ストライプ柄スカート5万2800円　2. タッセルが付いたバッグ2万7500円　3. インドシルクのワンピース8万4700円

おもしろアイテムの宝庫！

VILLAGE VANGUARD
ヴィレッジヴァンガード ③

"遊べる本屋"をコンセプトに全国に約300店舗展開する書籍と雑貨の店。店舗バイヤーが独自の目線でセレクトする個性豊かな商品が所狭しと並ぶ。

Map 別冊 P.31-A3
🏠 世田谷区北沢2-10-15 マルシェ下北沢1F
☎03-3460-6145 🕛11:00〜23:00 休無休
🚉小田急線下北沢駅東口から徒歩3分

1. ペコちゃんのキャンディ形ミニバッグ1100円　2. 絞り器付きレモンサワータンブラー1628円

下北沢▶シモキタ的・個性派ショップ探し

こだわりキッチンカーが期間限定で登場！

自由にくつろげる土管を配した芝生エリア

PAD 東京店
ピーエーディー ④

カラフル！メキシコ雑貨

マリア様の聖水ボトルに十字架の壁掛け、カラベラ（ドクロ）、ルチャ・リブレ（プロレス）関連など、メキシコ直輸入の雑貨とアクセサリーがずらり。

Map 別冊 P.31-A3
🏠 世田谷区北沢2-30-10 ☎03-5738-7820 🕛12:00〜19:00、土・日〜20:00
休無休 🚉小田急線下北沢駅東口から徒歩3分

1. フリーダ・カーロのメルカドバッグ1980円　2. お祈り天使の丸バッグ3520円　3. マリア様デザインのPADオリジナルマグカップ2420円

自由に楽しむシモキタ的空き地

下北線路街
シモキタセンロガイ アキチ

空き地 ⑤

小田急線の東北沢〜世田谷代田駅間の線路跡地の一部を活用した屋外型施設。遊べる広場や個性的なキッチンカーも集まり、イベントも開催する。

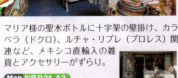

1. トルココーヒー専門店　2. りんごと豚肉のパイのお店　3. 常設カフェのデザートワッフル450円〜

Map 別冊 P.31-A3
🏠 世田谷区北沢2-33-12 ☎なし
🕛10:00〜22:00 休不定休 🚉小田急線下北沢駅東口から徒歩4分

常設カフェもある

お店の開店前・閉店後にチェック！
シャッターギャラリー「下北沢一番街商店街」
下北沢一番街商店街 **Map** 別冊P.31-A3 では落書きされる前に絵を描こうと考案。

自由が丘
Jiyugaoka

ACCESS
東京駅 → 銀座駅 → 中目黒駅 → 自由が丘駅
約2分（丸ノ内線）／約18分（日比谷線）／特急約4分（東急東横線）
約30分

石畳の洗練された街で訪れたい
女子力アガるおしゃれ＆グルメスポット

渋谷から東急東横線特急で約10分。カフェや雑貨などセンスのいいショップが立ち並ぶ自由が丘で訪れたいスポットをセレクト！

町名の由来
江戸時代以降「谷畑（やばた）」と呼ばれていたが1927年に「自由が丘学園」が創立されると「自由が丘」が地名化され、その後正式名に。駅名も九品仏から自由ヶ丘に。ちなみに、「自由が丘」に改称したのは1965年。

> おしゃれ日用雑貨はこの3店をチェック！

TIMELESS COMFORT 自由が丘店
タイムレス コンフォート ジユウガオカテン

快適なライフスタイルを提案！

"時代を超越した快適さ"をコンセプトにしたライフスタイルグッズを販売。1階はキッチン雑貨、2階は家具やインテリア雑貨など。

Map 別冊 P.31-B3
🏠 目黒区自由が丘2-9-11 ☎03-5701-5271
⏰ 11:00～19:00 休水
🚉 東急東横線自由が丘駅正面口から徒歩3分

1. ハリネズミのドアストッパー 6050円
2. BALMUDAのLEDランタン 1万5180円
3. 信楽焼の米炊き釜 6600円
4,5. おしゃれな掃除グッズたち

TODAY'S SPECIAL Jiyugaoka
トゥデイズ スペシャル ジユウガオカ

テーマは食とくらしのDIY♪

食材からキッチン・インテリア雑貨に衣料品、植物、本まで毎日の暮らしが楽しくなりそうな、生活道具を幅広く揃える。ブランドロゴが印象的なオリジナルのアイテムも多数。

Map 別冊 P.31-B3
🏠 目黒区自由が丘2-17-8 ☎03-5729-7131
⏰ 11:00～20:00 休不定休
🚉 東急東横線自由が丘駅正面口から徒歩4分

1. オリジナルブレンドのコーヒー豆 1080円
2. バニラ 626円とフランボワーズ 702円のオリジナルクッキー
3. ミニマルシェバッグ 880円

JOURNAL STANDARD FURNITURE
ジャーナルスタンダード ファニチャー

広々とした店内でトータルコーディネートを

インテリアのセレクトショップ

Map 別冊 P.31-B3
🏠 目黒区自由が丘2-17-7 ☎03-5731-9715
⏰ 11:00～20:00 休無休
🚉 東急東横線自由が丘駅正面口から徒歩4分

1. 今治タオルで製作した「ACME Furniture」オリジナルのフェイスタオル 2420円
2. 「APOTHEKE FRAGRANCE」のディフューザー 8250円
3. 「journal standard Furniture」のシンプルでモダンなスリッパ 2970円

1960～70年代のアメリカンヴィンテージとオリジナルの家具を扱う「ACME Furniture」など複数のレーベルを展開するインテリアショップ。雑貨も多数あり。

「TODAY'S SPECIAL」の2階には多肉植物やサボテンがたくさんありました。値段も手頃でおすすめ。（東京都・なお）

女子力UP カフェでひと休み

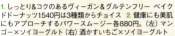

Map 別冊P.31-B3

🏠 目黒区自由が丘2-9-14 アソルティ1F・B1F ☎03-5701-9146
🕐 11:00〜20:00 🚫無休 🚃東急東横線自由が丘駅正面口から徒歩4分

1. しっとり&コクのあるヴィーガン&グルテンフリー ベイクドドーナッツ1540円は3種類からチョイス
2. 健康にも美肌にもアプローチするパワースムージー各880円。（左）マンゴー×ソイヨーグルト（右）酒かすいちご×ソイヨーグルト

彩り野菜の焼きチーズカレー1650円は酒かすで作るヴィーガンチーズがポイント

SHIRO CAFE 自由が丘
シロカフェ ジュウガオカ

素材のおいしさが光るカフェ

自然素材のコスメブランド「SHIRO」が手がけるヴィーガンカフェ。コスメに使われる酒かす、がごめ昆布などの厳選素材を使ったメニューはピザやパンケーキなどさまざま。

TWG Tea 自由が丘
ティーダブルジーティー ジユウガオカ

お茶は1ポット880円〜

シンガポール発のお茶で海外気分

お茶を使った季節のオリジナルパティスリー770円

2008年にシンガポールで創業した高級ティーブランドの日本1号店。銀座や丸の内、横浜など6店舗あり、自由が丘のみティーサロンを併設。茶葉の種類は260を超える。

Map 別冊P.31-B3

🏠 目黒区自由が丘1-9-8 ☎03-3718-1588 🕐10:00〜21:00（ティーサロンは11:00〜）🚫無休 🚃東急東横線自由が丘駅南口から徒歩すぐ

自由が丘▶女子力アがるおしゃれ&グルメスポット

1. 日本限定のティーセット7020円 2. 茶葉の缶が並ぶクラシックな店内 3. 絵画を飾るティーサロンもラグジュアリー 4. 3種のお茶を楽しめる「ムーン&スカイ ティーセレクション」2700円

世界一のパンをおみやげに

1日100種類ものパンを作る。いつ訪れても豊富に揃う

Comme'N TOKYO
コムン トウキョウ

群馬県高崎発の実力派ベーカリー

1. しっとり食感のケーク・ブリオッシュ385円 2. 抹茶とホワイトチョコ308円 3. 自然な甘さのパン・ドゥ310円

パンの世界大会で優勝を果たした大澤秀一さんのベーカリーが2020年8月、九品仏にオープン。日本人の食生活に合わせたパンを目指し、水分量など製法にこだわる。

Map 別冊P.31-B3

🏠 世田谷区奥沢7-18-5 ☎03-6432-1061 🕐7:00〜18:00 🚫火・水 🚃東急大井町線九品仏駅から徒歩1分

ディナーは本格フレンチ

気軽にフレンチを召し上がれ！

Le Monde gourmand
ル モンド グルマン

フランス産白アスパラガスのオランデーズソース 3000円

ニュージーランド産仔羊背肉をローズマリーの香りを付けながら、じっくりとロースト。3800円

東京、パリ、南仏の名店で研鑽を重ね、2015年にオープンした嘉藤貴士シェフのフレンチビストロ。ディナーコースは5800円と手頃でアラカルトも充実している。

Map 別冊P.31-B3

🏠 目黒区緑が丘2-17-15 ☎03-5726-8657 🕐11:30〜14:30（L.O.13:30）、18:00〜23:00（L.O.21:00）🚫月・火 👔望ましい 🚃東急東横線自由が丘駅北口から徒歩6分

駅前レトロスポットをCHECK！

自由が丘デパート

1953年開業のデパートと呼ばれる日本初の商業施設。100を超えるさまざまな店舗がひしめき合う。

Map 別冊P.31-B3

🏠 目黒区自由が丘1-28-8 ☎03-3717-3131 🕐10:00〜20:00（※2・3階の飲食店は店舗により異なる）🚫水 🚃東急東横線自由が丘駅北口から徒歩すぐ

「Comme'N TOKYO」の大澤 秀一さんは2019年、パンの世界大会「モンディアル・デュ・パン」で日本人初の総合優勝を果たした。

自由が丘

自由が丘を象徴するパティスリー

Mont St. Clair
モンサンクレール

世界的パティシエ・ショコラティエの辻口博啓さんが手がけるパティスリー。仏菓子コンクール優勝受賞作のセラヴィをはじめ、約100種類のプチガトー（ケーキ）やパン、焼き菓子が並ぶ。

Map 別冊P.31-B3
🏠 目黒区自由が丘2-22-4
☎ 03-3718-5200
🕐 11:00～18:00（サロンL.O.16:30）
休 水
🚃 東急東横線自由が丘駅正面口から徒歩10分

店内奥にはサロンスペースもあり

アンブル　600円
酸味と甘さが心地いい♪
キャラメリゼしたホワイトチョコレートムースとヘーゼルナッツ生地は最強の組み合わせ！

リッチルビー　650円
ルビーチョコレートムースのなかにライチのコンポートやフランボワーズのジュレが。フルーティーな味わい

セラヴィ　630円
ホワイトチョコレートのムース×フランボワーズ。フィヤンティーヌのサクサクした生地も◎

cut in half
ピスタチオスポンジとフワンボワーズのショコラムースがお目見え

絶対食べたい！
自由が丘スイ
スイーツの街として有名な自由が丘でケーキにショコラ、和菓子

上質なカカオが個性豊かに変身

MAGIE DU CHOCOLAT
マジ ドゥ ショコラ

世界各地のカカオ農園から直接買い付ける「ダイレクトトレード」にこだわった、松室シェフのチョコレート専門店。新感覚のショコラが多くグルメな人へのおみやげにも◎。

Map 別冊P.31-B3
🏠 世田谷区奥沢6-33-14
☎ 03-6809-8366
🕐 10:00～19:00（カフェL.O.17:30）
休 火
🚃 東急東横線自由が丘駅正面口から徒歩3分

店内にはカウンターのイートイン席も

カカオソフトクリームもおすすめ♪

ショコラの世界へようこそ！
オーナーシェフの松室和海さん

カカオ甘納豆　880円
ほろ苦カカオ豆を煮詰めて甘納豆に。カカオの香りも楽しめる。台湾、ガーナ、ペルー産の3種類

新感覚！

クッキー×ショコラの最強コンビ！

アーモンドクランチ
アーモンドの食感がポイント

マジドカカオ　各460円
口溶けのいいチョコレートをバターたっぷりのクッキーで挟んだチョコレートサンド。全8種類

ミルクピスターシュ
ミルクチョコ×ピスタチオ

ガーナ63　450円
ガーナ産のカカオ豆を63%使用したオリジナルの半生チョコスフレ。濃厚なのに口どけは軽やか

「MAGIE DU CHOCOLAT」のカカオソフトクリームが絶品。ミルク、ビター、ミックスの3種類で、使うカカオは週替わりで異なる。（東京都・まる）

モンブラン 734円
和栗を贅沢に使ったクリームの下にカステラ生地。その中には栗の甘露煮が丸ごと1粒

メレンゲをお皿に置くと食べやすい

砕いて一緒に食べても◎

自由が丘プリン 459円
岩手山高原卵で作る甘さ控えめの滑らかプリン。カラメルソース、生クリーム、キャラメルソースの4層仕立て

フランスの伝統菓子!

"日本のモンブラン"の発祥店

MONT-BLANC
モンブラン

Map 別冊P.31-B3

1933年から続く老舗洋菓子店。日本で初めて作ったモンブランは、初代社長がヨーロッパ最高峰のモンブランに感銘を受け、独自にアレンジしたもの。併設のティールームで召し上がれ。

目黒区自由が丘1-29-3
03-3723-1181 11:00〜19:00 (ティールーム〜18:00) 不定休
東急東横線自由が丘駅正面口から徒歩すぐ

サバラン 663円
ラム酒のシロップを生地に染み込ませたスイーツ。生クリームと季節のフルーツ、チョコの飾りがポイント

店内には画家・東郷青児の絵が飾られている

自由が丘▶スイーツの名店へ

―ツの名店へ

訪れたい名店と必食スイーツはコチラ！
まで全制覇したくなりそう。

歴史ある古民家で和スイーツを

古桑庵
コソウアン

大正末期建造の建物を利用した茶室を経て、1999年に現在の茶房兼ギャラリーに。手入れの行き届いた庭や、茶房内に飾られた人形や骨董品を眺めながらゆっくり過ごしたい。

Map 別冊P.31-B3

目黒区自由が丘1-24-23 03-3718-4203 11:00〜18:30 水 東急東横線自由が丘正面口から徒歩5分

飛び石や飾り井戸を配した庭が美しい

あんみつ 900円
北海道産小豆の上品な甘さと季節のフルーツがベストマッチ。フルーツの下には寒天やエンドウ豆も

黒蜜をかけて召し上がれ〜

抹茶オーレ
(和菓子付)
900円
抹茶の風味と後味のよい甘さ控えめカフェメニュー。和菓子との相性もいい

ホットも選べる♪

民芸・骨董品が飾られた趣ある和室

「古桑庵」の名付け親は、現店主の祖父の友人で小説家の松岡譲。茶室造りを計画して、桑の古材を自ら調達したという。

143

西荻窪
Nishiogikubo

ACCESS
東京駅 ▶ 西荻窪駅
JR中央線 快速約27分

日常が豊かになるすてきがいっぱい！
こだわりショップめぐり

"にしおぎ"の愛称で親しまれている西荻窪は、雑貨やカフェなど店主の顔が見える個人店が多数点在。何度でも通いたくなる、すてきなお店へご案内します。

フランスへプチ旅行気分を味わえるBoîteの店内

町名の由来
1922年の駅開業の際、荻窪の西側に位置することから西荻窪駅と命名。のちに「西荻窪」は地名にも使われるようになったが廃止され、現在の町名には存在しない。飲み屋街、アンティークの街としても有名。

1. SARREGUEMINES製ブロカントのお皿 2800円　2. ハンドメイドのジュート麻バッグ1万1900円　3. 青いツバメのレトロなグラス1200円　4. カフェオレボウルでいただけるカフェ・オ・レ550円　5. エッフェル塔のフォトスタンド690円

① フランス雑貨といえばココ！
Boîte
ボワット

パリ在住のフォトエッセイスト、とのまりこさんが営むフレンチ雑貨店。フランス全土からセレクトした雑貨やブロカント（古道具）が多数並ぶ。カフェスペースもあり。

Map 別冊P.30-A2
🏠 杉並区西荻北4-5-24
☎ 03-6762-7500
🕐 10:00〜19:00　休 火
🚃 JR西荻窪駅北口から徒歩8分

看板犬のヨークです！

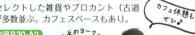
店長の柳屋順子さん

カフェ休憩もぜひ♪

② 毎日食べたくなるベイクたち
Kies
キーズ

地元で愛されるベイクショップ。店主の堀さんが作る種類豊富なクッキーやケーキは懐かしさを感じる素朴で優しい味わい。クッキー1枚から選んで買うことも。全種類食べたくなる！

Map 別冊P.30-A2
🏠 杉並区西荻北4-35-5　☎ なし　🕐 12:00〜19:00、土・日・祝〜18:00（テイクアウトのみ）　休 火〜木　🚃 JR西荻窪駅北口から徒歩10分

1. ビターカカオ50円　2. 全粒粉70円　3. レモンケーキ370円　4. プレーン50円

カウンターに焼き菓子が並ぶ

地元で愛されるピンクのゾウ

3代目です！ぱお〜ん

西荻南口仲通り商店会に吊り下がる巨大なピンクのゾウ。約40年前に作られ、荻窪八幡神社の例大祭では地域の子供たちと町を練り歩く、西荻窪のアイドル的存在。

 「Boîte」のカフェスペースでは周辺のお店で買ったスイーツを持ち込んで食べることもできます！　（東京都・むつ）

③ cotito コチト ハナトオカシト
可憐なお花に囲まれて……

前山真吾さん・由佳さん夫妻による、花屋×お菓子×カフェの店。カフェではエディブルフラワーを使ったスイーツを提供。どれもフォトジェニック！

Map 別冊 P.30-A2

🏠 杉並区西荻北5-26-18 ☎03-6753-2395 ⏰11:00～18:00 (カフェL.O.17:30)、土・日・祝～19:00 (カフェL.O.18:00) 休不定休 🚃JR西荻窪駅北口から徒歩12分

1. ラムレーズンのベイクドレアチーズケーキ680円 2. 花をのせたハナサブレ1枚250円～(ショップ購入のみ)

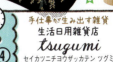

④ tsugumi セイカツニチヨウザッカテン ツグミ
手仕事が生み出す雑貨 / 生活日用雑貨店

古物商の資格をもつ山崎康之さんがオーナー。木工や布・ガラス製品などの作家の作品を、山崎さんが日本各地から選ぶ。センスのよさは店内を見れば一目瞭然。

西荻窪▶こだわりショップめぐり

1. 陶器作家、元橋みぎわさんのブローチ(鳥2970円、木4290円) 2. 木工くま吉さんの作品、木彫りのオブジェ8580円(左)、1万6500円(右) 3. 刺繍作家小川亜衣さんのミモザのポーチ8580円 4. 清沢佳世さんが描くこけし1100円～

Map 別冊 P.30-A2

🏠 杉並区西荻南3-7-7 西荻日伸ハイツ104 ☎090-3233-9687 ⏰12:00～20:00、土・日・祝11:00～ 休無休 🚃JR西荻窪駅南口から徒歩2分

⑤ 文具店 タビー ブングテン タビー
動物がかわいい文具に変身！

動物デザインの文具と雑貨を扱う、動物好き必訪のアドレス。店主・吉田真さんが大好きなハシビロコウのグッズはなんともユニーク！ ニッチさも感じられるセレクトに好感度大。

Map 別冊 P.30-A2

🏠 杉並区西荻南3-5-21-102 ☎03-5941-6186 ⏰11:00～19:00 休火 🚃JR西荻窪駅南口から徒歩5分

1. ハシビロコウのペンケース2420円 2. リアルなハシビロコウとカピバラのステープラー各1045円 3. 挿絵画家・森田MiWさんがデザインした楠橋紋織のポーチ各1760円

⑥ ピヨトトシャ
世界の珍しい料理に出合える

自称食いしん坊の店主が作る、3つの国の料理を週替わりで3種提供する小さなレストラン。普段食べる機会が少ないイランやセネガルなどの料理に出会えることも。

写真はイラン料理。3種類(3ヵ国)すべて1200円

Map 別冊 P.30-A2

🏠 杉並区西荻南2-24-17 ☎090-8508-5016 ⏰12:00～21:00 休月・火 🚃JR西荻窪駅南口から徒歩3分

「ピヨトトシャ」は毎週水曜から新しい料理になる。ちなみに店名の意味はピヨ(鳥)、トト(魚)、シャ(フランス語で猫)。

145

14:00

② マジェルカ
ほっこりかわいい雑貨

心や体に障がいのある人たちが作った雑貨が揃う、唯一無二のセレクトショップ。店内にはアクセサリーから文房具まで、手仕事の温かみを感じるカラフルな雑貨がずらり。

Map 別冊 P.30-A1

🏠 武蔵野市吉祥寺本町3-3-11 ☎0422-27-1623 ⏰11:00～18:00 ⓗ不定休 🚃JR吉祥寺駅北口から徒歩9分

1. ピーナッツ君ミニバッグ各1980円 2. 羊毛フェルトのブローチ各1320円 3. ぬのポーチ1980円とペンケース1650円

新作も次々入荷しますよ！

15:00

③ Harmonia Sajilo
ハルモニア サジロ

ネパール産のオリジナルスパイス
上質なスパイスを用意しています！

スパイスやハーブ、コーヒー豆など、ネパールの農園から届くオリジナルフードブランド「Ageratum」のショップ。オーナーがセレクトしたアンティークの食器もすてき。

Map 別冊 P.30-A1

🏠 武蔵野市吉祥寺本町2-28-3 ☎0422-69-3138 ⏰11:00～19:00 ⓗ不定休 🚃JR吉祥寺駅北口から徒歩7分

カレーの基本スパイスセット6490円
説明書付き！
本格チャイが味わえるスパイスセット6930円

1. <左から>ガラムマサラ、レッドチリゴロ、コリアンダーパウダー、ターメリック、クミンパウダー 2. <左から>シナモンリーフ、シナモン、シナモンシュガー、カルダモン、クローブ

吉祥寺▼理想の休日がここに！

牛乳で割るだけでチャイができあがり！チャイベース1998円／500ml

センスのいい内装デザインにも注目

1. 起き上がりこぼしの箸置き各385円 2. 木版手染めの福猫ぬいぐるみ1210円 3. やちむんの陶眞érest5寸皿2860円 4. 富山の八尾和紙のはがき箱各2420円

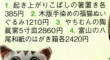

16:00

④ 四歩
シッポ
温もりあふれる日用雑貨

古道具と日用雑貨とカフェのお店。日本各地から集めた雑貨は日常使いしたくなる、懐かしさや素朴さを感じるデザインばかり。カフェではランチメニューが大人気。

Map 別冊 P.30-A1

🏠 武蔵野市吉祥寺北町1-18-25 ☎0422-26-7414 ⏰11:30～21:00 ⓗ木（祝日の場合は営業）🚃JR吉祥寺駅北口から徒歩10分

目印はこの看板！

17:00

⑤ ハモニカ横丁
ハモニカヨコチョウ
ちょっとディープな飲み屋横丁

吉祥寺駅北口前に広がる、戦後の闇市がルーツの横丁。昭和の面影が残るアーケードの細い路地には、飲み屋が点在するほか、餃子やたい焼き、漬物の有名店もある。

提灯の明かりに誘われて〜

壁画はイラストレーターの湯村輝彦氏による
ラムチョップ670円と個性派メニューもあり

ヤキトリ
内装デザインにも大注目！
てっちゃん
建築家の隈研吾氏が内装デザインを手掛けた焼き鳥店。焼き鳥は1本170円〜。モツ入りの煮込み550円も人気。

Map 別冊 P.30-A1

🏠 武蔵野市吉祥寺本町1-1-1 ⏰店舗により異なる 🚃JR吉祥寺駅北口から徒歩1分

広東料理
安くておいしい！本格中華
ハモニカキッチンHK広東
ハモニカキッチンエイチケイカントン

銀座の中華の名店出身のシェフが作る本格中華が味わえる。前菜から飲茶、麺までほぼ570円とリーズナブル。1階は立ち飲み、テーブル席は2・3階。

Map 別冊 P.30-A1
🏠 武蔵野市吉祥寺本町1-1-2 ☎0422-20-6811 ⏰11:30～24:00、土・日・祝12:00～ ⓗ無休

Map 別冊 P.30-A1
🏠 武蔵野市吉祥寺本町1-2 ☎0422-20-5950 ⏰15:00～24:00、土・日・祝12:00～ ⓗ無休

花椒が香る四川麻婆豆腐と肉汁あふれる餃子

「ハモニカ横丁」の名前は、間口の狭い店が並ぶ様子がハーモニカの吹き口に似ていたからとか。

喜ばれる贈り物も
自分へのごほうびも♪
ショッピング＆ビューティ

大切な人への贈り物ならあのお菓子、おしゃれなあの子にはこのコスメ……。
あげる人の笑顔を想像しながら選ぶ買い物タイムは楽しいもの。
歩き疲れたら癒やしスパでリフレッシュ！
もちろん自分へのおみやげも忘れずにね☆

思わず笑顔に かわいい

キュン♡な

おいしいのはもちろん、見た目のかわ
包みを開けた瞬間に笑顔がこぼれる、

gmgmのお花の焼きドーナツ

ノンフライで ヘルシー

オーナーの 油井大樹さん・奈々さん

生地はしっとりとして食べ応えあり。クリームチーズ×いちご×サフラワーなどが人気

食用花、エディブルフラワーを使った美しいドーナツ。全粒粉やきび砂糖使用の優しい甘さで、ピンクやブルーのカラフルな見た目は、ビーツやバタフライピーといった自然のもの。1個500円。オンラインストアでの購入も可。

左:レモンケーキ（2個入り700円）も手みやげに人気
下:ホットケーキに合うようにブレンドされたコーヒー豆は、深みのある味わいで香りもいい

珈琲天国の豆入り珈琲缶

店の外観と、シンボルである天国の文字入りコーヒーカップがデザインされたオリジナルコーヒー缶。店で提供しているオリジナルブレンドコーヒー入り。色は23種類あり、1缶1800円

御菓子司 白樺のたらふくもなか

寝転んで手招きする猫が福々しくもおちゃめ。十勝産白小豆を贅沢に使った白つぶあんがめずらしい。さっぱりとした味わいのなかにコクがあり、ていねいに手作りされているのが感じられる一品。

箱を開けるとふわっと最中の香ばしい香りが食欲をそそる。6個入り1350円

ごろニャー

保存料、酸化防止剤、添加物不使用

1個から販売!

代表取締役の 根本莘治さん

Shop List »

花の焼きドーナツが話題
gmgm グムグム

ドライフラワーアーティストのオーナー、油井奈々さんが手がける花の焼きドーナツ専門店。レモンカスタード×マリーゴールド、洋梨×ラベンダーなど、5種類を基本に期間限定品も登場する。ギフトにぴったりのセットも販売。

Map 別冊P.31-A4 高円寺
🏠杉並区高円寺南3-60-10 ☎03-6877-0537 📅金・日・祝12:00〜19:00 ※営業時間はインスタグラムで確認を 🔗@gmgm.koenji 🚉JR高円寺駅南口から徒歩7分 【HANABAR】豊島区西池袋3-30-6

浅草の小さな人気喫茶
珈琲天国 コーヒーテンゴク

店主の友人が書いた「天国」の文字の焼印が押されたホットケーキが話題の喫茶店。コーヒーまたは紅茶付きのホットケーキ・セットは1100円。マグネットなどのオリジナルグッズも販売している。

Map 別冊P.16-B2 浅草
🏠台東区浅草1-41-9 ☎03-5828-0591 📅12:00〜18:00 休火 🚉地下鉄浅草駅A1出口から徒歩8分

長年愛される和菓子店
御菓子司 白樺 オンカシツカサ シラカバ

創業70年。多くの人に愛される老舗和菓子店。看板商品のたらふくもなかをはじめ、シンプルな材料でていねいに作られた和菓子が多く、夕方には売り切れることも。錦糸町名物のどら焼きもおすすめ。

Map 別冊P.19-B4 錦糸町
🏠墨田区江東橋2-8-11 ☎03-3631-6255 📅8:00〜18:00 休月、火不定休、年末年始 🚉JR錦糸町駅南口から徒歩8分 墨田区江東橋3-14-5 錦糸町ステーションビルテルミナ地下1F

「白樺」のたらふくもなかは、本当においしい。白あんがほんのり黄金色で縁起もいいし贈ると喜ばれます。（東京都・OT）

Butter "mass" ter Living roomの缶入りフィナンシェ

オリジナルキャラクターのくまのブトゥルムがデザインされた缶がかわいい。全種類入り3456円

フィナンシェは1個から購入可能。缶入りのほか、1種類ずつ入った巾着入りもある

「気軽に来店ください」

代表取締役の生田卓也さんとパティシエで最高執行責任者の濱脇瑞季さん

朝取れの新鮮卵や町村農場のバターなど上質素材をふんだんに使ったフィナンシェはプレーン、発酵バター、塩、コニャックの4種類。特に焼き上がってからヘネシー社のV.S.O.P.を贅沢に塗り込むコニャックは、しっとりケーキのような味わいで驚きのおいしさ。

キュンなかわいい手みやげ

なっちゃう！手みやげ

いさも贈り物選びの重要なポイント。キュートな手みやげをピックアップ。

MATTERHORNの缶入りクッキー

鈴木信太郎画伯のイラストが入ったピンクと白の缶がとてもかわいい人気商品。ひと口サイズのクッキーがぎっしり入り、バターの風味が感じられる素朴でどこかホッとする味わい。缶入りクッキーは5種類あり、写真は2200円。

クッキーは、サクッと軽い食感でゴマ入り、ココア、アーモンド風味などの6種類

缶はプラス108円で絵柄の異なるデザイン缶に変更もできる

Take out!

店内ではテイクアウト用のお茶を提供。気になる茶葉を試してみるのもいい

焼き菓子ではなく、ジャムやスティックシュガーなども選べる

「良質茶葉揃えてます」

店長の牧山明仁さん

TEAPONDの缶入り茶葉と焼き菓子のセット

好みの茶葉が入ったオリジナル缶と焼き菓子を組み合わせたギフトボックス。茶葉は季節に応じて旬の限定品もある。写真はアールグレイブルーバードの缶入り茶葉（1512円）とケイククランベリー（1個378円）のセットで箱代は540円。

行列ができる老舗洋菓子店
MATTERHORN
マッターホーン

1952年の創業以来、一店舗主義を貫く洋菓子店で鈴木信太郎画伯によるイラストがシンボル。開店から閉店まで客足は途切れることなく、店の外に行列ができることも。カットケーキも人気で250円〜。

Map 別冊P.10-C1　学芸大学
🏠目黒区鷹番3-5-1　☎03-3716-3311　⏰ショップ9:00〜18:30、喫茶12:00〜17:00（L.O.16:30）
休火（祝日の場合は営業）　🚉東急東横線学芸大学駅から徒歩2分

実力派フィナンシェ専門店
Butter "mass" ter Living room
バターマスターリビングルーム

フランスで学んだパティシエが作るフィナンシェが看板商品。「安心・安全は最高のスパイス」をモットーに、こだわりの素材で作るフィナンシェはバターたっぷりでリッチな味わい。フィナンシェなどもあり。

Map 別冊P.6-B2　代田橋
🏠杉並区和泉1-23-17　☎03-6304-3269
⏰12:00〜18:00　休水・木　※毎月の営業時間はインスタグラムで確認を
📷@buttermasster
🚉京王線代田橋駅北口から徒歩10分

世界各国の茶葉を扱う紅茶専門店
TEAPOND
ティーポンド

フランスのハーブ薬局をイメージした店内にはインドやスリランカなど茶葉の主要生産国のものを中心に厳選茶葉がずらり。缶入り茶葉のほか、1袋にティーバッグが2個入った「Tea for Two」もある。

Map 別冊P.27-B4　青山
🏠港区北青山2-14-4 the ARGYLE aoyama 1F
☎03-6434-7743　⏰11:00〜20:00　休無休
🚉地下鉄外苑前駅3番出口から徒歩3分
🚉江東区白河1-1-11

「gmgm」では、お花のドーナツバウムも人気。毎月3の付く日のみ数量限定でベアドーナツ「CHACCARI」も販売。

151

遊びゴコロいっぱいの すてきなステーショナリー みやげ

アメリカのビンテージ品や東京メイドのこだわり文具、老舗が誇る上質なアイテムなど、わざわざ行きたい東京の文具屋でとっておきの逸品を見つけちゃおう！

○ レトロな小物アイテムの宝庫

THINGS 'N' THANKS
シングス アンド サンクス

「実用性のあるビンテージ品」をテーマに、アメリカなど海外の文具アイテムを中心に約1万5000点を揃える。小さな引き出しの中にもこまごまとしたアイテムが並び、選ぶ時間も楽しい。

Map 別冊P.17-B4　押上
🏠 墨田区業平1-21-10 コーポ臼井101号室　☎080-9216-4611　⏰12:00〜23:00　休月・火　🚇地下鉄押上駅A2出口から徒歩2分

右上のペン（右側）はめずらしいツインヘッドの繰り出し式ペンシル（1430円）で、遠方からわざわざ買いに来る人も

1. 遊園地などのチケット各275円。アメリカ製、1950年代〜　2. 大胆な花柄のレターセット880円　3. アメリカのラッピングペーパー各種。一点物が多く、1950年代の物も　4. ブックマーク5個セットで770円　5. 1990年代のカラフルなペン軸。日本製で2750〜3300円

💬 文具バーを併設しています！

店主の島本彩子さん

一度では見尽くせないほどの商品数でリピーターも多い

152　「THINGS 'N' THANKS」は日本ではもちろんアメリカでも売っていない希少なものが多く何度来ても楽しい！（匿名希望）

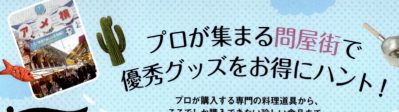

プロが集まる問屋街で優秀グッズをお得にハント！

プロが購入する専門の料理道具から、ここでしか購入できない珍しい食品まで、豊富に揃う問屋街で気になるアイテムをチェック。

食品・雑貨なんでも！

アメ横商店街
アメヨコショウテンガイ

「アメ横」の愛称で親しまれる東京屈指の人気商店街。食品から衣類、雑貨までなんでも揃う。

Map 別冊 P.29-B2
上野
台東区上野4
JR上野駅不忍口から徒歩3分

季節によって異なる種類のチョコレートを袋いっぱいに詰めてくれるチョコレート叩き売り1000円

2500円以上のチョコが入っています

卸売ならではの安さ！

志村商店 a
シムラショウテン

アメ横で40年以上営業中

「もう1枚おまけね！」の元気な掛け声とともにチョコレートを叩き売る名物店。東京みやげのお菓子も販売している。

Map 別冊 P.29-B2
台東区上野6-11-3　03-3831-2454　9:30～18:30　無休
JR上野駅不忍口から徒歩2分

切ない表情のクマが愛らしい文房具立て1650円

ワクワクするアイテムが並ぶ
ガラクタ貿易 b
ガラクタボウエキ

広々とした店内にアメリカ雑貨が所狭しと並ぶ。商品はその時々で変わるので、訪れるたびに新しい発見が。

便利でキュート

Map 別冊 P.29-B2
台東区上野6-9-21　03-3833-7537　11:00～20:00　無休
JR上野駅不忍口から徒歩3分

1. 小さく折り畳めるエコバッグ1210円はいろいろなデザインがある 2. おもちゃ箱のような店内

小腹がすいたときにも
小島屋 c
コジマヤ

国内外から仕入れるドライフルーツやナッツを販売。ナッツはその場で焙煎してくれるものも。

Map 別冊 P.29-B2
台東区上野6-4-8　03-3831-0091　10:30～18:40　無休
JR上野駅不忍口から徒歩5分

1. 殻付きマカダミアナッツ680円 2. 人気のミックスナッツ660円（4種） 3. トルコ産いちじく550円 4. イスラエルキングソロモンデーツ730円

ハーッ！おまけ！

a　b　どれにしようかな　c　d　e　f　g

「ガラクタ貿易」はアメ横商店街の通りではなく、高架下を通って御徒町駅から上野駅方面へ歩いた所にあります！（東京都・ゆい）

かっぱ橋道具街®
カッパバシドウグガイ

プロが使う料理道具が揃う

料理道具はもちろん、看板や食品サンプルなどの店もずらりと並ぶ。

Map 別冊 P.16-A1 浅草
台東区松が谷3-18-2 つくばエクスプレス浅草駅A2出口から徒歩5分

1. しゅろのやさしいたわしむすび 1650円 2. 南部浅繰20cm 7040円 3. 本手打アルミ行平鍋6寸18cm 1万1363円

元祖食品サンプル屋
ガンソショクヒンサンプルヤ

製作体験もできる！

食品サンプルの老舗(株)岩崎が運営する専門店。ユニークで楽しい商品が豊富に揃う。

Map 別冊 P.16-B1
台東区西浅草3-7-6　0120-17-1839(フリーダイヤル)　10:00～17:30　無休　つくばエクスプレス浅草駅A2出口から徒歩5分

1. キーリングみかん皮つき(子持ち)2090円、アイス最中、ジャムサンド耳各1760円 2. ブックマーク焼きベーコン990円、のり660円、スライスチーズ880円

本物よりおいしそう？

釜浅商店
カマアサショウテン

長く使える料理道具が揃う

職人が手がけるプロの料理道具を扱う老舗。包丁はアルファベットや漢字で名入れが可能(無料)。

Map 別冊 P.16-B1
台東区松が谷2-24-1　03-3841-9355　10:00～17:30　無休　つくばエクスプレス浅草駅A2出口から徒歩5分

馬嶋屋菓子道具店
マジマヤカシドウグテン

お菓子作りの道具はこちらで

種類豊富なクッキー型はもちろん、オーダーメイドでもお菓子型や焼印などを注文可能。

Map 別冊 P.16-B1
台東区西浅草2-5-4　03-3844-3850　9:00～17:30　無休　つくばエクスプレス浅草駅A2出口から徒歩5分

1. よく膨らむアルミシフォンケーキ型17cm 1815円 2. 桜のクッキー型各1100円 3. 一点ものの雷神のクッキー型3278円

問屋街で優秀グッズをお得にハント！

日暮里繊維街
ニッポリセンイガイ

回りと差がつく手芸用品が手に入る！

生地や装飾品など手芸用品の専門店が90軒以上集まる。

Map 別冊 P.25-A3 日暮里
荒川区東日暮里5-33　JR日暮里駅東口から徒歩5分

ボタンリング

1. シャネルのヴィンテージ。色の楽しい貝ボタン 2. 色分けされているヴィンテージコートボタン 3. ベークライトボタンは種類豊富

L•musée日暮里店
エルミューゼニッポリテン

宝石のように輝くボタンが並ぶ

オーナーが海外から仕入れる個性豊かなボタンやビーズの専門店。ヴィンテージものも豊富。

Map 別冊 P.25-A3
荒川区東日暮里5-34-1　03-5858-6722　10:00～18:00　日　JR日暮里駅東口から徒歩5分

ボタンとイタリアのリング台を組み合わせて好みの指輪にできる

1. バッグにつけてもキュートなミニタッセル各110円 2. 複数つけてもかわいいキータッセル各330円。色も豊富 3. ミニタッセルを使ったピアス各495円。形もさまざま

E & SON Décor
イーアンドソンデコール

小物類も充実

アメリカ、ヨーロッパの選りすぐりの生地や、タッセルなど小物が人気。系列店も点在するのでお目当てが必ず見つかる。

※売り切れの可能性あり

Map 別冊 P.25-A3
荒川区日暮里5-45-12　03-6666-2170　10:00～18:00　日・祝　JR日暮里駅東口出口から徒歩4分

humongous
ヒューモンガス

古民家風の店内もステキ

インドの伝統技法である木版プリントを駆使して温かみのある生地を販売する。

Map 別冊 P.25-A4
荒川区東日暮里3-28-4　03-6316-9707　11:00～16:00　日・祝　JR日暮里駅東口から徒歩13分

1. 手触りもよく裁縫みやすいボタンは2個入825円 2. 水牛の骨を使ったカラフルな魚のボタン5個入880円 3. バリエーション豊かな生地が3080円/m。1m未満のはぎれもある

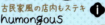

「馬嶋屋菓子道具店」のオーダーメイドのクッキー型は2000円～

お店めぐりも楽しい！
羽田空港と東京駅　喜ばれるおみやげはどれ？

HANEDA AIRPORT
羽田空港(第1・2ターミナル)

Map 別冊P.5-C4　羽田

🚃 京急空港線羽田空港第1・第2ターミナル駅、第3ターミナル駅直結

東京ばな奈
空とぶ東京ばな奈くまッス。はちみつバナナ味、「見ぃつけたっ」

「羽田空港から飛んできた、子熊印のはちみつ便」をテーマに誕生した羽田空港限定品。冷凍庫で冷やすと、中のカスタードクリームがアイスクリームのようになり、とっても美味！

8個入り1080円
賞味期限 7日間

購入場所
T1：特選洋菓子館
(2Fマーケットプレイス) ほか
T2：東京食賓館 時計台3番前
(2F国内線出発ロビー) ほか

営業時間
T1：6:00～20:00
T2：5:45～20:30

三本珈琲×ラ・メゾン白金の
カフェショコラウィッチ

三本珈琲とラ・メゾン白金の羽田空港限定のコラボ商品。粗挽きコーヒーをベルギー産チョコレートに練り込み、さっくり生地のクッキーでサンド。コーヒー、カフェラテ、キャラメルラテの3種類あり。

購入場所
T1：PIER1
(2F出発ロビー) ほか
T2：SMILE TOKYO
(2F国内線出発ロビー) ほか

営業時間
T1＆T2：5:45～20:30

TOKYO STATION
東京駅

Map 別冊P.12-C2　丸の内

グランスタ東京▶8:00～22:00、日・連休最後の祝日～21:00　※BURDIGALA TOKYOは7:00～22:00、連休最後の祝日～21:00　🚃 JR東京駅直結

まめぐいの
まめぐい&お菓子

ハンカチサイズの手ぬぐい、まめぐいとお菓子を組み合わせたオリジナル商品。まめぐいの絵柄は伝統和柄のほか動物、食べ物など約150種類あり、季節限定の柄もある。好みの柄とお菓子を選ぶとスタッフが包んでくれる。まめぐいを2枚使った背負わせスタイルも人気。

桜の柄は季節限定

Suicaのペンギン
まめぐい×バウム
1200円～

背負わせセット
1748円～

イートインがおすすめ。858円

購入場所
グランスタ東京
改札内B1
(八重洲地下中央口改札)

とらやの夜の梅
東京駅限定パッケージ

切り口のあずきを夜に咲く梅に見立てた、とらやを代表する小倉羊羹。パリ在住の画家P.ワイズベッカー氏が描いた東京駅丸の内駅舎がデザインされた東京駅限定パッケージ。

5本入り1620円
賞味期限 1年※
※製造日より

購入場所
グランスタ東京
改札内B1
(八重洲地下中央口改札)

BURDIGALA TOKYOの
広尾のビスティーヌ

スパイスが香るしっとりサブレでチーズのガナッシュをサンド。ガナッシュはピスタチオ、クランベリーチーズ、マロングラッセの3種類あり、どれもクリーミーでリッチな味わい。片手でつまめるサイズや食感を楽しめるよう上下でサブレの厚みを変えるなど、細部までこだわったスイーツ。

4個入り907円
賞味期限 45日間
※製造日より

絞りたてが味わえる
モンブラン・ブリオッシュ。カシスリキュールに漬けたデニッシュと栗、ふわふわの和栗モンブランクリームが絶品！

購入場所
グランスタ東京
改札内B1
(八重洲地下中央口改札)

156　「BURDIGALA TOKYO」のモンブラン・ブリオッシュはちょっとお酒が効いて大人の味。持ち帰り可ですが、賞味期限は1時間！(東京都・M)

誰もが知っている有名店から話題の店まで、バラエティ豊かな店が集まる羽田空港と東京駅。
編集部が選ぶおすすめのおみやげアイテムをピックアップ！

※各店舗の営業時間は通常営業時間を表示。予告なく変更になる可能性があります。

Fliegenの リングノート
各528円

Fliegenはドイツ語で「フライト」を意味するように、旅先で使えるノートとして、また日常で旅を感じられるようにと作られたリングノート。羽田空港限定デザインで4色展開。

購入場所
T2：Tokyo's Tokyo
(3Fマーケットプレイス)

営業時間
9:00～19:30

羽田空港オリジナル マスクケース
330円

石灰石が主原料の環境に配慮した新素材、LIMEXから作られた国産のマスクケース。羽田空港オリジナルデザインで、パスポートケースとしても使える。

購入場所
T2：Tokyo's Tokyo
(3Fマーケットプレイス)

営業時間
9:00～19:30

西光亭の くるみのクッキー
(エアポートT1/T2)
12粒入り1296円
賞味期限 1か月半～2か月

かわいらしいリスの絵でおなじみの西光亭の羽田空港限定パッケージ。写真は第1ターミナルの絵柄で第2ターミナルの絵柄もある。たっぷりのくるみが練り込まれ、香ばしい。

購入場所
T1：PIER1
(2F 出発ロビー) ほか
T2：東京食賓館 時計台1番前
(2F 国内線出発ロビー) ほか

営業時間
T1 & T2：5:45～20:30

羽田空港と東京駅 喜ばれるおみやげはどれ？

neko chefの フィナンシェ
12個入り2592円
賞味期限 60日間
※製造日より

肉球の形がとってもキュート。カマンベールを練り込んだ香り豊かなフィナンシェにはレモンピールが効いてさわやかな味わい。少し温めると香りがより楽しめる。

購入場所
東京ギフトパレット 1F

営業時間
9:30～20:30
(土・日・祝9:00～)

桂新堂の パンダの旅
10袋入り2160円
賞味期限 195日間※
※製造日より

「パンダが東京を旅する」ストーリーをえびせんべいに描いた東京駅限定品。ひと袋ごとに雷門や東京タワーなどパンダの旅シーンが異なり楽しい。

購入場所
グランスタ東京
改札内 B1
(丸の内地下中央口改札)

nuevo by BUNMEIDOの トレインカステラ
4個入り1512円
賞味期限 20日間

文明堂東京の新ブランド、nuevo by BUNMEIDOの東京駅限定カステラ。電車がデザインされたパッケージがとってもキュートで、食べやすいサイズのカステラの表面にチョコレートであしらった4つの絵柄がランダムに入っている。

購入場所
グランスタ東京
改札内 1F
(丸の内中央口改札)

Fairycake Fairのベイクド200
5個入り1600円
賞味期限 5日間

菓子研究家のいがらし ろみ氏がプロデュース。紅茶、コーヒー、マロンなど5種類のひとロサイズカップケーキの上に砂糖菓子で動物をかわいらしくデコレーション。合成着色料や保存料不使用。

購入場所
グランスタ東京
改札内B1
(八重洲地下中央口改札)

「nuevo by BUNMEIDO」は、メープルシロップ&シュガーをたっぷり使ったスティックタイプのカステラ、メープルカスティーラもおすすめ。

aruco調査隊が行く!! ②

人気スーパーマーケットで発見！
こだわり満点のおいしいおみやげ

ラー油せんべい 398円
エビ煎餅にラー油とゴマ油、ニンニクが絶妙にマッチ！ネギ＆唐辛子もアクセントに♪ **C**

辛さが思わずクセになるやみつき煎餅

バナ オーガニック エイティー 有機ローチョコレート 1080円
ローカカオに砂糖代わりのアガベネクターを使用した100%ヴィーガンのチョコレート！ **A**

濃いうにせん 301円
ウニの風味にとことんこだわった、ウニ好きにはたまらない濃厚な味わい！アルコールにもよく合います **B**

ムーラン デュ ビヴェール ラズベリーフィリングのパイ 862円
ラズベリーペーストをサクサクビスケットで包んだオーガニック原料使用のヴィーガンパイ **A**

ヴォンデルモーレン オーガニックスパイスケーキ 各106円
小麦粉不使用。有機ライ麦をベースにはちみつをたっぷり使った、スパイスの香り豊かなベルギー伝統の焼き菓子 **A**

SWEETS & CRACKERS

お米のシフォンケーキ プレーン 301円
2021年1月発売。国産で珍しい長粒米の米粉を使用。生地がふわふわの米粉100%スイーツ **B**

シベール ブランデーケーキ（チョコレート・紅茶・ブランデー） 各1296円
ブランデーリキュールで芳醇な香りとしっとり食感が、1976年発売以来愛される大人のケーキ **B**

ヴァンヴリット オーガニックチョコレート 各種249〜594円
アムステルダム出身ショコラティエが作るヴィジュアル満点チョコレート。ここのみで販売、おみやげに！ **A**

愛媛の本店とBio c'Bonのみで常設販売！

塩キャラメル カステラ 810円
キャラメルベーストを練り込んだカステラにシママースの塩を混ぜた絶品スイーツ。5切れ入り **C**

コンパクトな5切れの量も人気のヒミツ♡

バルクコーナーで量り売りにトライ
ドライフルーツやナッツ、チョコレートなどを20gから購入可能な量り売り。ローアーモンドなどこだわりアイテムが勢揃い。

①必要な量をマシンやケースから袋に出す ②フードの商品番号をチェック ③備え付けのはかりに乗せ、商品番号を入れると商品名が出てくるので間違いないか確認。「ラベル発行」を押すラベルを張ってレジへ ④出てきたラベルを張ってレジへ

A
フランス発オーガニックスーパー
Bio c'Bon 麻布十番店
オーガニックスーパーの先駆け。現在、東京と神奈川で店舗を展開し、2021年には骨董通り店、GINZA SIX、恵比寿店がオープン！

Map 別冊P.30-C2 麻布十番
港区麻布十番2-9-2 ☎03-6435-4356
9:00〜22:00 無休 地下鉄麻布十番駅7番出口から徒歩3分

B
人気デパート関連の食品スーパー
クイーンズ伊勢丹 クイーンズイセタン 白金高輪店
地下が人気を博すデパートのグループ会社の、高品質なプライベートブランドをもつスーパーで、輸入食材なども取り揃え、スイーツも定評あり！

Map 別冊P.10-B2 白金高輪
港区白金1-17-2 白金アエルシティB1F
☎03-5791-2181 10:00〜22:00
1/1 地下鉄白金高輪駅4番出口直結

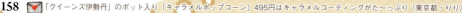
「クイーンズ伊勢丹」のポット入り「キャラメルポップコーン」495円はキャラメルコーティングがた〜っぷり（東京都・りり）

東京周辺にある高級スーパーにはこだわりの食品がめじろ押し！ 急増しているオーガニックスーパーのビオ製品やプライベートブランドのアイテムなどは、おみやげにも最適！！

GROCERY & SEASONING

デュック・ド・ガスコーニュ ポークのテリーヌ イチジク入り A
862円
南仏ガスコーニュ地方でスタートしたフォアグラ専門店による贅沢なテリーヌ。バゲットに添えて

ほの甘いイチジクがワインに合う！

11種類のスパイスと国産鶏のスパイシーカレー B
376円
11種のスパイスで辛さの中にもうま味がある刺激的な味わい。種類多数のレトルトシリーズ

福岡県産あまおう いちごバター C
1188円
福岡県産あまおうに国産のバターをブレンドしたスプレッド。甘みと酸味のバランスが抜群！

濃厚なあまおうを贅沢に使用！

オーガニック・ナッツ&フルーツ ファイバーミックス（上）／オーガニック アンチオキシデント ベリーミックス（左） D
1480円
有機栽培されたドライイチジクやナッツなどのミックスとさまざまなベリー類のミックス

シリアルやヨーグルトのトッピングにも
1380円

サーモンスプレッド オリジナル B
430円
紅鮭にクリームチーズを混ぜたスプレッド。バゲットにのせおつまみや、サンドイッチの具にもOK

イソラビオ オーガニックアーモンドミルク（無糖）／アーモンドミルク A
430円/1000ml
イタリア直輸入の植物性ミルクは、オーガニックアーモンドに海塩、水のみで砂糖不使用

My Little Spoon オレンジ マーマレード B
756円
渋みの少ない瀬戸内産ネーブルオレンジを果肉ごと使用。ほどよい甘さとさわやかな風味が特徴！

贅沢な卵かけトリュフしょうゆ C
1080円
黒トリュフ香る、オリーブオイルブレンドの白しょうゆ。ワンランクアップの卵かけご飯が誕生

オロ・デル・デシエルト オリーブオイル D
1800円/100ml
有機栽培オリーブを手摘みし、短時間で低温搾油！ コンテストで世界1位など受賞歴多数♪

リスコッサ オーガニックスパゲティ A
各279円
イタリア老舗メーカー製でこだわりの有機小麦を使用。直輸入ならではのカジュアル価格も魅力！

プロシュート コット タルトゥーフォ D
699円/100g
芳醇なトリュフ香るプロシュート。イタリアの気鋭のサラミメーカー・トマッソーニの商品

人気スーパーマーケットで発見！

世界から最高の味を届け続けて
紀ノ国屋 キノクニヤ
グルマンマーケット 渋谷スクランブルスクエア店
日本で初めてナチュラルチーズを空輸した、世界のクオリティフードを揃えるスーパー。グルマンマーケットには限定アイテムもあり。

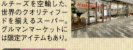

Map 別冊P.28-A1　渋谷
🏠渋谷区渋谷2-24-12 渋谷スクランブルスクエアB1F
☎03-6803-8318 食品物販10:00〜21:00、ベーカリー、デリ、カフェ&バー9:00〜21:00（L.O. 20:30） 無休 地下鉄渋谷駅B6出口直結

在住外国人御用達マーケット
NATIONAL AZABU ナショナルアザブ
周辺に多くの大使館を擁する広尾の地で、在住外国人のニーズに応えている御用達店。各国のライフスタイルに合わせた品揃えは圧巻！

Map 別冊P.10-B2　広尾
🏠港区南麻布4-5-2 ☎03-3442-3181
🕘9:00〜20:00 年始 地下鉄広尾駅1番出口から徒歩1分

ピーナッツバターを作っちゃおう！

店内でローストピーナッツから搾りたてのバターが作れちゃう。砂糖不使用、無添加で香りとともに味もフレッシュ♡

①バター用ピーナッツ、アーモンド、ハニーロースト、カシューナッツからナッツを選ぶ ②マシンのふたを取り袋の中身を注ぐ ③容器を注ぎ口に置く ④スイッチオン ⑤スプーンで注ぎ口からバターの残りを取り、ふたをする

各店食品以外のアイテムも充実しているけれど、特に「Bio c'Bon」のマルシェバッグはおしゃれ度ピカイチ！

大充実の最新コスメにうっとり♡ビューティ偏差値

@cosme TOKYO
アットコスメ トーキョー

1F

美容クチコミサイト「@cosme」が2020年にオープンしたフラッグシップストア。プチプラからデパコスまで、約600ブランド、2万アイテム以上が2フロアに揃う国内最大級のビューティスポット。

ヒット作だらけのコスメパラダイス

Map 別冊 P.27-B3 原宿
- 渋谷区神宮前1-14-27
- 10:00〜21:00
- 不定休
- JR原宿駅東口から徒歩1分

Floor map

① @cosme ベストコスメ アワードコーナー
店内でひとき目を引くのは、殿堂入り&最新のベスコス受賞アイテムが一挙に集結した巨大タワー。

② @cosme ウィークリー ランキングコーナー
クチコミ件数とオススメ度をもとにした@cosmeサイトの週間ランキングが反映される。

③ TESTER BAR
アイテムを自由に試せるスペース。パフやコットンなど、充実したアメニティとウォータースペースを完備。2Fにもある。

気になっていたコスメをたくさん試せる♡

美容部員さんの豊富なコスメ知識に感動〜！

圧倒的なコスメラインナップ

フランス発オーガニックブラン「nailmatic」のNMピュアカラー 各2090円

Maison Margiela Fragrances レプリカ オードトワレ レイジー サンデー モーニング 30ml 8800円

韓国ブランドlily by redのグリッターゾーン 各1870円

CHICCAブランドクリエイターが手がける新ブランドUNMIXのリップは3種類 3630円〜

2F

@TOKYO SALES RANKING

④ @cosme TOKYO セールス ランキング コーナー
原宿店だけで集計した売上個数ランキングで上位の最旬&精鋭コスメがカテゴリー別にずらり。

⑤ メンズ・ユニセックス コーナー
CLINIQUEやFIVEISMなど話題のメンズアイテムをピックアップ。男性へのみやげモノにおすすめ！

「@cosme TOKYO」にはコインロッカーやモバイルチャージスポットがあるので、旅行中とても助かりました。（京都府・みゅう）

アガる2大スポット

感度高い東京のコスメフリークがこぞって通う美の聖地を大解剖！
全フロアを制覇すれば、今買うべき超優秀アイテムがわかっちゃう★

伊勢丹新宿店
イセタンシンジュクテン

優等生ブランドが3フロアに勢揃い

大手百貨店のビューティフロアは、美を徹底的に追求した圧巻のラインアップ。人気&有名ブランド勢揃いの1〜2階、肌にも地球にも優しいナチュラルアイテムに特化した地下2階とその幅広さも特徴的。

Map 別冊P.30-C1
新宿
- 新宿区新宿3-14-1
- 03-3352-1111
- 10:00〜20:00 休無休
- 地下鉄新宿三丁目駅B5出口から徒歩1分

健康食品やサプリがたくさんあって迷う〜！

Floor map 1F / B2F / 2F

やわらかい半練り状の2層式保湿石鹸OSAJI ローソープmisora 2200円

伊勢丹新宿店限定ごほうび、玄米グラノーラサブレ 1134円

B2F

① ビューティアポセカリー
世界各国のナチュラルブランドが揃うフロア。2021年4月、ヘアブランド「ダヴィネス」のトータルビューティースパがオープン。

肌にツヤとハリを与えるネロリラ ボタニカ2層式美容液DR 8250円

野菜料理やスイーツがいただけるイタリアン「HATAKE CAFÉ」

1F

② アーティストメイク
シュウ ウエムラ、RMK、ボビイ ブラウンをはじめ個性あふれるメイクブランドが大充実。

③ ジャパンメイク
SHIROやTHREEといった機能もパケもスタイリッシュなジャパンブランドを中心にトレンド商品が揃う。

ボトル、香り、リボンの色が選べるカラービーボトル 1万9690円〜

④ ゲランコーナー
ゲランのフレグランス専門店。香りとボトルカラーを組み合わせられるアイテムはギフトに◎。刻印サービスもあり、受け取りまで約2週間かかる。

2F

⑤ ジャパンスキンケア
POLAやコスメデコルテ、SHISEIDOなど高品質な日本ブランドのスキンケアアイテムを展開。

⑥ ビューティデバイス
リファやパナソニックなど最先端のデジタル美容機器が集合。ダイソンでは、実際に商品の体験ができるサロンを併設。

※原産国は商品ごとに異なる。　1階にはRMKやセルヴォークなど伊勢丹新宿店限定のラッピングを行っているブランドがあるよ。

がんばる自分へのごほうび♡
異国情緒たっぷりな癒やしスパ

世界各国のバリエ豊かなメソッドが集まる東京で、編集部が実際に体験して選んだ本格派スパを紹介。温まって揉まれて旅の疲れを吹き飛ばそう！

SriLanka
アーユルヴェーダ
スリランカやインドの伝承医学。生まれもつドーシャと呼ばれる3つのエネルギーバランスを保つことが目的。

閑静な住宅街の一軒家サロン
韓SPA ハンスパ

自律神経にアプローチする韓方オイルトリートメントが人気の隠れ家スパ。生理不順やPMSなど、女性特有の悩みに特化した子宮ケアも受けられる。

> ひどい冷え性にもおすすめです

Map 別冊P.26-B1　代々木上原

🏠渋谷区上原2-39-6　☎03-6804-8126　⏰11:00〜22:00（最終予約21:00）　休不定休　要予約　🚃小田急線代々木上原駅南口から徒歩6分

癒やしメニュー
- よもぎ蒸し付 韓方オイル トリートメント 100分……1万5000円
- 子宮テラピー 福女ポンニョ ベーシック 80分……1万3000円

1. 施術後の化粧直しでは韓国コスメも試せる　2. オールハンドで力強くコリをほぐしてくれる　3. 友人＆カップル利用もOK　4. よもぎ蒸しは汗が出る状態によって20〜30分

Karunakarala カルナカララ
日常の強いストレスをリセット

スリランカの姉妹店と同じプロダクトを用いたアーユルヴェーダサロン。ていねいなパーソナルカウンセリングを行い、一人ひとりに合ったメニューを組んでくれる。

> ココロもカラダもほぐします

Map 別冊P.28-B1　代官山

🏠渋谷区猿楽町26-2 sarugaku D棟B1F　☎03-6883-4572　⏰10:00〜21:00（最終予約19:00）　休不定休　要予約　🚃東急東横線代官山駅北口から徒歩5分

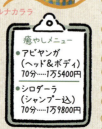

1. 10種のハーブオイルを使ったマッサージ　2. オイルを額に垂らすシロダーラでリラックス　3. スチームバス4400円はオプション　4. 間接照明で落ち着く空間

癒やしメニュー
- アビヤンガ（ヘッド＆ボディ）70分……1万5400円
- シロダーラ（シャンプー込）70分……1万9800円

Korea

よもぎ蒸し
穴の開いたイスから出るよもぎや韓方の蒸気を肌に吸収させることで、内臓をあたためデトックスを促す療法。

> じんわりあたたまる！

162　「韓SPA」でよもぎ蒸しを受けたあとは、しばらくポカポカ温まります。（東京都・ミミ）

ツボを揉みほぐしていきます！

Japan

活法
戦国時代に負傷兵を癒やすために生まれた古式術。内臓を正しい位置に戻すことで、体の気の巡りをよくする。

スパアワード受賞の実力派
Lapidem Tokyo spa
ラピデム トウキョウ スパ

陰陽五行説や活法の技法を取り入れたホリスティックスパ。ラグジュアリーな個室で、アロマブレンドオイルを利用した施術を受けながら至福の時間を過ごせる。

Map 別冊P.10-A2　赤坂

🏠 港区赤坂6-16-4 AKASAKA GD BLD.3F　☎03-6426-5231
🕐 12:00〜20:00（最終予約18:00）、土・日・祝 11:00〜19:00（最終予約17:00）　無休　要予約　地下鉄赤坂駅7番出口から徒歩6分

1. 茶葉を使った足浴
2. 現代の整体に近い活法施術
3. プ
4. バス&マッサージオイル5060円やフェイス&ボディウォッシュ3960円などオリジナル商品も
5. 世界的なスパアワードに輝く
6. プライベート感あふれる店内

癒やしメニュー
- ホリスティックボディトリートメント 90分……1万8000円
- ホリスティックフェイシャルトリートメント 90分……1万8000円

むくみがスッキリ取れると評判
JANNA 恵比寿
ジャンナ エビス

ほぐしや足つぼなどアジアの伝統技法に、イスラムのハマム浴と上質なアルガンオイルトリートメントを掛け合わせたオリエンタルスパ。代々木上原にも店舗あり。

Map 別冊P.28-B2　恵比寿

🏠 渋谷区恵比寿1-11-1大黒ビル3F　☎03-5422-6907
🕐 12:00〜23:00、日・祝 〜21:00　無休　JR恵比寿駅東口から徒歩1分

1. ペアルームは要予約　セラピストによるハイレベルなトリートメント
2. 熟練のワザでコリを撃退します
3. 10種類のハーブをミックスしたハマム式スチームベッドで、カラダの芯から温まっていく
4. オーガニックオイルを使用

癒やしメニュー
- モロカンSPA（ハマム浴+オイルトリートメント）120分……1万5400円
- アルガニックフェイシャルスタンダード 60分……8800円

Turkey
異国情緒たっぷりな癒やしスパ

ハマム浴
イスラム圏に広がる文化で、現地では温めた大理石に寝そべり汗をかいたらアカすりタイムで全身スッキリ。

全身がポッカポカ

発酵風呂でデトックス

1 受付・着替え
汗をかくので、メイクを落としてハダカまたは紙の下着にお着替え。

2 入浴
米ぬかを掘り起こした浴槽に横たわり、アイマスクやパックをしながら約15〜30分。

入浴+グルーミング（75分）5720円

3 グルーミング
シャワー後は発酵飲料で水分補給をしながら発酵&米ぬかコスメでスキンケア。

お肌がツルツルになる美容法
米ぬか発酵風呂 haccola 神楽坂本店
コメヌカハッコウブロ ハッコラ カグラザカホンテン

竹パウダーをブレンドした米ぬかの発酵熱を利用して、60〜90℃の状態で酵素浴ができる施設。「海外から見える間違った日本」をコンセプトにした個室が3部屋ある。

Map 別冊P.22-A1　神楽坂

🏠 新宿区神楽坂6-8　サンハイツ神楽坂1F　☎03-5946-8380
🕐 10:00〜23:00（最終受付22:00）　月・木　地下鉄神楽坂駅1b出口から徒歩3分

各スパでは施術後に着替えや化粧直し、ハーブティーでのリラックスタイムがあるので時間には余裕をもって訪れよう。

皇室ゆかりの由緒ある逸品

ハイクオリティーをおみやげに

皇室をはじめ多くの人々に愛されてきた伝統の技が光る逸品を、ぜひ東京旅の記念に！

和紙 — 日本の心を伝える

日本各地の手すき和紙を集めた専門店。皇室にお納めしている和紙等のほか、書道用紙、色鮮やかな便せんや封筒などの和紙加工品が揃う。

山形屋紙店 ヤマガタヤカミテン
創業／明治12（1879）年
Map 別冊 P.23-C3　神保町
🏠 千代田区神田神保町2-17
☎ 03-3263-0801　🕚 11:00～17:00　休 土・日・祝
🚇 地下鉄神保町駅A6出口から徒歩2分

ぬくもり感じます〜

1. 富士山菓書ちぎり絵（220円）やミニ便箋（550円）　2. 色とりどりの和紙　3. 地元キャラ「さちねこはがき」も

銀製品 — まさに一生モノ

日本で最初に銀製の洋食器を製造・販売。現在も宮中晩さん会などに銀製品を納める。充実のラインナップは贈り物や日常使いにもピッタリ。

宮本商行 ミヤモトショウコウ
創業／明治13（1880）年
Map 別冊 P.15-A4　銀座
🏠 中央区銀座1-9-7陽光銀座第2ビル1F
☎ 03-3538-3511　🕙 10:30～18:30　休 日・祝
🚇 地下鉄銀座一丁目駅10番出口から徒歩1分

1. 天皇皇后両陛下のお印がモチーフのボンボニエール。9万7900円　2. 日本人の体格に合うおすすめのカトラリーは3万7400円〜

コーヒー — 品質を徹底管理

豊富な種類が揃います！

宮中晩さん会や春・秋の園遊会、現天皇陛下ご即位の際に行われた饗宴の儀でも飲まれたコーヒーの店。クセがなくバランスの取れた味が特徴。

珠屋小林珈琲 タマヤコバヤシコーヒー
創業／昭和12（1937）年
Map 別冊 P.15-B4　築地
🏠 中央区築地2-14-2築地NYビル4F
☎ 03-5565-0582　🕙 10:00～17:00　休 土・日・祝
🚇 地下鉄築地駅2番出口から徒歩1分

1. ロイヤルブレンド200g1242円が人気　2. ドアの向こうは事務所兼販売スペース。ウェブサイト（URL tamaya.coffee/）の通販が便利

煎餅 — 妥協を許さぬ最高級品

店の入り口に立つたぬきの置物が目印。当主自らが店頭で焼くため、ここ本店での限定販売となる「直焼」のほか、さまざまな味の煎餅が店内に並ぶ。

麻布十番たぬき煎餅 アザブジュウバンタヌキセンベイ
創業／昭和3（1928）年
Map 別冊 P.30-C2　麻布十番
🏠 港区麻布十番1-9-13
☎ 03-3585-0501　🕘 9:00～19:00　休 日曜不定休
🚇 地下鉄麻布十番駅4番出口から徒歩3分

1. 一枚一枚手焼きされる「直焼」と「チーズサンド たぬ吉」が大人気　2. かわいらしいたぬきデザインがたくさん！

「御用達」とは？

「御用達」制度は明治24（1891）年、右のたぬき煎餅の看板にあるように「宮内省（後の宮内庁）」の厳正な審査で選ばれた業者に商標として使用を許可したのが始まり。昭和29（1954）年に制度は廃止されたが、今も確かな品質と信頼の証しなのだ。

宮内省御用達

感性が刺激
されまくり

見逃さないで！
東京でしか体験できない
アート&エンタメ

世界最高峰の芸術やエンタメが楽しめる東京で
ぼうけん好きなaruco女子におすすめしたい
とっておきスポットを選りすぐり！
たくさん遊んだあとはホテルステイも楽しんで♪

SIGHSEEING

RECOMMENDED MUSEUM

本館の北側には四季折々の草花が咲き誇る美しい庭園も

aruco check!
国宝が多く揃う
日本屈指の所蔵数を誇る国宝は必見。作品の展示期間はHPで確認を。

お宝拝見！aruco注目のミュージアム

東京の美術館で、国内外から集まる貴重な作品に触れてみるのも楽しい。知的好奇心をくすぐる注目のミュージアムをご紹介！

本館2階 国宝室

国宝「梨地螺鈿金装飾剣」。平安時代・12世紀、広橋家より伝来したもの。展示予定未定

長谷川等伯の作品で国宝の「松林図屏風」(右隻)。安土桃山時代・16世紀のもの。本館2室(国宝室)で2022年1月2日～2022年1月16日まで展示

江戸時代17～18世紀の、「色絵象形香炉」。本館13室で2021年5月11日～2021年11月7日まで展示

日本美術の歴史の流れを順に展示

約12万件の美術品を所蔵
東京国立博物館
トウキョウコクリツハクブツカン

2022年には150周年を迎える、日本で最も長い歴史をもつ博物館。国宝89件、重要文化財648件という膨大な収蔵数はもちろん、美しい庭園や帝冠様式の建物も魅力的。

国宝「興福寺鎮壇具 瑞花双鳳八花鏡」。中国の唐時代・8世紀のもの。本館1室で、通年展示

群馬県伊勢崎市大字境上武士字天神山より出土、古墳時代・6世紀の「埴輪犬」。平成館考古展示室で通年展示

Map 別冊P.29-A2 上野

台東区上野公園13-9 ☎050-5541-8600（ハローダイヤル） 9:30～17:00（最終入館16:30） 月（祝日の場合は営業、翌平日） 1000円（大学生500円、高校生以下および18歳未満無料）※2021年6月現在 入館にはオンラインによる事前予約が必要。詳しくはHPを要確認 JR上野駅上野公園口より徒歩8分 www.tnm.jp

ショップもCheck！
アートの余韻に浸ろう♪
ミュージアムショップ
美術工芸品や文具、食品などバラエティ豊かな商品が揃うショップ。本館1階、東洋館1階にあり、入館しての利用（有料）。

本館1F、東洋館1F ☎03-3822-0088 施設に準ずる

1. 白を基調とした清潔感のある店内 2. 八橋蒔絵螺鈿硯箱缶入クッキー1080円 3. カラフルなにわソックス全7色各440円 4. キュートなトーハクくんマスコット1520円

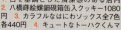

※このページで紹介している作品の展示期間は、今後諸事情により予告なく変更される場合があります。

ロダンの「地獄の門」

世界遺産です!

aruco check!
ル・コルビュジエ建築に注目
近代建築の巨匠ル・コルビュジエにより設計された美術館は2016年に世界遺産に登録。

1 オーギュスト・ロダンの代表作
2 日本で唯一のル・コルビュジエ建築は一見の価値あり

ル・コルビュジエ建築の特徴のひとつ「ピロティ」など、「近代建築の5つの要点」を体現する建物

©国立西洋美術館

西洋の美術に想いを馳せる　オーギュスト・ロダン《地獄の門》松方コレクション 撮影:©上野則宏

国立西洋美術館　コクリツセイヨウビジュツカン

実業家の松方幸次郎が収集した、印象派の絵画とロダンの彫刻を中心とする「松方コレクション」など6000点以上を所蔵。館内にはショップやカフェもありゆったりくつろげる。

Map 別冊P.29-A2　上野

🏠 台東区上野公園7-7　📞 050-5541-8600（ハローダイヤル）　🕘 9:30〜17:30（最終入館17:00）　🚫 月（祝日の場合は営業、翌日休）　💴 500円（大学生250円、高校生以下および18歳未満無料、企画展は別料金）※2021年3月現在、2022年春（予定）まで全館休館。最新情報はHPを要確認　🚃 JR上野駅公園口から徒歩1分　🌐 www.nmwa.go.jp/

お宝拝見！aruco注目のミュージアム

ヨーロッパ

多機能なバッグばかり！

1. スペインの老舗ロエベ社製のボストンバッグ　2. 世界に3点しかないワニ革トランク

あの著名人のカバンも

世界のカバン博物館

スーツケースの老舗、エース株式会社が運営する世界五大陸から集めた約550点のカバンを無料で鑑賞できる。旅行とカバンの密接な関係性など、旅好きなら必見の展示ばかり。

Map 別冊P.16-C2　浅草

🏠 台東区駒形1-8-10　📞 03-3847-5680　🕘 10:00〜16:30　🚫 日・祝（土曜（祝日の場合は開館）　💴 無料　🚃 地下鉄浅草駅A1出口から徒歩すぐ

日本

兵庫県豊岡市で江戸時代後期に作られた、自宅で物を保管する用のカバン

アメリカ

月の石を運んだ、月面採取標本格納器の元となったカバン

スカイツリーも見えます！

休憩にラウンジ利用もおすすめ
エース株式会社の創業者、新川柳作の生涯を展示する8階新川柳作記念館には、休憩できるビューラウンジを併設。東京スカイツリー®が見えるロケーションも抜群。

aruco check!
希少なバッグに注目
伝統的な部族のカバンなど、各国の時代背景を反映したユニークなカバンがおもしろい！

著名人のバッグ

フィギュアスケートの羽生結弦選手から寄贈されたバッグ。実際に2011〜2012年に使用していたもの。ファン必見！

ゆずのかばん♪

「世界のカバン博物館」ではスーツケースが製造される過程なども展示。目から鱗の情報ばかりで、無料とは思えないクオリティ。

草間彌生 1929~

前衛芸術家。幼少期の幻視・幻聴体験から、水玉モチーフなどの絵画制作を開始。1957年の渡米後、オリジナリティあふれる作品で地位を確立し世界各地の展覧会や巡回ツアーで記録的な動員を誇る。2016年に文化勲章を受章。

水玉ひとつで立ち向かう

カラフルな電飾を使った空間が広がる

無限なる天国への憧れ 2020年
©YAYOI KUSAMA

草間彌生美術館 インスタレーション・ビュー
およそ700点にも及ぶ最新の絵画シリーズ『わが永遠の魂』から展示

©YAYOI KUSAMA

芸術家の大爆発!?
記念館 & 美術館

アーティスト、草間彌生にをピックアップ。展示作品はもある。感性を磨こう♪

無限の彼方へかぼちゃは愛を叫んでゆく 2017年

©YAYOI KUSAMA

岡本太郎記念館 & 草間彌生美術館

合わせ鏡を用いた代表的なミラールームの作品。開館記念で制作された

天空にささげたわたしの心のすべてをかたる花たち 2018年

©YAYOI KUSAMA
屋上ギャラリーに展示された、ブロンズ鋳造の彫刻作品

フラワー・オブセッション 2017/2020年

展覧会を経るごとに部屋中を花が覆いつくす参加型の作品

YAYOI KUSAMA

PUMPKIN 2015年

©YAYOI KUSAMA

代名詞ともいえるかぼちゃの立体作品

内面世界を深く描いた新作多数

草間彌生美術館
クサマヤヨイビジュツカン

日本・世界初公開の作品が展示されることも多い、唯一の草間彌生専門美術館。彫刻や映像作品などさまざまな表現手法を用いた展覧会は、1年に約2回開催。

Map 別冊P.8-C2 早稲田

🏠 新宿区弁天町107 ⏰ 11:00~17:30（最終入館16:30）📅 月・火・水（祝日の場合は開館）💴 1100円（日時指定の事前予約制）🚇 地下鉄早稲田駅1番出口から徒歩7分

美術館全体がドット模様！

1階 美術館外観
白亜のモダンな建物にドット柄が映える

Photo by Shintaro Ono (Nippon Design Center, Inc.)

草間彌生美術館 インスタレーション・ビュー
展覧会によって変わるエントランスの作品展示

©YAYOI KUSAMA

ミュージアムショップも充実

1 プティゴーフル900円　2 かぼちゃ缶プティシガール1080円　3 水玉模様のハンカチ3000円

「草間彌生美術館」のチケットは公式サイト URL yayoikusamamuseum.jp のみで販売。美術館窓口での取り扱いはないので気をつけて。

169

★ 最先端のキラキラがお待ちかね！

チームラボの楽しみ方&おすすめプラネタリウム

1. 無数のランプが光る瞬間を狙って撮影！
2. 球体と球体の間からひょっこり。色味も意識して
3. アートの一部になったようにポーズを決めて！
4. 花の茎に触れて、散っていく一瞬をパチリ

📷 こんな写真が撮れる

違いをCHECK!

	ボーダレス（お台場）
特徴	境界のないアート
作品数	60作品以上
回り方	自由
服装（足元）	動きやすい靴がおすすめ

境界のない体験型アート
MORI Building DIGITAL ART MUSEUM EPSON teamLab ★ Borderless
モリビル デジタル アート ミュージアム
エプソン チームラボ ボーダレス

ココが
スゴイ！
* 地図も順路もない！自由に歩き回れる
* 作品同士が混ざり合っている
* 身体を使ってアートを体験できる

1万m²もの巨大な館内には60以上の境界のないデジタルアートがあり、時の流れや観客との接触に応じて、色・形の変化や動きが生じる。非現実的な世界に身体ごと没入させて。

1. 無数のランプが輝く「呼応するランプの森」。季節ごとに色が変化する人気作品のひとつ
2. 「運動の森」作品群のひとつ。丸い物体に触れると光る。浮遊させて空間を変幻自在に楽しもう
3. 複数の季節がひとつの空間に存在。花が咲き、散っていく変化を体感 4.「増殖する無量の生命 -A Whole Year per Year」。1年を通して花々が移り変わっていく。花に触れると散っていく

Map 別冊P.11-C3 お台場
🏠 江東区青海1-3-8 お台場パレットタウン2F
📞 03-6368-4292 ⏰ 11:00～17:00（最終入館16:30） 🗓 火 💴 3200円 要予約
🚇 ゆりかもめ青海駅北口から徒歩3分

team

臨場感あふれる星空がすごい！
コニカミノルタプラネタリウム "満天" in Sunshine City

自然で美しい星空を追求した、最新投映機による映像はリアルな星空そのもの。フルフラットの芝シートやふかふかの雲シートといった特別席も用意。

★ アロマが香るプログラムも

感動の星空に包まれる
プラネタリウム
2選 & more

最新の技術を用いたプラネタリウムで美しい星空を観賞しよう。リラックスできる落ち着いた空間でちょっとした癒やしの時間を。

Map 別冊P.8-B2 池袋
🏠 豊島区東池袋3-1-3 サンシャインシティワールドインポートマートビル屋上 📞 03-3989-3546 ⏰ 11:00の回～20:00の回（上映時間は季節により変更あり） 🗓 無休 💴 1500円～
🚇 JR池袋駅35番出口から徒歩10分

170　チームラボではスマートフォンアプリと連動した作品もあります。来場前に「teamLab」をダウンロードするのがおすすめ。（東京都・LISA）

お台場と豊洲のチームラボは何が違う？楽しみ方を予習してフォトジェニックな写真を撮りまくろう！ 星好きなら進化系プラネタリウムにも行ってみて！

チームラボとは？
プログラマーや数学者、建築家などの専門家で形成されたアートコレクティブ。最新のデジタルテクノロジーを活用したこれまでにない、新しいデジタルアート体験が話題を呼んでいて、展示施設はお台場と豊洲だけでなく、上海やマカオ、マイアミにもある。

球体と遊んでいるように楽しく♪
光の線になったときがシャッターチャンス！
花が散っていくタイミングを狙って！
シルエットで美しく。床に映る姿も忘れずに

とれちゃう！

プラネッツ（豊洲）
- 水に入るミュージアム
- 8作品
- 一方通行
- 素足

チームラボの楽しみ方＆おすすめプラネタリウム

1. 水に映し出された鯉に触れると花となって散っていく。水の中に入りながら、季節とともに移り変わる花々を鑑賞できる（季節展示） 2. 自由に浮遊する光の球体は触れると色を変化する。球体をかき分け、叩いて色の変化を楽しもう 3. 無数の光が立体的な彫刻群となって無限に輝く。宇宙空間を想像させる 4. 1年を通じて花々が時間とともに変化する。座って、寝転んで没入しよう（季節展示）

素足でアートを体感する
teamLab ★ Planets TOKYO DMM.com
チームラボ プラネッツ トウキョウ ディーエムエムドットコム

ココがスゴイ！
*水に浸かりながらアート鑑賞
*巨大な作品と一体になれる
*五感でアートを感じられる

裸足になって水に入る新感覚のデジタルアート。巨大な4つの作品を中心にインタラクティブな光の世界へ没入できる。ひとつひとつ時間をかけてゆっくり鑑賞しよう。

Map 別冊P.11-B4 豊洲
🏠江東区豊洲6-1-16 ☎03-6368-4292
🕙10:00～18:00（最終入館17:30） 休水
💴3200円 要予約 🚃ゆりかもめ新豊洲駅北口から徒歩1分

Lab

映像ときめ細かな音に注目
コニカミノルタプラネタリウム"天空"in 東京スカイツリータウン®
光と音の演出も加えた臨場感ある星空を観賞できる。最新投映機で星の色彩を豊かに再現。3組限定の三日月シートは寝転んで眺める特別席。オリジナルアロマが香る作品も。

Map 別冊P.17-B4 押上
🏠墨田区押上1-1-2 東京スカイツリータウン・イーストヤード7F
☎03-5610-3043 🕙10:00の回～21:00の回 休無休 💴1500円 🚃地下鉄押上駅B3・A2出口からすぐ

違った視点で宇宙を覗き見！
宇宙ミュージアムTeNQ
ウチュウミュージアムテンキュー

直径11mのシアター空間
ミュージアム内のシアターをCHECK！

宇宙を楽しむエンタメミュージアム内にある「シアター宙（ソラ）」は宇宙を見下ろす新感覚円形シアター。4K超の高解像度映像は息を呑む美しさ。

Map 別冊P.23-A3 水道橋
🏠文京区後楽1-3-61 黄色いビル6F ☎03-3814-0109 🕙11:00～21:00、土・日・祝10:00～（最終入館20:00） 休無休 💴1800円 🚃JR水道橋駅西口から徒歩5分

チームラボは当日券の販売を行っていない。日時指定の予約制なので、公式サイトなどからチケットの予約購入を。

aruco調査隊が行く!! ③

海のアイドルたちに胸キュン♡ 人気水族館をチェック!

イルカのパフォーマンスに、浮遊する無数のクラゲ、スイスイ泳ぐペンギン……。趣向を凝らした展示が魅力的な都市型水族館を徹底調査します!

パフォーマンスはお任せ！
カマイルカ
バンドウイルカ
オキゴンドウ

注目はコチラ！
ドルフィンパフォーマンス
季節ごとのテーマ、さらに昼と夜で異なる演出が楽しめる迫力満点のイルカのパフォーマンスは水族館の目玉。2階の大型円形プール「ザ スタジアム」へ！
場所 ザ スタジアム
時間 公式HPで確認

Night
夜は美しい光と音、映像のなかでイルカたちがパフォーマンス

Day
3種類のイルカが華麗にジャンプを披露

いろんなクラゲがゆらゆら〜

ドワーフソーフィッシュ
自然光が差し込む長さが約20mの海中トンネル「ワンダーチューブ」。世界で唯一の展示となるドワーフソーフィッシュを探そう！

ナンヨウマンタ
エイの仲間だよ

時間や季節で変化する光と音に包まれた空間にクラゲが漂う、「ジェリーフィッシュランブル」。

賢いイルカのショーに大興奮

マクセル アクアパーク品川

品川プリンスホテル内にあるエンタメ系水族館。音・光・映像など最先端の技術を使った生き物の展示は非日常を体感できると人気。カピバラやアザラシなどの動物たちにも出会える。

Map 別冊P.10-C2 品川

🏠 港区高輪4-10-30品川プリンスホテル内 ☎03-5421-1111（音声ガイダンス） ⏰10:00〜18:30（最終入場は18:00、変動あり。公式HPで確認）
🚫無休 💴2300円 🚃JR品川駅高輪口から徒歩2分

カップル ●●●☆ 友だち ●●●●
迫力 ●●●● 癒やし ●●●○

おすすめPoint
デジタルアートと生き物の展示で没入空間を楽しめるエリアも。最先端！

172　「マクセル アクアパーク品川」のドルフィンパフォーマンスは360度の円形プールなので、どこからでもバッチリ見えます！（神奈川県・ME）

屋上に広がる高層水族館
サンシャイン水族館

| カップル 迫力 ★★☆☆☆ | 友だち 癒やし ★★★★☆ |

おすすめPoint
地上約40m、都会の上空をペンギンが悠々と泳ぐ姿はここでしか見られない!

"天空のオアシス"がコンセプトのビルの屋上に位置する水族館。屋内では水量約240tの大水槽やクラゲトンネル、屋外エリアではペンギンやアシカがこれまでにない展示方法で観賞できる。

Map 別冊P.8-B2 池袋
🏠 豊島区東池袋3-1 サンシャインシティワールドインポートマートビル屋上 ☎03-3989-3466 ⏰春夏9:30〜21:00、秋冬10:00〜18:00（最終入場は閉館1時間前）無休 ¥2400円 🚃JR池袋駅35番出口から徒歩10分

泳ぎ回るの楽し〜♪

人気水族館をチェック!

サンシャインラグーン 水槽エサやり体験
普段入れない水槽の上から飼育スタッフの解説を聞きながら魚に餌をあげる体験。1名300円、1日1回約20分。※最新情報はHPで確認

イベント&パフォーマンス

ペンギンの給餌

いきものディスカバリー
飼育スタッフによる生きものの健康管理と給餌が見られる。いつ、どこで何が実施されるかは当日のお楽しみ。

まるで上空を飛んでいるような天空のペンギン

注目はコチラ!
マリンガーデン 天空の旅
南国ムード漂うビルの屋上。頭上に設置した水槽でペンギンやアシカ、ペリカンが泳ぐ姿を下からのぞくことができる。

天空パスではモモイロペリカンを下から覗いてみよう

イワシの群れに圧倒される「生命の躍動」。本館1階大海の旅に展示されている

アシカの歯磨き

スイスイと頭上をアシカが泳ぐ「サンシャインアクアリング」

「海月空感」では浮遊するクラゲに釘付け

マゼランペンギンを上から横から観察

1. 約20種類の金魚も展示
2. 2層吹き抜けの展示空間で48羽のペンギンを観察しよう

1日3回のごはんの時間には、通常の倍くらい体を伸ばす姿が見られる

全長約30cmあるのよ

| カップル 迫力 ★★☆☆☆ | 友だち 癒やし ★★★★☆ |

おすすめPoint
順路はない自由導線。行ったり来たりして好みの生物をじっくり見学。

東京スカイツリーの水族館
すみだ水族館

ペンギンやオットセイを間近で見られる国内最大級の屋内開放水槽や小笠原の海をテーマにした大水槽が見どころ。クラゲエリアでは生後0日のクラゲの赤ちゃんも見られる。

Map 別冊P.17-B4 押上
🏠 墨田区押上1-1-2 東京スカイツリータウン・ソラマチ5・6F ☎03-5619-1821 ⏰10:00〜20:00、土・日曜9:00〜 無休 ¥2300円 🚃東武スカイツリーラインとうきょうスカイツリー駅からすぐ

東京スカイツリーも合わせて訪れたい

長径約7mの水盤水槽に約500匹のミズクラゲが浮遊する「ビッグシャーレ」。クラゲを上から直接観察できるのが魅力。

注目はコチラ!
チンアナゴ水槽
約300匹ものチンアナゴたちが巣穴から顔を出してゆらゆら揺れている姿は癒やされる。3種類の仲間がいる。

「すみだ水族館」は水槽の前にソファや椅子をたくさん設置しているので、ドリンクを飲みながらゆったり過ごせる。

5 13:00 WHAT CAFE
ワットカフェ

アートを買う！初体験はここで

若手支援も視野に入れたアートギャラリー＆カフェ。ノンジャンルで作家ごとに飾られた作品は、どれも数万円から購入可能。コーヒーを飲みながら、検討するひとときも楽しい。

Map 別冊P.31-B4　天王洲アイル

🏠品川区東品川2-1-11　☎なし　⏰11:00～18:00　休不定休　🚃東京モノレール天王洲アイル駅中央口から徒歩6分

3. 日替わりパスタセット1000円は淡路島産の生パスタを使用　4. 人気No.1はバリスタの淹れる芳醇な味わいのカフェラテ450円〜

アートに囲まれたお茶時間

1,2. はじめてのアートを見つけるのにぴったりの場所。ここでコレクターデビューする女子もたくさんいるそう！

天王洲アイルでアートさんぽ

6 15:00 SLOW HOUSE
スローハウス

暮らしを見つめるきっかけに出会う

心地よいスローな空気が流れるライフスタイルショップ。家具ブランド「ACTUS」オリジナル商品や北欧ヴィンテージ家具、洋服などを販売するほか、レストランも併設している。

Map 別冊P.31-B4　天王洲アイル

🏠品川区東品川2-1-3　☎03-5495-9471　⏰11:00～19:00　休水　🚃東京モノレール天王洲アイル駅中央口から徒歩5分

レストランで北欧の郷土料理もいただけます

副店長 荻原由夏さん

1. 2階のビンテージコーナー。1点ものの家具やキルトが揃う店内　2. 吹き抜けのある広い店内　3. 岐阜の工房WOHL HUTTEとコラボしたテーブル、12/TABLE 29万2600円〜。地方配送可　4. 南仏Mad et Lenの天然樹脂ポプリ1万1000円〜　5. 家具と同様、ロングライフデザインにこだわる自社アパレルeaukのソックス各2310円

7 17:30 T.Y.HARBOR
ティー ワイ ハーバー

醸造所併設のレストラン

東京で最古の独立系クラフトビール醸造所を併設し、1997年にオープン。約350席を有する広々ダイニングで、ビールと料理を楽しもう。

Map 別冊P.31-B4　天王洲アイル

🏠品川区東品川2-1-3　☎03-5479-4555　⏰11:00～15:00(L.O.14:00)、17:30～23:00(L.O.22:00)、土・日・祝11:00～16:00(L.O.15:00)、17:30～23:00(L.O.22:00)　休無休　🚃東京モノレール天王洲アイル駅中央口から徒歩5分

1. T.Y.HARBOR Breweryクラフトビール550円〜。テイスティングセットもあり　2. ランチタイム限定のロングセラー、T.Y.ハーバーバーガー1880円　3. テラス席は大人気　4. 都内唯一の水上ラウンジも

8 19:30 LILY CAKES
リリーケイクス

スイーツで1日を締める

Goal!

アートなケーキをパクリ

デイリーに楽しめるアメリカンベイク＆スイーツの店。定番から旬の味わいまで見た目も味も絶品で迷うほど。同系列のベーカリー＆デリも併設。

Map 別冊P.31-B4　天王洲アイル

🏠品川区東品川2-1-6　☎03-6629-5777　⏰10:00～21:00　休無休　🚃東京モノレール天王洲アイル駅中央口から徒歩5分

1. 人気の定番品ストロベリーショートケーキ ホール3000円〜。カットケーキもあり　2. 「焦がし」もおいしく焼き上げたバスクチーズケーキ600円　3. 焼き菓子も販売　4. 広々とした店内

「LILY CAKES」では、朝〜ランチ時は水上ラウンジ「RIVER LOUNGE」でイートイン可能。

175

ミニマルな暮らしは江戸東京博物館

常設展の江戸ゾーンへ！

見学は長〜いエスカレーターを上って、6階からスタート。日本橋を渡ったら江戸時代へ。館内は広いので余裕をもって！

案内人
学芸員・三井彩紗さん
江戸時代へご案内します！

助六でぃ！

江戸東京の歴史や文化を今に伝える博物館。見学すると分かってくる現代に通じる食や祭り、そしてミニマルな暮らし。1日あっても見きれないくらいの展示は見応えたっぷり！

江戸の町が縮尺模型でよみがえる

江戸城と町割り

日本橋
慶長8（1603）年に架けられた日本橋は全長約51m、幅約8m。ここでは橋の北側半分、約15mを原寸大で復元。

いざ江戸時代へ！

徳川家康による江戸城周囲に武家・町人など居所を決めた「町割り」についての展示。

改架記録や絵画を元に再現。床板はヒノキ、梁や親柱などはケヤキを使用

寛永の町人地
日本橋のもう半分は橋正面の縮尺模型に！1/30の縮尺模型で町人地の風景を再現。約800体もの江戸町民人形は一つひとつ異なるこだわり。

日本橋の続きはココ！

江戸城本丸 大広間・松の廊下・白書院
弘化2（1845）年の再建時を元に1/30で復元した、江戸城本丸の大広間と白書院を結ぶ、全長約54mの松の廊下。

江戸城 松の廊下の障壁画
「忠臣蔵」で有名な松の廊下の襖絵をほぼ原寸大で再現。

町の暮らし

時代の移り変わりを体感！
江戸東京博物館
エドトウキョウハクブツカン

両国国技館の裏手に立つ1993年開館の歴史博物館。江戸ゾーンと東京ゾーンから成る常設展では、江戸時代から現代の東京まで約400年の歴史と文化を復元模型や実物資料などで紹介。

Map 別冊P.18-B2　両国

🏠 墨田区横網1-4-1　☎03-3626-9974　⏰9:30〜17:30（最終入館17:00）　休月　￥600円（企画展を含む。特別展は別途）　🚃JR両国駅西口から徒歩3分

木と紙から作る木造建築で火事が起こるとすぐに燃え広まるため、いつでも逃げられるように必要最低限のものしか置いていない

さまざまな職業の人が暮らしていた江戸の長屋は今でいう6畳ひと間。どんな生活をしていたかちらっと覗いてみよう。

寺子屋師匠
江戸庶民の教育の場として広まった寺子屋。師匠の自宅に子ども達を呼んで個別に指導。

まさにミニマルな暮らしです！

江戸指物
指物とは板を組み合わせて作る木工のこと。自宅兼職場としてタンスや机、イスなどの家具を製作していた。

芝居と遊里

助六の舞台
歌舞伎を代表する演目「助六」の舞台模型を展示。架空の場面設定でありながらも、再現するに当たり12代目市川團十郎が助六のポーズを監修。

江戸の娯楽・歌舞伎や芝居小屋の構造を模型や原寸大模型で復元。

高さは江戸城の天守に合わせた62m

体験展示で担いでみよう！

なりきり！棒手振り（行商人）

 「江戸東京博物館」は大名駕籠や纏持ちなど体験展示もいろいろ！（東京都・MS）

江戸っ子から学ぶ!?
でタイムトリップ♪

花魁です〜

お江戸に参上〜

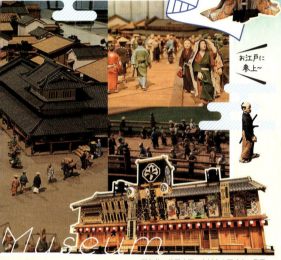

Museum

歌舞伎の芝居小屋・中村座を原寸大で復元

江戸東京博物館でタイムトリップ♪

江戸の四季と盛り場

季節行事と盛り場を縮尺模型で紹介。盛り場って思いをめぐらせながら見学！

両国橋西詰
江戸一番の盛り場、両国橋西詰の風景を約1500体もの人形を使って再現。見世物小屋や屋台や大道芸人が集まり、夏は花火見物客など縁日のようなにぎわいをみせていた。

出版と情報

錦絵や絵草紙などの出版フィーバーに沸く江戸時代。制作から販売までチェックしよう。

よく見ると同じ！笑

相撲絵の売上は勝敗に左右されるので、顔や化粧回しだけ変更できるように同じ体型で描かれていた

絵草紙屋
相撲や美人画の錦絵や絵草紙などを販売。錦絵は、今でいうブロマイドの役割を果たしていた。

江戸の商業

三井越後屋江戸本店
江戸を代表する呉服店(後の三越百貨店)を模型で再現。得意先へ出向く商法から、店頭で販売する「店前売」へと変わった。

鴨居に手代(商家の使用人)の名前を記した札が吊るされて、その下で反物などを販売

五街道の起点でもある日本橋を中心に多くの人々が往来した。当時人気があった商売を見てみよう！

主に東京湾で採れた魚が中心です

寿司屋の屋台
江戸時代の寿司はサクッと食べられるファストフード。1貫が大きく、酒かすから作られた赤酢を使っているのが特徴。江戸時代の大きな寿司を2つに分けたのが、現代でいう1貫(2個)という説もある。

Let's go to see the ukiyoe picture!

江戸のアート・浮世絵を見に行こう

江戸時代初期に誕生した絵画様式。肉筆画と印刷された木版画があり、描かれるテーマは美人画、役者絵、風景画が中心だった。

葛飾北斎の魅力を発信
すみだ北斎美術館
スミダホクサイビジュツカン

90年の生涯をほぼ現在の墨田区で過ごしたという、江戸後期に活躍した浮世絵師・葛飾北斎の美術館。常設展ではアトリエ再現模型や代表作の実物大高精細レプリカなど、北斎の作品と生涯をたどることができる。

撮影：尾鷲陽介
葛飾北斎『冨嶽三十六景 神奈川沖浪裏』すみだ北斎美術館蔵

Map 別冊P.18-B2　両国
住 墨田区亀沢2-7-2　☎03-6658-8936
⏰9:30〜17:30(最終入館17:00)　休月(祝日、振替休日の場合は翌平日)　￥400円(企画展は別途)　交地下鉄両国駅A3出口から徒歩5分

1. スタイリッシュな建築にも注目 2. 7つのエリアで構成するAURORA(常設展示室) 3. 北斎の代表作『冨嶽三十六景 神奈川沖浪裏』を所蔵

「すみだ北斎美術館」には浮世絵に関する資料を保存・公開する図書室も併設。無料で利用できる。 177

aruco timetrip

しゃべりと筋肉
どっちにホレる！？
伝統文化の"沼"
へようこそ♡

日本の国技・相撲と大衆芸能の寄席。
少し近寄りがたい伝統文化の扉を
思い切って開けてみよう。
ハマる女子も多いんです！

出演者名がずらり！

寄席

落語や講談、浪曲、曲芸などの大衆芸能を興行する演芸場のことで、江戸後期から始まったとされる。

YOSE

創業1897年の老舗寄席
新宿末廣亭
シンジュクスエヒロテイ

東京に4軒（新宿、上野、浅草、池袋）ある寄席のひとつ。1945年に戦火で焼失し、現在の建物は1946年に再建された。風情ある木造の寄席としては現存する最古の建物で、ベテランから若手まで出演者は多彩。

Map 別冊P.30-C1　新宿

🏠 新宿区新宿3-6-12　☎ 03-3351-2974　🕐 昼の部12:00〜16:15、夜の部16:30〜20:30　休 無休　💴 3000円　🚇 地下鉄新宿三丁目駅B2出口から徒歩1分

案内人はコチラ
新宿末廣亭の
見川亮太さん
お待ちしています！

当日の流れ

① チケットを購入

当日、木戸（入口）で直接購入（特別興行を除く）。昼と夜の2部制だけど入れ替えなし！ただし再入場は不可。

チケットです♪

② 入場したら好きな席へ

1・2階合わせて313席（椅子席117席、桟敷席76席、2階席120席）。すべて自由席なので、演目の合間に移動してもOK。

2階席
1階が満席になると開放。靴を脱いで上がる。

1階椅子席
高座の正面に広がる椅子席。前から5列目中央付近が人気。

③ 場内での過ごし方

入口近くにある売店でオリジナルグッズを販売。演目が始まる前や15分の仲入り（休憩時間）にチェック。

1. 京都の職人が作る美人画の高座扇子1500円　2. 裏に七福神が描かれた湯呑み700円　3. 末廣亭の紋入りてぬぐい700円

1階桟敷席
椅子席の両端にある靴を脱いで上がる畳席。高座（舞台）近くは演者との距離が近い。

はじめての寄席Q&A

Q 出演者を知りたい！
上席（1日〜10日）、中席（11日〜20日）、下席（21〜30日）と呼び、演者は10日ごとに替わります。詳細は新宿末廣亭のHP、Twitterで確認を。

Q 演目に決まりはあるの？
前座の落語から始まります。落語の間には必ず色物（漫才、奇術など）が入り、主任（トリ）で終わります。

Q 寄席のマナーは？
携帯電話はマナーモードかオフに。出入りは高座の切れ場（演目と演目の合間）などに最低限のマナーは守ろう。

Q 寄席文字が気になる！
寄席で目にする独特の文字は、江戸時代から続く寄席文字。筆太で空白が少なく、右肩上がりが特徴。これは空席がなく、興起向上の縁起担ぎの意味が込められています。

予約不要で気軽に入れる寄席。とっつきにくいと思っていたのは大きな勘違いでした。（神奈川県・RM）

「ハッケヨイ ノコッタ！」

sumo

伝統文化の"沼"へようこそ❤

大相撲
日本相撲協会が興行する相撲競技。日本各地で年6場所、15日間行われる。場所がない期間は地方巡業も。

CHECK 1 チケットは？席は？
国技館で開催するのは1月、5月、9月場所（ほか大阪3月場所、愛知7月場所、福岡11月場所）、約1ヵ月前から販売開始。※詳細は日本相撲協会 URL www.sumo.or.jp

溜席 通称砂かぶり席
土俵に一番近い席。（2万円）

マス席 溜席の後ろにある4人分の座布団席
靴を脱いで観戦。（8500円～1万5000円）

イス席 2階にある椅子席。
後方になるほど安くなる。（3500円～9500円）

力士の順位は番付で確認
階級別に一覧にしたものが番付と呼ばれる。序ノ口から幕内まで6つの階級があり、最高位は幕内の横綱。ちなみに力士は総称で十両以上は「関取」と呼ぶ。番付は開場内の売店で販売されるほか、日本相撲協会公式アプリ「大相撲」でも確認可能。

CHECK 2 当日のスケジュール
※一部省略

- 8:00 開場
- 8:35 取組開始（序ノ口～幕下）
- 14:20 十両取組
- 15:45 幕内土俵入り
- 15:55 横綱土俵入り
- 16:00 中入（休憩）
- 16:10 幕内取組
- 18:00 弓取式

スー女 point ❤
幕内力士は14時頃国技館入りするので、南門で力士の入り待ちをします。

スー女 point ❤
会場に入ったら売店で相撲グッズをチェック。国技館オリジナル人形焼き「ひよちゃん焼き」も買います。

スー女 point ❤
化粧まわしを締めて幕内力士が土俵をまわる伝統的な儀式。全員揃う姿は壮観！

スー女 point ❤
取組みでは音にも注目。まわしを叩く音、ぶつかり合う音。迫力が凄い！

言わずと知れた相撲の聖地
国技館 コクギカン
1909年から続く常設相撲場。震災や戦争で度々焼失し、一度は蔵前に移るが、1984年に現在の地で再建。収容人数は1万1098人で、音楽ライブなどでも利用される。

Map 別冊 P.18-B2 両国
墨田区横網1-3-28 03-3623-5111 イベントにより異なる
JR両国駅西口から徒歩1分

推しの力士は玉鷲関です❤

スー女がご案内！ 松沼由紀さん
茨城県在住。毎場所、相撲部屋の千秋楽祝賀会にも参加する

CHECK 3 スー女自慢の相撲 Goods

白鵬関と鶴竜関の直筆サイン。地方巡業中にいただきました

スヌーピー相撲ぬいぐるみ。とにかくかわいい！

びんつけ油の香りが大好き。その香りがするボディソープ

相撲観戦後はちゃんこ鍋にキマリ！

相撲部屋直伝の本格派
ちゃんこ霧島 両国本店
チャンコキリシマ リョウゴクホンテン

平成初期に活躍した元大関・霧島（現陸奥親方）のちゃんこ鍋店。豚骨と鶏ガラがベースの自家製スープはあっさりコクうま！ 注文は2人前から。

Map 別冊 P.18-B1 両国
墨田区両国2-13-7 03-3634-0075 11:30～15:00、17:00～23:00、土・日・祝11:30～21:00 火 JR両国駅西口から徒歩1分

陸奥部屋直伝！

1 ちゃんこ鍋・霧島味1人前3278円 2 客席タイプはいろいろ

両国駅周辺もCHECK

朝青龍　白鵬富士

相撲像の下には力士の手形も！
駅周辺には力士像が点在。台座には歴代横綱の手形も。

「国技館」内の「飲食コーナー」では場所中、相撲部屋特製のちゃんこが味わえる。1杯500円。

恋愛から人生のモヤモヤまで一発解決！
迷える旅人の駆け込みBar

人知れず誰にも言えない相談もマスターならスッキリ解決に導いてくれるかも!?
結果にコミットしてくれると評判のバーで編集Mが潜入リポート！

編集M
aruco新米編集者。仕事にプライベートに悩みまくりのアラサー

ココロのデトックスを目指します！

1 人生相談にのってほしい！

「坊主バー」

檀家制と書いてあるけど誰でも入店OK

グチからディープな悩みまで
坊主バー ボウズバー

さまざまな宗派の僧侶が在籍するバー。毎日読経後に説法が行われるほか、人生相談にも仏教の観点から答えてくれるので、仏の教えをわかりやすく身近に感じられる。

Map 別冊 P.8-C2 四谷三丁目
🏠新宿区荒木町6 AGビル2F　☎03-3353-1032
🕐19:00〜翌1:00（L.O.24:00）　休日・祝
🚇地下鉄四谷三丁目駅4番出口から徒歩5分

テーブル席もある店内は悩める人々で満席に。写経や写仏体験（330円）もできちゃう

真夜中の駆け込み寺！

人間の悩みは普遍的。仏教では自分自身より教えを信じるべし

M どんな悩みを抱えている方が来るのですか？

藤 相談の大半は人間関係や仕事についてです。根本的な悩みはみな同じで、人間はいつも愚かです。だから仏教が2500年も続いているといえます。

M 私は自分で出した企画にダメ出しされたり、予定どおりにいかないことがあるとすぐ落ち込んじゃうんです。

藤 自分自身を信じていて、それにこだわっているのですね。本来自分というものは頼りないものです。仏教では「自分を信じなさい」とは言いません。教えのみを信じるのです。逆に言えば、教えから学んで整った自分なら信じられるということでしょうか。

悟りの考え方を学んで仕事でもプライベートでも平穏を保つ

M ではどのような心構えでいたらよいのですか？

藤 仏教には「中道」という思想があります。たとえば「好き・嫌い」「よい・悪い」と分ける感情は煩悩のひとつ。どちらかに偏るから苦しみが生まれてしまうもの。ニュートラルに物事を見ることが中道、つまり悟りなのです。

M なるほど！「こういう自分は嫌」「この企画がいい」という執着心があるから苦しくなってしまうんですね。

藤 人間の心は移り変わるものですし、「中道」を頭の片隅にとめておくだけでもいざというとき極端な考えにならなくて済むでしょう。店では恋愛から家族問題まで、生きていくための知恵を少しでもお伝えできればと思います。

坊主バーの楽しみ方

1 オリジナルカクテル
極楽浄土や灼熱地獄、ミロク菩薩など仏教にまつわるネーミングのカクテルは各880円。

2 精進料理をいただく
納豆や浅漬け、お麩を使った料理などをおつまみにどうぞ。

3 坊主バーの御朱印
「坊主Bar」と書かれた御朱印300円は絶対にゲットしたい！

4 絵馬に願いごと
やおよろず社寺オリジナル「縁結び絵馬」800円は奉納するスペースもある。

5 おみくじも引けるよ
おみくじ100円と恋みくじ100円の2種類。店内に結んで願かけしとこう！

日常生活でも実践可能な教えをお伝えします

話を聞いたのは
店主 藤岡さん
元ボクサーで、現在は浄土真宗の僧侶兼坊主バーのマスター

1 恋愛のゆくえが気になる！

どんな恋の相談でもお任せを
フォーチュンBAR タロット
フォーチュンバータロット

お酒を飲みながら気軽に占いができるバー。タロット占いは1件1100円とリーズナブルで、個人鑑定60分9900円も。恋愛相談には定評がある。

Map 別冊 P.30-C1　新宿
🏠新宿区歌舞伎町1-2-7 星座館ビル9F　📞03-3209-0666
🕐19:30〜翌5:00　休無休
🚇JR新宿駅東口から徒歩10分

オリジナルカクテル「運命の輪」990円

とても珍しい並びですね！

キャー！うれしー

逃える旅人の駆け込みBar

TELL ME!

現況を表すネガティブカードが出ているのでココロの安定を大切に

Ⓜ すごい！ タロットがすべて正位置にあるのは珍しい！ 1ヵ月にひとりいるかいないかぐらいの確率です。

Ⓜ びっくりです！ それで私の運勢はどうでしょうか……？（ドキドキ）

Ⓜ 不安定な自分自身を表す「月」、破綻という現在の状態を表す「塔」は正位置なので油断禁物。一方、ご主人は前向きな「運命の輪」が出ているので夫婦で同じ温度感ではなさそうです。

Ⓜ 確かに私ばかり悩んでいる気がします！

Ⓜ ご夫婦で起業しているだけあって「自由」のカードが特徴的。未来のカードは勝利・前進という意味の「戦車」が出ているので、今を乗り切れば家庭も会社もうまくいくと思います！ アドバイスカードは「力」。実は女神がライオンを手なずけているカードなので、ご主人の意を汲みつつうま〜く手の平で転がせるようになりましょう！

カードの上下が正対しているのが正位置でよい意味のことが多い

新たな出会いや恋愛の悩みを占います

占ってくれたのは
マスター
経験豊富&巧みな話術には説得力アリ

タロット占いHow to

1 悩みを相談
タロットでは数ヵ月先のことまで占える。編集Mは夫婦関係を相談。

2 カードをシャッフル
自身でカードの束を3つに分け、今度はそのうちの1ヵ所にまとめる。

3 カードを並べる
ヘキサグラムと呼ばれるタロット占い独自のフォーメーションに置く。

---

3 はじめての新宿二丁目入門

Campy! bar

個性豊かなおもてなしに大興奮
Campy! bar
キャンピー バー

ジェンダー、セクシュアリティを問わず誰でもウェルカムなミックスバー。日替わりキャストとワイワイ盛り上がろ♪

Map 別冊 P.30-C1
🏠新宿区新宿2-13-10 武蔵野ビル1F　📞03-6273-2154　🕐17:00〜翌5:00、日・祝17:00〜24:00
休無休
🚇地下鉄新宿三丁目駅1番出口から徒歩9分

初めての二丁目で緊張します……

ウチは二丁目の観光案内所だからなんでも聞いて！

TELL ME!

大当たり〜！

二丁目の楽しみ方&マナー

1 一緒に乾杯しましょ
キャストとたっぷり濃厚トークするならスマートにゴチして！

ダメ！

2 キャストの衣装に触れない
抱きつくなどヘアメイク&衣装が崩れるような行動はNG。

なに？なに？

3 理解のためのギモンは聞いてOK
ママ？ 名前呼び？ わからないことは積極的に尋ねてみて。

ドリンク1杯500円〜の会計だから初心者でも安心！

話を聞いたのは
ドリュー・バリネコさん

K-POPとアイドルに詳しい人気キャスト

『坊主バー』は550円、『フォーチュンBARタロット』は770円のチャージがかかる。『Campy! bar』はキャッシュオン。　181

1泊でも超リフレッシュ★ ステイケーションのススメ

海外ではステイケーションが盛んで、近場のホテルにおでかけする人も多い。自分の家以外の空間にステイするだけで、なぜだか不思議とリフレッシュできる♪

新宿から約30分で別世界へトリップ
SORANO HOTEL
ソラノホテル

2020年開業のホテル。絶景を誇るインフィニティプールは、SNSでも拡散され話題に。朝食と昼食の一部は敵地適作の定食スタイル、アメニティは最小限などウェルビーイングでエコ・ファーストな新しさに満ちている。

Map 別冊 P.4-B2 立川

🏠立川市緑町3-1 W1 ☎042-540-7777
⏰IN15:00 OUT12:00（部屋タイプにより異なる）
💰基本の客室タイプ（最大2～4名52㎡）1室4万7755円～ 🛏81室 🅿あり 🚃JR立川駅北口から徒歩8分、多摩モノレール立川北駅から徒歩5分

国営昭和記念公園を一望できる

国内でも珍しい60mのインフィニティプール。温泉水のため通年楽しめる

1. 開放的なロビー。GINZA SIXも手掛けたフランス出身のグエナエル・ニコラ氏がインテリアデザインを担当
2. 全客室が52㎡以上という贅沢なサイズ 3. インドアスパ＆ジャクージ 4. メインダイニング「DAICHINO RESTAURANT」で通年提供されるアラカルト「大地のサラダ」

使い捨てを減らすため歯ブラシは持参しよう ※有料の用意あり

こちらも注目!!
緑と水があふれる複合施設
GREEN SPRINGS
グリーンスプリングス

SORANO HOTELを含むウェルビーイングタウン。"心にもからだにも健康的なライフスタイル"をテーマにショップやレストラン、多機能ホールなどが集まる。各種イベントも盛りだくさん。

Map 別冊 P.4-B2 立川

🏠立川市緑町3-1 ☎042-524-2222 🛍ショッピング・サービス10:00～20:00、レストラン＆カフェ11:00～23:00（店舗により変動あり）🅿店舗により異なる 🚃JR立川駅北口から徒歩8分、多摩モノレール立川北駅から徒歩4分

1. 点在するパブリックアートをめぐりながらの散歩もおすすめ
2. TACHIKAWA STAGE GARDENの前に広がる芝生エリアに座ってリラックス
3. 緑豊かなビオトープにはメダカも生息している

「SORANO HOTEL」のインフィニティプールから見た美しい夕日が忘れられません！ 都内でこの絶景はスゴすぎる。（東京都・おまめ）

子供の頃に憧れた人も多いだろう2段ベッドの客室TYPE Gは定員1〜3名

ベッドの脇に本が並んだ書棚を発見

ミニマルな無印良品の世界に泊まる

MUJI HOTEL GINZA
ムジ ホテル ギンザ

2019年開業、日本初の無印良品ホテル。どの客室も無印良品らしいシンプルなインテリアで、アロマディフューザーなどの家電も試せる。併設のレストランのほか、フロア続きのATELIER MUJI GINZAサロン、ライブラリー、ショップにもアクセス可能。

Map 別冊P.15-A3 銀座
- 中央区銀座3-3-5-6F ☎03-3538-6101
- IN15:00 OUT11:00 TYPE A1名1室1万4900円（2名の場合+5000円）
- 79室 Pあり 地下鉄銀座駅B4出口から徒歩3分

ステイケーションのススメ

1. 無印良品のアメニティはお持ち帰りOK 2. サロンには樹齢400年の木から切り出したバーカウンターがある 3. 多くの客室にはMUJI BOOKSセレクトの本があり、自由に読める 4. モダンな畳が敷かれた客室TYPE Fは定員1〜3名。眠りを大切にした照明設計がうれしい

天空のラグジュアリーステイを体験

フォーシーズンズホテル
東京大手町
フォーシーズンズホテル トウキョウオオテマチ

2020年に都内で2軒目のフォーシーズンズホテルとして開業。39階建てタワーの最上階に位置し、間近に皇居、遠くに富士山を望むことができる。天空の広いテラスでスターシェフが作る美食を味わえるのもここだけ。

Map 別冊P.12-A1 大手町
- 千代田区大手町1-2-1 ☎03-6810-0600
- IN15:00 OUT12:00 1室9万4875円
- 190室 P 地下鉄大手町駅C4・C5出口から地下通路で直結

1. アフタヌーンティーも楽しめるラウンジをはじめ、コンテンポラリーなデザインに和の要素を融合したインテリアにも注目 2. 39階にあるプールにはラグジュアリーなソファを用意 3,4. イタリア料理「PIGNETO」のテラス席で、ピザ職人が作る手作りピザをいただこう

私だけの東京が目の前に広がる

「MUJI HOTEL GINZA」では、階下のショップでフードやドリンクを購入し、客室で楽しむ人も。高コスパでの銀座ステイがかなう。

ポップなアート体験ホテル

アーティストの熱量を感じる、コンセプトがおもしろいアートホテルが続々オープン！非日常を体験できるホテルはこちら。

ゲームがテーマの客室。実際にゲームをして楽しめる仕掛けも！

SNSに投稿せずにはいられない★

夢の漫画三昧おこもりステイ
MANGA ART HOTEL, TOKYO
マンガアートホテル トウキョウ

2019年の開業以来、69ヵ国の人が利用し、50回以上リピートするツワモノもいるほどの人気ぶり。装丁と内容のアート性を併せもつ漫画が、随時入れ替わりながら700タイトルも揃う。

Map 別冊P.23-C4　神田

▲千代田区神田錦町1-14-13-5F
☎非公開
◉IN15:00 OUT11:00 ￥平日4800円、休前日5800円 ◉35ベッド Ｐなし ◉地下鉄小川町駅B7出口から徒歩1分

1. 連泊して漫画の世界に没入する女子も多い。Wi-Fiも完備
2. 共有のシャワールームもきれいで安心

客室がまるごとアート作品！
BnA_WALL
ビーエヌエー_ウォール

すべての客室をアーティストとともに2年がかりで制作。唯一無二の仕上がりに誰もが驚く。館内にはアーティストの工房スペースもあり、アートが生まれる瞬間に立ち会えるかも！

Map 別冊P.13-A3　日本橋

▲中央区日本橋大伝馬町1-1 ☎03-5962-3958
◉IN17:00 OUT12:00 ￥スタンダードセミダブル1名1室1万6000円（想定価格）◉26室 Ｐなし ◉地下鉄小伝馬町3番出口から徒歩4分

気に入った漫画は購入もOKだよ！

キュレーターが5000タイトルを読んで心を揺さぶられた作品だけが並ぶ

1. 異次元空間に漂い、気分をリセットできる客室「Float」 2. ロビーラウンジの巨大壁画は、常に描き換えられ創作風景を見かけることも

1. ライト＆クラッシーな客室「PETAL 4」。ほかの客室と離れているのでプライベート感あり
2. 海外のハウスボートのようにハンドクラフトの味わいを大切にした客室外観 3. 水上ホテルは天王洲を代表する風景のひとつに

花びらのように浮かぶ水上ホテル
PETALS TOKYO
ペタルス トウキョウ

天王洲アイルに2020年、アートホテルが誕生。アムステルダムの運河に浮かぶ「ハウスボート」にインスパイアされた客室が4隻ある。朝食は客室で取ることも、近隣レストランへの案内も可能。

Map 別冊P.31-B4　天王洲アイル

▲品川区東品川2-1 T-LOTUS M
☎050-5491-2681（受付10:00～17:00）
◉IN15:00 OUT11:00 ￥1泊1室朝食付き8万8000円～ ◉4室 Ｐなし ◉りんかい線天王洲アイル駅B出口から徒歩7分

海外旅行に来た気分になれる～

「MANGA ART HOTEL, TOKYO」は連泊がおすすめ。連泊者は11:00～15:00の間も館内に残って漫画が読めます！（千葉県・もも）

高コスパ なおしゃれホテル

デザイン性のある空間と宿泊以外の付加価値を備えたライフスタイルホテルは、まさに最旬！ コスパもいい3軒をご紹介。

©吉田朗　(©Akira Yoshida)

窓の下には宮下公園が広がる♪

MIYASHITA PARKに泊まっちゃおう
sequence MIYASHITA PARK
シークエンス ミヤシタパーク

2020年、渋谷に新しいホテルが仲間入り。最大6人で泊まれるBUNK ROOM、遅めのチェックイン/アウト時間、ゲスト以外も利用できるナイトスポットなど、すべてが気持ちいいほどに渋谷仕様。

Map 別冊 P.28-A1 渋谷
- 渋谷区神宮前6-20-10 MIYASHITA PARK North
- 03-5468-6131
- IN17:00 OUT14:00
- S1万5400円～、T1万5500円～（価格変動あり）
- 240室
- なし
- JR渋谷駅ハチ公口から徒歩7分

アート体験／高コスパ

1. 仲良し3人組で泊まってみたいBUNK BED 2,3. 最上階の18階にあるレストラン&バー「SOAK」。渋谷の新しいナイトスポットとして注目されている 4. 素材にもこだわったルームウエア。セパレートタイプで心地よく、ステイの満足度もUP

アートストレージとホテルが融合
KAIKA 東京
by THE SHARE HOTELS
カイカ トウキョウ バイ ザ シェア ホテルズ

築54年の倉庫をリノベし、アートストレージを備えるホテルに。日本を代表するアートギャラリーが実際に利用する倉庫を公開しており、舞台裏などリアルな現場を目撃する楽しさがある。

Map 別冊 P.16-C2 浅草
- 墨田区本所2-16-5
- 03-3625-2165
- IN15:00 OUT10:00
- コンパクトダブル9000円～、D・T1万1000円～
- 73室
- なし
- 地下鉄・東武線浅草駅A2a出口から徒歩8分

1. マップ型デジタルサイネージで観光やグルメなど周辺情報をチェック 2. 明るいロビー 3.「ダカフェ」の"八百屋の作る本気のフルーツサンド"も人気

客室には多言語対応のスマートスピーカーを設置。一部客室には天気予報や音楽を提供するスマートミラーもある

シンプルで機能的な客室は居心地◎

1. アートストレージ併設のバーラウンジでおいしい朝食をいただく 2. 客室はどれもミニマルで快適 3. 地下の収納庫でアート鑑賞をしよう

保管した状態を見るのは新鮮！

プリンスホテルの次世代型ホテル
プリンス スマート イン 恵比寿
プリンス スマート イン エビス

スマホを活用するニューノーマルなサービスが話題。スマホに公式アプリを入れれば予約やチェックアウトが可能で、そのままルームキーに！ 非接触を実現した安全なステイを提供。

Map 別冊 P.28-C2 恵比寿
- 渋谷区恵比寿南3-11-25
- 050-3161-9550（予約はウェブのみ）
- IN15:00 OUT11:00
- S1万円～、T1万2000円～
- 82室
- なし
- JR恵比寿駅から徒歩5分

「BnA_WALL」では、宿泊費の一部をアーティストに還元。"泊まってパトロンになれる"という応援スタイルが新しい。

もっとお得に快適に！ **東京を楽しみつくす旅のテクニック** 出発前に読み込もう！

東京観光のスキマ時間を楽しく過ごすアイデアから、移動＆宿泊がもっと効率的になるお役立ち情報まで8つのネタを厳選。しっかり予習しておけば旅がさらにパワーアップ！

Technique 01 サクッとシャワー＆フルメイク 超充実のラウンジをフル活用

清潔感ある店内！

東京駅すぐのリラクセーションスペース。30分330円のフリードリンク付きで、化粧直しや携帯の充電などさまざまな目的で利用できる。シャワールームの使用（25分550円）や荷物預かり（1個550円）にも有料で対応。

東京VIPラウンジ
トウキョウビップラウンジ

Map 別冊P.12-B2　八重洲

▲中央区八重洲1-5-9 八重洲メレックスビル2・3F ☎03-3548-0146 ◎2F 6:00～9:30、20:00～24:00、3F 6:00～23:00 ㊡無休 ㊋JR東京駅八重洲北口から徒歩3分

1. 美容家電のレンタルもできるパウダールーム 2. メイク道具も借りられるのがうれしい 3. フィッティングルームで着替えのみもOK

Technique 02 憧れの高級ホテルがお手頃に！ よりお得に予約する裏ワザ

比較サイトで最安値を探しがちだけど、旅行会社を通じて予約すると特典がたくさん付いて結果安上がりなことも。ホテルによっては、直接予約で受けられる特典もあるので予約前に必ず確認して。

東京エディション虎ノ門の客室一例

【例】東京エディション虎ノ門をリージェンシーグループのウエブサイト（下記）で予約すると……

特典	内容
特典1	朝食無料（2名まで）
特典2	ホテル内の飲食に利用できるクーポン（1万円相当）
特典3	ウェルカムアメニティ
特典4	部屋のアップグレード（空室状況による）
特典5	アーリーチェックイン＆レイトチェックアウト（空室状況による）

30社以上の高級ホテルが！

URL regency-trvl.com/hotel/?region=japan

Technique 03 東京到着後、ソク遊び倒せる 5:00～8:00の朝活TIPS

朝早く到着したけど店もオープン前でチェックイン時間もまだ……な〜んて、困ったときに遊べるアクティビティを大調査。もちろん朝からがっつり活動したい人は、毎日違うプランにチャレンジしてみるのもおすすめ！

モーニングカヌーで下町さんぽ

ZACが運営する江戸川区～江東区の下町を巡るカヌーツアーへGO！ 濡れてもOKな服装＆タオル持参がマスト。

澄んだ空が最高！

東京スカイツリーカヌーツアー
トウキョウスカイツリーカヌーツアー

Map 別冊P.7-B4　東大島

▲大島小松川公園駐車場入口Pマーク前（集合場所） ☎03-6808-9611 ◎早朝ツアー7:00～8:30 ㊡不定休 ￥5500円（ひとり参加6500円） ㊋地下鉄東大島駅小松川出口から徒歩3分

サウナ＆スパでととのえましょう

ドシー恵比寿
ドシーエビス

Map 別冊P.28-B2　恵比寿

▲渋谷区恵比寿1-8-1 ☎03-3449-5255 ◎サウナ12:00～翌11:00（女性サウナは月～木～翌14:00） ㊡無休 ￥サウナ1時間1000円～ ㊋JR恵比寿駅西口から徒歩1分

本格的なフィンランド式サウナ。深夜から早朝まで営業しているので、いつでも到着後の疲れを癒やしに行ける。

スパならココも！ Spa LaQua →P.53

朝から座禅で気を引き締める

予約不要＆無料で初心者でも朝座禅ができる広尾のお寺。静寂のなかひたすら無心でココロを清める時間は、慌ただしい朝にぴったり。

香林院
コウリンイン

Map 別冊P.10-B2　広尾

▲渋谷区広尾5-1-21 ◎座禅月～金7:00～、日17:00～（詳細はFacebookへ） ㊡無休 ㊋地下鉄広尾駅2番出口から徒歩3分

 ココもチェック！ 3大市場 →P.84　スターバックス →P.26

「東京VIPラウンジ」は、スキンケアまで揃う化粧品一式やヘアアイロンなどの貸し出しが充実しています。（北海道・みぽこ）

Technique 04 出発前にダウンロードマスト 移動&観光で使えるアプリ

複雑な電車移動や観光中に起きがちな悩みを手助けしてくれる、バリエ豊富なアプリを厳選して紹介。

JR東日本アプリ
リアルタイムの列車走行位置や駅情報などが超充実。

東京メトロmy!アプリ
経路検索時に混雑を避けるルートがわかる機能も。

タクシーアプリ GO
提携タクシーの手配や支払いが可能で便利なアプリ。

エクボクローク
スマホ予約で近くの施設に荷物を預けられるサービス。

ChargeSPOT
スマホ充電器のレンタルアプリで移動中もラクラク充電。

トイレ情報共有マップくん
緊急時に近くのトイレを探せる優秀なお助けアプリ。

Technique 05 東京在住者でも間違える 似ている駅名に気をつけよ

- **青梅（オウメ）** JR青梅線
- **青海（アオミ）** ゆりかもめ
  チームラボボーダレスお台場があるのは青海駅。青梅からは約2時間！

- **京王よみうりランド** 京王相模原線
- **読売ランド前** 小田急小田原線
  読売ランド前は神奈川県！ HANA・BIYORIの最寄りは京王線のほう。

- **千駄ヶ谷** JR中央・総武線（各停）
- **千駄木** 東京メトロ千代田線
  新国立競技場があるのは千駄ヶ谷。下町の谷根千エリアは千駄木。

Technique 06 時代はサブスクで飲み放題 最新街歩きドリンク事情

お茶は全5種類

静岡県の日本茶ブランド「CRAFT TEA」の上質な茶葉を月額定額制（2000円〜）で楽しめる店舗が登場。会員になると近くの店舗で手軽に持ち帰りが可能！

クラフト・ティー 新宿マルイ本館
Map 別冊P.30-C1 新宿
🏠 新宿区新宿3-30-13 新宿マルイ本館 1F ☎ 050-5806-0370 ⏰ 8:00〜22:00 ㊡施設に準ずる 🚇地下鉄新宿三丁目A4出口から徒歩1分

丸の内、飯田橋、銀座にも店舗があるので、立ち寄りやすい

Technique 07 実はイチバンの近道ルート!? シェアサイクル徹底比較

遅延とも渋滞とも無縁の自転車移動。事前に会員登録が必要だけど、近くの専用ステーションで借りて目的地付近で返すだけ！ 現金が使えないので気をつけて。

	ドコモ・バイクシェア	ハローサイクリング	LUUP	COGICOGI
使用可能エリア	11区（山手線圏内中心）	23区（山手線圏外中心）	6区（渋谷・新宿・世田谷など）	8区（都心の観光区内中心）
ポートの数	約880ヵ所	約800ヵ所	約300ヵ所	20ヵ所
料金	30分/165円（延長30分/110円）	15分/70円 12時間/1000円	10分/110円（延長時1分/16.5円）	12時間/2310円
予約	可能	可能	不可	可能

Technique 03 知れば2倍おもしろくなる 年表で東京を学ぼう

時代	西暦（和暦）	おもなできごと
江戸	1603年（慶長8年）	徳川家康、江戸幕府を開く
	1760年（宝暦10年）	鳥料理 玉ひで P.87 が創業
	1837年（天保8年）	三定 P.86 が創業
	1860年（安政7年）	桜田門外の変
	1867年（慶応3年）	王政復古の大号令
明治	1868年（慶応4年）	東京府政が制定／明治天皇が即位
	1872年（明治5年）	東京国立博物館 P.166 が開業
	1880年（明治13年）	東京大神宮 P.32 が創建／宮本商行 P.164 が創業
	1882年（明治15年）	日本銀行 P.102 が開業
	1889年（明治22年）	大日本帝国憲法発布
	1904年（明治37年）	日本橋三越本店 P.105 が誕生
	1909年（明治42年）	迎賓館赤坂離宮 P.44 が完成
大正	1912年（大正元年）	大正天皇が即位
	1914年（大正3年）	第1次世界大戦勃発／東京駅 P.100 が開業
	1920年（大正9年）	明治神宮 P.32 が創建
	1923年（大正12年）	関東大震災
昭和	1926年（昭和元年）	昭和天皇が即位
	1927年（昭和2年）	日本初の地下鉄、銀座線が開通／タカラ湯 P.52 が創業
	1933年（昭和8年）	東京都庭園美術館（旧朝香宮邸）P.46 竣工／小杉湯 P.52 が開業
	1939年（昭和14年）	第2次世界大戦勃発
	1945年（昭和20年）	東京大空襲／ポツダム宣言を受諾
	1958年（昭和33年）	東京タワー P.36 が建設
	1964年（昭和39年）	東京オリンピック開催
平成	1989年（平成元年）	平成の天皇が即位
	2012年（平成24年）	東京スカイツリー® P.37 が開業
	2013年（平成25年）	東京オリンピック・パラリンピック開催決定
	2018年（平成30年）	豊洲市場 P.84 が開業
令和	2019年（令和元年）	徳仁天皇が即位
	2020年（令和2年）	東京オリンピック・パラリンピックが延期

東京を楽しみつくす旅のテクニック

山手線全駅などで傘をレンタルできるアプリ「アイカサ」（24時間70円）は、突然の雨に備えてダウンロードしておきたい。

187

index

▶：プチぼうけんプランで紹介した物件

見る・遊ぶ

	名称	エリア	ページ	別冊MAP
ア	アートアクアリウム美術館	日本橋	103	P.13-A3
	浅草きんぎょ	浅草	117	P.16-B2
	浅草射的場	浅草	117	P.16-B2
	浅草花やしき	浅草	117	P.16-A2
	アメ横商店街	上野	154	P.29-B2
▶	有明北緑道公園/富士見橋	有明	64	P.11-B3
	井の頭恩賜公園	吉祥寺	146	P.30-A1
▶	今戸神社	浅草	32	P.17-A3
	インターメディアテク	丸の内	101	P.12-C1
	宇宙ミュージアムTeNQ	水道橋	171	P.23-A3
▶	江戸東京たてもの園	小金井	58	P.4-B2
	江戸東京博物館	両国	176	P.18-B2
	恵比寿ガーデンプレイス	恵比寿	137	P.28-C2
	ヱビスビール記念館	恵比寿	137	P.28-C2
	大田市場	大田	85	P.5-C4
	岡本太郎記念館	青山	129・168	P.28-A2
	奥野ビル	銀座	107	P.15-A4
▶	お鷹の道・真姿の池湧水群	国分寺	61	P.4-B2
▶	小名木川クローバー橋	大島	64	P.11-A4
カ	かっぱ橋 道具街®	浅草	155	P.16-A1
	歌舞伎座	銀座	106	P.15-B4
	神田ボートビル	神田	12	P.23-C4
▶	神田明神	御茶ノ水	33	P.29-C1
	旧朝倉家住宅	代官山	135	P.28-B1
▶	旧古河邸	駒込	47	P.8-A2
	旧白洲邸 武相荘	町田	96	P.4-C2
	清澄庭園	清澄白河	112	P.20-B2
	草間彌生美術館	早稲田	169	P.8-C2
▶	迎賓館赤坂離宮	赤坂	44	P.10-A2
▶	K5	日本橋	24	P.13-B3
▶	小網神社	日本橋	33・102	P.13-B4
▶	皇居東御苑	丸の内	34	P.11-A3
	黄金湯	錦糸町	53	P.19-A4
	国技館	両国	179	P.18-B2
	国立競技場	千駄ヶ谷	132	P.27-A4
	国立新美術館	六本木	64	P.10-A2
	国立西洋美術館	上野	167	P.29-A2
▶	小杉湯	高円寺	52	P.31-A4
	コニカミノルタプラネタリウム 天空 in 東京スカイツリータウン®	押上	171	P.17-B4
	コニカミノルタプラネタリウム 満天 in Sunshine City	池袋	170	P.8-B2
サ	サンシャイン水族館	池袋	173	P.8-B2
▶	品川シーズンテラス	品川	64	P.10-C2
▶	芝浦南ふ頭公園	芝浦	56	P.11-B3
▶	芝公園4号地	芝公園	56	P.10-A2
▶	SHIBUYA SKY	渋谷	20	P.28-A1
	下北線路街 空き地	下北沢	139	P.31-A3
▶	自由学園明日館	池袋	47	P.8-B1
	新宿末廣亭	新宿	178	P.30-C1
▶	シンフォニークルーズ(乗り場)	日の出ふ頭	54	P.11-B3
▶	新丸ビル 丸の内ハウス テラス	丸の内	57	P.12-B1
	SCAI THE BATHHOUSE	谷中	125	P.25-B3
	Spa LaQua	水道橋	53	P.23-A3
	すみだ水族館	押上	173	P.17-B4
	すみだ北斎美術館	両国	177	P.18-B2
	世界のカバン博物館	浅草	167	P.16-C2
	浅草寺	浅草	116	P.16-B2
	Solamachi Dining SKYTREE VIEW	押上	57	P.17-B4
タ	高尾山	高尾	62	P.4-B1・31-C1
▶	タカラ湯	北千住	52	P.9-A4
▶	滝野川稲荷湯	西巣鴨	52・64	P.8-A2
	teamLab★Planets TOKYO DMM.com	豊洲	171	P.11-B4
	築地場外市場	築地	85	P.15-C4
	築地本願寺	築地	74	P.15-C4
	東京駅	丸の内	100・156	P.12-C2
▶	東京駅丸の内駅舎前広場	丸の内	56	P.12-B1
▶	東京国立博物館	上野	64・166	P.29-A2
▶	東京ジャーミイ	代々木上原	39・131	P.26-B1
	東京スカイツリー®	押上	37	P.17-B4
	東京ステーションギャラリー	丸の内	100	P.12-B1
▶	東京大神宮	飯田橋	32	P.22-B2
	東京タワー	芝公園	36	P.10-B2
	東京都現代美術館	清澄白河	113	P.21-B3
▶	東京都庁展望室	新宿	57	P.8-C1
▶	東京都庭園美術館	白金台	46	P.10-B2
	東京ミズマチ®	向島	120	P.17-B3
▶	東京レストランバス(集合場所)	丸の内	55	P.12-C1
▶	東洋文庫ミュージアム	駒込	48	P.8-B2
	豊洲市場	豊洲	84	P.11-B3
ナ	日暮里繊維街	日暮里	155	P.25-A3
	日本オリンピックミュージアム	千駄ヶ谷	132	P.27-A4
	日本銀行本店	日本橋	102	P.12-A4
	根津神社	根津	123	P.24-C1
	根津美術館	青山	129	P.27-C4
ハ	はけの小路	小金井	61	P.4-B2
	BathHaus	代々木上原	53	P.26-A1
▶	鳩森八幡神社	千駄ヶ谷	132	P.27-A4
▶	羽田空港 第1ターミナル展望デッキ	羽田	57	P.5-C4
	深川図書館	清澄白河	112	P.20-B2
	BONUS TRACK	下北沢	138	P.31-A3
▶	ホテル雅叙園東京	目黒	35	P.10-C1
	BOND STREET	天王洲アイル	174	P.31-B4
マ	マクセル アクアパーク品川	品川	172	P.10-C2
	三鷹の森ジブリ美術館	三鷹	61	P.30-B1
	三菱一号館美術館	丸の内	101	P.12-C1
	明治神宮	原宿	32	P.27-A3
▶	森の図書室	渋谷	51	P.28-A1
	MORI Building DIGITAL ART MUSEUM EPSON teamLab★Borderless	お台場	170	P.11-C3
ヤ	夕焼けだんだん	谷中	122	P.24-A2
▶	由縁別邸 代田	下北沢	53	P.31-A3
	代々木公園	奥渋谷	131	P.26-B2
	代々木八幡宮	奥渋谷	131	P.26-B2

名称	エリア	ページ	別冊MAP
ラ・ヴィータ自由が丘	自由が丘	38	P.31-B3
若洲海浜公園	若洲	56	P.7-C4
ワタリウム美術館	青山	129	P.27-B4

食べる

名称	エリア	ページ	別冊MAP
アーガン	新大久保	43	P.30-B1
アール座読書館	高円寺	73	P.31-A4
アーンドラ・ダイニング 銀座本店	銀座	81	P.15-A4
Ao(青淵)	日本橋	24	P.13-B3
青山フラワーマーケットティーハウス赤坂Bizタワー店	赤坂	67	P.10-A2
浅草ミモザ	浅草	119	P.16-A2
浅草むぎとろ本店	浅草	118	P.16-B2
アズ・フィノム	神宮前	43	P.27-B4
ADDA	下北沢	138	P.31-A3
a Piece of Cake	青山	168	P.28-A2
天のや	麻布十番	83	P.30-C2
イータリー原宿	原宿	23	P.27-B3
IKEA渋谷	渋谷	13	P.28-A1
ISHIYA NIHONBASHI	日本橋	67	P.12-A2
Vivel Patisserie	青山	42	P.27-B4
ウエスト青山ガーデン	南青山	70	P.10-A2
SR	日本橋	25	P.13-B3
Allpress Espresso Tokyo Roastery & Cafe	清澄白河	111	P.21-B3
お惣菜と煎餅もんじゃ さとう	奥渋谷	68・131	P.26-B2
おー人様限定BARひとり 新宿店	新宿	73	P.30-B1
ONIBUS COFFEE 中目黒	中目黒	134	P.28-C1
OMNIPOLLOS TOKYO	日本橋	25	P.13-B3
海鮮丼大江戸	豊洲	84	P.11-B3
風見	銀座	109	P.15-B3
菓子工房ルスルス	浅草	119	P.16-A2
かつお食堂	渋谷	75	P.28-B1
カド	向島	89	P.17-A3
CANAL CAFÉ	神楽坂	71	P.22-B2
カネ十農園 表参道	表参道	67	P.27-B4
Café 1894	丸の内	64・101	P.12-C1
cafe Stay Happy	下北沢	73	P.31-A3
カフェーパウリスタ	銀座	108	P.15-B3
café 紅鹿舎	有楽町	86	P.15-A3
カフェルミエール	吉祥寺	66	P.30-A1
COMMISSARY NIHONBASHI	日本橋	103	P.13-A3
カヤバ珈琲	谷中	125	P.25-B3
かんだ福寿	大田	85	P.5-C4
喫茶 半月	蔵前	115	P.16-C1
喫茶you	銀座	98	P.15-B4
紀の善	神楽坂	87	P.22-B2
Campy! Bar	新宿	181	P.30-C1
清澄白河フジマル醸造所	清澄白河	95	P.21-B3
GRAN SOL TOKYO	渋谷	22	P.28-A1
caveman	日本橋	24	P.13-B3
ケララバワン	練馬	81	P.6-A2
珈琲西武	新宿	89	P.30-C1
珈琲天国	浅草	150	P.16-B2
コクテイル書房	高円寺	51	P.31-A4
古桑庵	自由が丘	143	P.31-B3
ザ・キャピトルホテル東急 ラウンジ「ORIGAMI」	永田町	90	P.10-A2
The Cream of the Crop Coffee 清澄白河ロースター	清澄白河	111	P.21-B3
THE BELCOMO	青山	128	P.27-B4
さぼうる	神保町	49	P.23-C4
ザ マンダリン オリエンタル グルメショップ	日本橋	98	P.13-A3
THE RESTAURANT	広尾	92	P.10-B2
三定	浅草	86	P.16-B2
三河屋銀座本店	銀座	109	P.15-A3
shake tree DINER	向島	121	P.17-B3
ジェラテリア テオブロマ 神楽坂	神楽坂	82	P.22-A1
Gelateria Marghera 麻布十番店	麻布十番	83	P.30-C2
資生堂パーラー 銀座本店	銀座	87	P.15-B3
資生堂パーラー ザ・ハラジュク	原宿	23	P.27-B3
渋谷横丁	渋谷	93	P.28-A1
渋谷ワイナリー東京	渋谷	94	P.28-A1
社食堂	代々木上原	131	P.26-B1
Shangri-La's secret 表参道	表参道	79	P.28-A2
JUICE BY YOU	大田	85	P.5-C4
純洋食とスイーツ パーラー大箸	渋谷	21	P.28-A1
SHIRO CAFE 自由が丘	自由が丘	141	P.31-B3
Sincere Blue	原宿	13	P.27-B3
Ginger Garden AOYAMA	南青山	91	P.28-A2
神保町ラドリオ	神保町	49・88	P.23-C4
SWITCH COFFEE	日本橋	24	P.13-B3
寿司大	豊洲	84	P.11-B3
鈴富	大田	85	P.5-C4
STARBUCKS COFFEE 新宿御苑店	新宿	27	P.30-C1
STARBUCKS COFFEE nonowa国立店	国立	27	P.4-B2
STARBUCKS COFFEE よみうりランドHANA・BIYORI店	稲城市	26	P.4-B2
STARBUCKS RESERVE® ROASTERY TOKYO	中目黒	27	P.28-B1
スプリングバレーブルワリー東京	代官山	94	P.28-B2
スマトラカレー共栄堂	神保町	49	P.23-B4
スリ・マンガラム	経堂	81	P.6-C1
CÉ LA VI TOKYO　BAO by CÉ LA VI	渋谷	71	P.28-A1
0% NON-ALCOHOL EXPERIENCE	六本木	69	P.30-B2
センリ軒	豊洲	84	P.11-B3
ダンデライオン・チョコレート ファクトリー&カフェ蔵前	蔵前	115	P.16-C1
茶香	北千住	98	P.9-A4
ちゃんこ霧島 両国本店	両国	179	P.18-B1
築地金だこ	虎ノ門	69	P.14-B1
築地 そらつき	築地	85	P.15-C4
築地本願寺カフェTsumugi	築地	74	P.15-C4
築地 焼うお いし川	築地	68	P.15-C4
築地 山長	築地	85	P.15-C4
TWG Tea 自由が丘	自由が丘	141	P.31-B3
T.Y.HARBOR	天王洲アイル	175	P.31-B4
天房	豊洲	84	P.11-B3
天ぷら 天寅	日比谷	69	P.14-A2
東京エディション虎ノ門 Lobby Bar	虎ノ門	90	P.10-A2
東京豆腐生活	五反田	38	P.10-C2
Tokyo Mithai Wala	西葛西	81	P.7-B4

189

特別食堂 日本橋	日本橋	105	P.13-A3
特別食堂	日本橋	104	P.13-C3
虎ノ門横丁	虎ノ門	92	P.14-B1
鳥料理 玉ひで	日本橋	87・102	P.13-B4
ナ 謎屋珈琲店 文京根津店	根津	125	P.24-C1
浪花家総本店	麻布十番	83	P.30-C2
煮込みとお惣菜スタンド ウエトミ	代々木上原	73	P.26-B2
▶ Neki	日本橋	25	P.13-B3
ハ バーガー喫茶チルトコ	蔵前	115	P.16-C1
PATH	奥渋谷	75	P.26-B2
HATCOFFEE	蔵前	115	P.16-C2
▶ Pâtisserie ease	日本橋	25	P.13-B3
Parfaiteria beL 渋谷	渋谷	66	P.28-A1
BANANA JUICE	銀座	109	P.15-B4
ハモニカ横丁	吉祥寺	147	P.30-A1
BANDERUOLA	恵比寿	137	P.28-C2
Bistrot Cache Cache	銀座	109	P.14-B2
BISTRO J_O	銀座	72	P.15-A3
常陸ブルーイング・ラボ 神田万世橋	神田	95	P.9-C3
PITMANS	清澄白河	110	P.20-B1
ビヤホールライオン 銀座七丁目店	銀座	108	P.15-B3
▶ Human Nature	日本橋	25	P.13-B3
bills 銀座	銀座	91	P.15-A3
FARO	銀座	78	P.15-B3
ブージャー	町屋	81	P.9-A3
feb's coffee & scone	浅草	119	P.16-A2
FEBRUARY CAFE	浅草	75	P.16-C2
フォーチュンBARタロット	新宿	181	P.30-C1
フォーティン トーキョー	池袋	43	P.8-B1
▶ Fonda de la Madrugada	原宿	43	P.27-A1
fukadaso CAFE	清澄白河	111	P.20-B2
不健康ランド 背徳の美味	根津	123	P.24-C2
不二家 飯田橋神楽坂店	神楽坂	82	P.22-B2
不埓喫茶ドーブ	中野	68	P.6-B2
舟和本店	浅草	86	P.16-B2
BLUE STAR BURGER	中目黒	13	P.28-C1
ブルーボトルコーヒー 清澄白河フラッグ シップカフェ	清澄白河	111	P.20-B2
BROOKLYN DELI	清澄白河	110	P.20-B2
坊主バー	四谷三丁目	180	P.8-C2
マ ▶ Macapresso	新大久保	42	P.30-B1
marugo deli ebisu	恵比寿	136	P.28-B2
mikuni MARUNOUCHI	丸の内	78	P.12-C1
▶ MIYASHITA CAFE	渋谷	22	P.28-A1
むうや	向島	120	P.17-B3
室町 三谷屋	日本橋	72	P.12-A2
Mejicafe	築地	85	P.15-C4
モティ 六本木店	六本木	80	P.30-B2
もんじゃ 近どう	月島	86	P.11-A3
ヤ ゆりあぺむぺる	吉祥寺	88	P.30-A1
ヨシカミ	浅草	118	P.16-B2
ラ ▶ L'atelier à ma façon	上野毛	66	P.6-C1
Little Darling Coffee Roasters	南青山	70	P.10-A2
LILY CAKES	天王洲アイル	175	P.31-B4
Le Parisien	神楽坂	40	P.22-B1
レカ	東葛西	80	P.7-B4
レストラン カミヤ	浅草	118	P.16-B2
▶ レストラン ザクロ	谷中	41	P.24-A2
煉瓦亭	銀座	87	P.15-A3
ROSTRO	奥渋谷	130	P.26-B2
ワ 和光アネックス ティーサロン	銀座	106	P.15-B3
▶ 和食器フレンチ Komorebi	練馬	79	P.6-A1
WHAT CAFE	天王洲アイル	175	P.31-B4

買う・キレイになる

名称	エリア	ページ	別冊MAP
ア Artichoke chocolate	清澄白河	113	P.21-B3
浅草きびだんごあづま	浅草	116	P.16-B2
麻布十番 紀文堂	麻布十番	83	P.30-C2
麻布十番 たぬき煎餅	麻布十番	164	P.30-C2
麻布十番 豆源本店	麻布十番	83	P.30-C2
@cosme TOKYO	原宿	160	P.27-B3
▶ @ワンダー	神保町	49	P.23-C3
EW.Pharmacy	奥渋谷	31	P.26-B2
IKEA原宿	原宿	23	P.27-B3
イスラム横丁	新大久保	42	P.30-B1
伊勢丹新宿店	新宿	161	P.30-C1
イッタラ表参道 ストア&カフェ	青山	129	P.28-A2
▶ WITH HARAJUKU	原宿	23	P.27-B3
VILLAGE VANGUARD	下北沢	139	P.31-A3
上野桜木あたり	谷中	124	P.25-B3
エシレ・パティスリー オ ブール	渋谷	98	P.28-A1
エビス バインミー ベーカリー	恵比寿	76	P.28-B2
欧明社リヴ・ゴーシュ店	市ヶ谷	40	P.22-B1
▶ 大野屋牛肉店	神楽坂	82	P.22-A1
大屋書房	神保町	49	P.23-C4
御菓子司 神楽坂 梅花亭	神楽坂	82	P.22-A1
御菓子司 白樺	錦糸町	150	P.19-B4
Officine Universelle Buly 代官山店	代官山	136	P.28-B2
カ KAIDO books & coffee	品川	50	P.10-C2
▶ カキモリ	蔵前	30	P.16-C1
亀の子束子 谷中店	谷中	123	P.24-C2
Karunakarala	代官山	162	P.28-B1
韓SPA	代々木上原	162	P.26-B1
元祖 五十番 神楽坂本店	神楽坂	82	P.22-A1
Kies	西荻窪	144	P.30-A2
▶ キットカット ショコラトリー	渋谷	22	P.28-A1
紀ノ国屋	渋谷	159	P.28-A1
木村屋本店	浅草	116	P.16-B2
鳩居堂	銀座	153	P.15-B3
銀座 伊東屋 本店	銀座	107	P.15-A3
銀座三越	銀座	106	P.15-B3
クイーンズ伊勢丹	白金高輪	158	P.28-A1
kusakanmuri	恵比寿	136	P.28-A1
gmgm	高円寺	150	P.31-A4
高級鯛焼本舗 柳屋	日本橋	102	P.13-B4
GOAT	千駄木	153	P.24-B1